Social Security Policies in Japan:
Issues and Challenges
Takashi OSHIO, Eiji TAJIKA and Tetsuo FUKAWA
University of Tokyo Press, 2014
ISBN 978-4-13-040269-9

日本の社会保障政策
課題と改革

小塩隆士／田近栄治／府川哲夫──［著］

東京大学出版会

まえがき

 2010年代に入っても，社会保障改革は引き続き大きな課題である．社会保障制度が持続可能性を高めなければ，国の財政を健全化できない状況も変わっていない．政権交代によって政策が大きく変わることを国民は身をもって体験したが，一方で，政策の根底にある考え方について国民の明確な合意がないと，議論を積み重ねて前進することが難しいことも思い知らされた．社会保障を充実させるのか，縮小させるのか，といった単純な問題ではないことも国民は十分理解している．

 国民が求める安心・安全に対して，社会保障制度は新しい環境に迅速に対応しきれず，その機能を十分果たしているとはいえない状況である．このため，社会保障改革において社会保障制度の効率化と公平・連帯のバランスを図ることがこれまでになく重要になっている．また，多くの人が制度の仕組みを理解し，制度を効率的に機能させることが社会保障制度を持続可能なものとするために欠かせなくなっている．

 本書は，一橋大学国際・公共政策大学院で筆者らが2011-2013年度に行った講義を元に企画された．3人の筆者が分担して原稿を作成し，3人の議論を経て改訂されたものを最終原稿とした．本書では社会保障改革の根底にある政策的課題をとりあげ，国民的合意形成に欠かせない論点を，聖域を設けずに議論した．社会保障支出の中で特に大きなシェアを占める年金と医療については，2人が別の視点でアプローチすることを試みた．本書では制度の概説は必要最小限にとどめ，何が問題となっているのか，どんな選択肢があるのか，について1つの立場に偏らずできるだけ客観的に議論した．そして2，3の政策的課題を掘り下げ，政策提言を行った．第12章では，各章で取り上げた政策提言を集大成し，問題提起に留まらず解決の方向性も示した．

 本書の読者としては，大学や大学院で社会保障を学んでいる学生・院生の皆さんだけでなく，国や地方の行政機関で社会保障行政に携わっている方々，民間企業で従業員の福利厚生や社会保険の実務を担当している方々，そして社会

保障に少しでも関心のある方々など幅広い層を念頭に置いている．叙述も，多様なバックグラウンドを持つ読者の皆さんの間で，社会保障をめぐる議論を触発するような書きぶりにしているところがある．

　社会保障改革は，いつの時代にも装いを新たにして登場してきている．同じような課題が時を隔てて繰り返し議論されるのは，根本的解決に至っていないからである．本書で展開される議論が，社会保障改革の根底にある政策的課題に関する国民的合意形成に少しでも役立つことができれば幸甚である．

　講義を通じて議論に参加した学生諸君に感謝する．最後に，本書の出版に際して，構想から編集・校正に至るすべての段階においてご尽力いただいた東京大学出版会編集部の宗司光治氏および依田浩司氏に心よりお礼を申し上げる．

　2014 年 8 月

　　　　　　　　　　　　　　　　　　　　　　　　　　　　著者記す

目　次

まえがき　i

1章　社会保障と経済・社会―――――――――――――――1
1―社会保障はなぜ必要なのか　1
2―日本の社会保障制度を概観する　6
3―日本の社会保障はどのような問題に直面しているか　11
4―本書の問題意識と構成　17

2章　社会保障と財政――――――――――――――――――23
1―財政の推移と現状　23
2―国の社会保障負担　30
3―社会保障改革の進め方　35
4―まとめ　39

3章　公的年金―――――――――――――――――――――41
1―公的年金の役割　41
2―公的年金の制度運営　46
3―年金制度改革の課題　54
4―持続可能性を高める年金制度改革　59

4章　老後の所得保障─────────────61

　　はじめに　61
　　1─先進諸国の年金制度　62
　　2─日本の企業年金　70
　　3─年金制度の役割　75
　　4─まとめ　81

5章　医療保険と医療サービス─────────83

　　1─日本の医療保険制度　83
　　2─医療保険の原理と役割　86
　　3─逆選択と医療保険　92
　　4─モラル・ハザードへの対応　97
　　5─医療保険が抱える基本的課題　99

6章　医療保険制度と改革──────────101

　　1─医療保険とは何か　101
　　2─なぜ皆保険なのか　102
　　3─保険者の役割　106
　　4─日本の医療制度の仕組みと特徴　109
　　5─まとめ：必要な改革　115

7章　介護保険制度の現状と課題─────────119

　　1─介護保険の設立背景　119
　　2─介護保険の仕組み　123
　　3─利用の実態と制度改正　131
　　4─まとめ：今後の課題　137

8章　低所得者支援 ─────────────────────────── 141

1 ― 日本の生活保護制度　141
2 ― 生活保護の経済学的特徴　145
3 ― 貧困とセーフティー・ネット　149
4 ― 負の所得税　152
5 ― 給付付き税額控除　156
6 ― より効果的な低所得者支援のために　159

9章　障害者支援 ─────────────────────────── 161

1 ― 日本の障害者福祉　161
2 ― 障害者支援の現状　163
3 ― 自立支援のその先　170
4 ― まとめ　173

10章　働き方と子育て支援 ──────────────────────── 175

1 ― 働き方と社会保障　175
2 ― 子育て支援の展開と現状　178
3 ― ワーク・ライフ・バランスと家族政策の拡充に向けて　185
4 ― まとめ　189

11章　所得格差と貧困 ────────────────────────── 191

1 ― 所得格差の拡大　191
2 ― 貧困問題の深刻化　195
3 ― 所得再分配のあり方　200
4 ― 所得格差と健康・幸福感　206
5 ― 再分配政策を見直す必要性　210

12章　持続可能な社会保障を求めて——————213

　1—社会保障改革の基本方針　213
　2—公的年金　214
　3—医　療　216
　4—介　護　218
　5—現役層向けの社会保障　219
　6—まとめ：新しい社会連帯　221

参考文献　223
索　引　227

1章
社会保障と経済・社会

1──社会保障はなぜ必要なのか

■ リスクに備えるための仕組み

　本章ではまず，全体のイントロダクションとして，社会保障という仕組みが人々によって必要とされる理由を説明する．次に，日本の現行制度の仕組みや給付・財源の状況を概観したうえで，それが直面するいくつかの問題を指摘する．最後に，次章以降の構成とその概要を紹介することにする[1]．

　最初に，私たちが社会保障に期待する機能を整理しておこう．社会保障は，一言でいえば，私たちが社会生活を営む中で直面する，自分の責任に帰することができないさまざまなリスクに備える仕組みである．たとえば，病気や要介護状態になったり，高齢になって働く能力が低下したりするリスクがそれである．私たちは，そうしたリスクをできるだけ回避したいという気持ちを持っている．しかし，自分だけではそうしたリスクに適切に備えることは難しい．病気の治療を受けようとしても，あるいは年老いて働けなくなったときに生活費を確保しようとしても，十分な蓄えがあるとは限らないからである．

　そうした場合，社会全体でリスクに備え，リスクが現実になったときに助け合う仕組みがあるととてもありがたい．安心して社会生活を送ることができるからである．そして，そのような仕組みがあるのなら，その運営のための費用を負担してもよいと私たちは考える．しかし，社会を構成するすべての人々がそのための費用を自分で十分用意するとは限らないので，税や社会保険といった方法で政府が私たちに負担を求めることになる．

このように，社会保障とは，もともとリスク回避的な私たちが，社会のなかで直面するさまざまなリスクに備えるために必要とし，国や地方が運営している仕組みである[2]．もちろん，社会保障のほかにも，社会生活の中で発生するリスクに備える仕組みは世の中に存在する．かつては家族や地域社会などがその代表的な例であったし，ある特定の職業や地域で作る自助団体もそうであった．しかし，近代化が進むにつれて，社会を構成する単位としては個人が中心となり，生き方も自由になるとともに多様化し，規模の小さな自助団体ではリスクへの備えが不安定になってくる．そして，社会や生活の単位が次第に個人化していくなかで，リスクへの備えも家族や地域社会ではなく，社会が全体として，1人ひとりの個人に直接働きかけるようなものになってきた[3]．そのための仕組みが社会保障である．社会保障の果たしているこのような機能を，近年ではセーフティー・ネット（安全網）という言葉で表現することも多い．

■ 社会保障に期待される2つの役割

社会保障の役割を考える上で参考となるのは，1949年に政府内に設置され，戦後日本における社会保障のあり方を審議してきた社会保障制度審議会が1950年に発表した**「社会保障制度に関する勧告」**である．この「勧告」は，1942年にイギリスのウィリアム・ベヴァリッジ卿が示した「ベヴァリッジ報告書」，あるいは同年にILO（国際労働機関）が発表した「社会保障への途」に示された社会保障に関する基本的な考え方に基づいて，わが国の社会保障制度のあり方を提唱している．

この「勧告」は，「社会保障制度とは，疾病，負傷，分娩，廃疾，死亡，老齢，失業，多子その他困窮の原因に対し，保険的方法又は直接公の負担において経済保障の途を講じ，生活困窮に陥った者に対しては，国家扶助によって最低限度の生活を保障するとともに，公衆衛生および社会福祉の向上を図り，もってすべての国民が文化的社会の成員たるに値する生活を営むことができるようにすることをいうのである」と述べている．

この叙述は，社会保障の役割を説明する教科書や解説書に現在でもしばしば登場する．その説明力が，いまでも失われていないからであろう．ここで定義されていることをまとめると，社会保障は，(1)自分の責任に帰することのでき

ない理由によって発生する，さまざまな経済的リスクに対して国家全体で，そして場合によっては公の負担において備えること，(2)そうしたリスクが実際に発生する可能性そのものを国家全体の責任において引き下げること，という2つの側面を持っている．前者をリスク分散機能（リスク・プーリング機能），後者をリスク軽減機能と呼んでよいだろう．

　冒頭の説明では，このうち，前者のリスク分散機能という観点から社会保障という仕組みの必要性を説明した．しかし，社会保障の実際の制度設計においては，後者のリスク軽減機能も重要である．国家としてリスク軽減を目指すことは，たとえば公衆衛生の場合，次のように正当化できる．私たちが衛生に気を配るなど日頃から健康に気をつけていれば，自分の健康が保たれるだけでなく，まわりの人たちにもそのメリットが及ぶ．経済学はこうした状況を，自分の健康に気をつけることは社会に外部経済効果をもたらす，と表現する．

　私たちは普段の生活の中で，この外部効果まで考えて自分の健康に留意しないから，あるいはこのような権利義務関係を常に意識しているわけではないから，私たちの健康への留意は社会全体にとって必ず最適な程度を下回る．だからこそ，人々に少しずつお金を負担させ，社会の構成員であることを意識させる公衆衛生の仕組みをつくり，社会全体で健康に心掛け，疾病リスクを軽減することが望ましくなる．

　このように，社会保障は人々が社会生活を営む中で直面するさまざまなリスクを分散し，軽減することを目的としている．

■ 最低限度の生活保障

　社会保障にとって，目指すべき最も重要な目標は，「社会保障制度に関する勧告」が説明するように，「すべての国民が文化的社会の成員たるに値する生活を営むことができるようにすること」である．つまり，国に求められるのは，最低限度の生活，すなわち，ナショナル・ミニマムをすべての国民に保障することであり，それは国民1人ひとりが持つ最低限度の生活を営む権利，すなわち，生存権を保障することを意味する．

　国民が生存権をもち，政府にそれを保障する義務があることは，日本の場合，日本国憲法第25条で規定されている．すなわち，同条は第1項で「すべて国

民は，健康で文化的な最低限度の生活を営む権利を有する」，第 2 項で「国は，すべての生活部面について，社会福祉，社会保障及び公衆衛生の向上及び増進に努めなければならない」と定めている．

この生存権規定は社会保障の最も基本的な法的根拠となっており，これを基礎として社会保障のさまざまな制度に関する法律が定められている．しかし，ここで問題となるのは，最低限度の生活保障という場合の最低生活，つまり，「健康で文化的な最低限度の生活」の具体的内容である．最低限度の生活を送るために必要な所得水準をどのように設定するかは，難しい問題である．

この点については，最低生活を維持するのに必要な財貨・サービスの内容やその量を何らかの形で決定し，それを獲得できるだけの生活を保障するという，絶対的な所得水準を念頭に置く考え方が一方にある．それに対して，最低生活費はその社会の平均的な所得水準との比較において設定すべきだという考え方もある．日本の生活保護制度の歴史を振り返ると，1960 年代までは前者のような絶対的な定義で最低生活費を決定してきたが，それ以降は一般国民の生活水準の動向を踏まえ，それとのバランスをとるという相対的な考え方に基づいて最低所得水準が算定されるようになっている．

■ 社会保障と所得再分配

社会保障が，人々が社会生活の中で直面するさまざまなリスクに備える仕組みであるという点については，異論はおそらくないはずである．しかし，社会保障が所得再分配のための仕組みかどうかという点については，意見が分かれるところだろう．実際，「社会保障制度に関する勧告」の叙述を見てもわかるように，社会保障には本来，所得の低い人たちを所得の高い人たちが支援するといった，所得再分配の役割が明示的に求められているわけではない．もちろん，社会保険の仕組みは，リスクが現実のものとなった者に対する，そうならなかった者からの所得移転を事後的に伴う．しかし，そうした事後的な所得移転を超える，高所得層から低所得層への所得移転も社会保障の目的とすべきかという点については，意見が分かれるところがある．

この点については，私たちには所得再分配のためにほかにも有効な政策手段，すなわち税があることを認識しておく必要がある．その税の仕組みを活用しな

いで，社会保障だけで望ましい所得再分配を行うと，無理が生じるかもしれない．経済学における「政策割当」(policy allocation)の考え方から言えば，リスク分散やリスク軽減は社会保障の担当とし，所得再分配は税に任せる，という役割分担が望ましい．

　もっとも，現行の社会保障制度を見ると，組合健康保険のように保険料を報酬に比例的に負担させている仕組みもあるし，社会保障の財源はかなりが公費（税）によって賄われており，所得再分配機能が働くようになっている．さらに，低所得者や高齢者は元々ハイリスクであり，かつ，負担の支払い能力が低い．そのため，社会保障の下では，ハイリスクの者の負担をそうでない者が肩代わりするという所得再分配が生まれる．

　このように，社会的リスクへの備えは，所得再分配とは未分化のまま結びついている面も実際にはかなりある．さらに，税による所得再分配についても，税収が生活保護や育児支援など政府からの所得移転の財源として使われていることもあわせて考えると，所得変動リスクに備える仕組みと解釈することもできないわけではない．

　このように，所得再分配とリスク分散には重なり合うところがあるので，両者の違いに拘る必要はあまりないと考えるべきかもしれない．そのほか，社会保障に経済安定化機能があると説明されることもある．失業保険給付に代表されるように，景気低迷期に社会保障給付が消費の下支えになり，所得に連動する負担が軽減されることなどが，その理由である．しかし，経済安定化を果たす仕組みとしては個人所得税や法人税のほうが重要であり，経済安定化機能を社会保障の果たすべき役割と位置付けることには問題がある．

■ 保険料か税か

　社会保障に所得再分配をどこまで期待すべきかという議論と関連して，社会保障の財源をどのように調達するかという問題もしばしば取り上げられる．具体的には，社会保険料と税のどちらで財源を調達すべきかが論点となる．この問題は，社会保障を保険原理と福祉原理という2つの原理のうち，どちらに基づいて運営すべきかという問題に深く関係している．さらに，実際にはこの2つの原理が混合し，制度運営において問題になる場合も少なくない．

このうち，保険原理とは，社会的リスクに備えて社会の構成員が保険料を支払ってプールしておき，それを財源として，リスクが実際に発生した者を救済するという，社会保険の仕組みを念頭においた考え方である．この場合，社会保障サービスの給付は保険料を支払った者だけに限定され，支払いが不十分であれば，給付水準が削減される．こうした考え方を，排除原理という．一方，保険料の拠出実績がきちんとあれば，年収などとは無関係に誰でもそのサービスを受給できる．

　一方，福祉原理は，保険料を財源とするのではなく，政府が得た税収を財源として経済的リスクが発生した者を救済するという考え方である．この場合，私たちが社会保障サービスを受給するためには，所得や資産などを細かく調べるミーンズ・テスト（資力審査）を受ける必要がある．この給付の考え方を選別主義という．

　保険原理は19世紀後半のビスマルク時代以降，社会保険を重視するドイツで発達してきた考え方であるのに対して，福祉原理は19世紀の工場法以降イギリスで発展してきた考え方であり，歴史的背景が異なる．いずれもリスク分散の仕組みとしてそれなりに筋の通った考え方であり，社会保険が保険原理と，公的扶助が福祉原理と結びつけて議論されることが多い．

　しかし，日本の社会保障制度はこの2つの考え方が未整理なまま混在しているという特徴を持っているとしばしば指摘される（広井，1999）．社会保険といいながらも，その財源のかなりの部分が税に依存している状況はその代表的な例である．こうした状況が社会保障の仕組みを複雑なものにするとともに，人々の制度に対する正確な理解を難しいものにしている面もある．さらに，税の場合は，財源の不足分を事後的に穴埋めする形で用いられるのか，事前の負担調整として予算化されるのか，という違いも重要になる．

2───日本の社会保障制度を概観する

■ 社会保障の体系

　日本の社会保障には，広義と狭義の2つの定義がある．まず，狭義の社会保障としては，

① 社会保険：年金保険，医療保険，介護保険，雇用保険のように，原則としてその加入者の負担によってその給付が賄われる制度
② 社会福祉：生活保護など公的扶助の仕組みのほか，障害者，老齢者や母子世帯のように，社会的に援護が必要な者の自立を支援する公的サービス
③ 公衆衛生：国民の健康の維持増進を目的とする公的サービス

の3つが挙げられる．広義の社会保障には，以上のほか恩給や戦争犠牲者援護が含まれる．また，社会保障に関連する制度として住宅政策や雇用政策がある．

これらの仕組みのうち，社会保険はリスク分散のための手段として位置づけられる．社会保険は，あらかじめ保険料を人々に拠出させてリスクの発生に備える仕組み，いわゆる拠出制の制度である．そして，給付面では，保険料をきちんと支払っていればリスク発生に際してほぼ無条件にサービスを受給することができる．社会福祉には，生活保護に代表されるようにリスク分散の役割も期待されているが，財源は保険料ではなく税であり，救済が必要かどうかがチェックされる．さらに，社会福祉には**自立支援を目指す政策**という側面もあり，人々が直面するさまざまなリスクをあらかじめ軽減しておく，リスク軽減の役割も同時に期待されている．一方，公衆衛生は，国民の健康増進を進めることによって社会全体の疾病リスクが低下するといった効果が期待されており，基本的にリスク軽減のための仕組みと言える．

■ 社会保障の運営主体

社会保障の運営に際しては，国と地方公共団体が中心的な役割を果たしている．大まかにいえば，国（厚生労働省）は，社会保障の全体的な制度設計や所得保障（＝金銭を中心とした給付）の制度運用を担当する．これに対して地方自治体は，保健・医療・福祉など，サービスを中心とした給付を提供する．

そうした役割分担に対応する形で，国や地方自治体が運用する制度にも違いが出てくる．たとえば，国は国民年金や厚生年金など公的年金，そして，雇用保険や労災保険など労働保険の運営を担当している．一方，地方自治体は，国民健康保険や介護保険など，医療・介護に関する保険制度や，児童福祉，障害

者福祉等の社会福祉制度の運営やサービス提供を行っている．また，地方分権化の流れの中で，地方自治体は市民のニーズに合わせた制度運用を行うなど，その役割が相対的に高まりつつある．

　社会保障制度の運営は国や地方公共団体など，公的機関が基本的に行っている．ただし，国や地方公共団体は，運営に関わる事項の一部に関して，一定規模以上の民間企業に業務委託している．このような業務を行うとき，これらの機関は法的に行政機関として扱われる．たとえば大企業は，法律に基づいて従業員のために，医療保険の仕組み（組合管掌健康保険（組合健保））や企業年金（厚生年金基金や確定拠出年金など）を運営している．その運営に当たっては国が定めたルールが守られ，国からさまざまな指導・監督を受ける．さらに，企業は年金・医療・介護・労働など社会保険の保険料の徴収や行政機関への納付など事務的な業務においても，重要な役割を果たしている．

　しかし，社会保障は公的な制度によってのみ支えられているわけではなく，家族をはじめとした非公式・非定型な社会保障の仕組みも軽視できない．本章の冒頭では，こうした仕組みが社会的リスクを分散する機能を歴史的に弱めてきたことを指摘した．しかし，最近では，近隣住民とのつながりなど，社会関係資本（ソーシャル・キャピタル）が充実している地域ほど住民の健康状態が高いことも実証的に示されている．

■ 社会保障の給付

　次に，現行の社会保障制度の下で，政府から提供される給付の規模や中身を概観しておこう[4]．まず，国民に給付される社会保障給付額の総計は 2011 年度で 107.5 兆円（国内総生産の 22.7% に相当，国民 1 人当たりでは 84.1 万円）に上っている．国際比較のためには，病院のような設備整備費など個人に直接渡らない支出や就学前教育費などを含めた社会支出という概念が注目されるようになっているが，その社会支出は同年度で 112.0 兆円となっている．

　社会保障給付費の中身を部門別に分けると，年金が 49.4%，医療が 31.7%，福祉その他が 18.9% となっている．年金はすべて，医療もそのかなりの部分が社会保険の仕組みで運営されているので，社会保険は日本の社会保障のなかできわめて重要な役割を果たしていることになる．

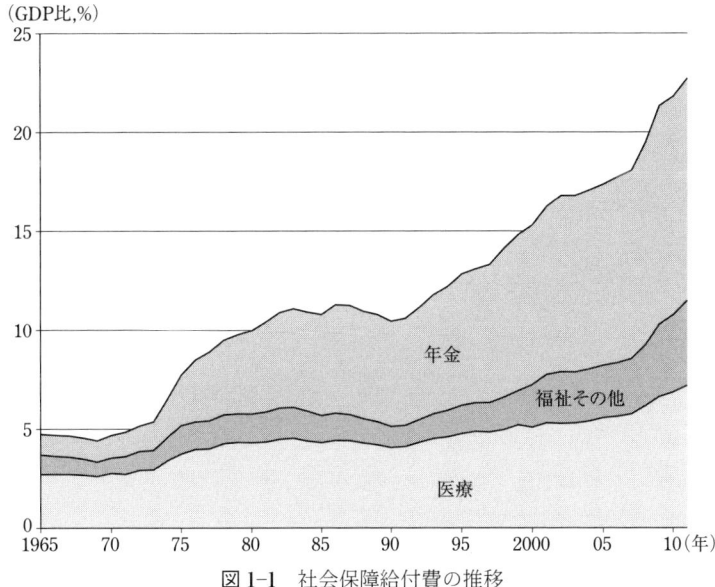

図 1-1　社会保障給付費の推移
出所：国立社会保障・人口問題研究所『社会保障費用統計』.

　図 1-1 は，社会保障給付費を年金，医療，福祉その他に分けて，それぞれの対 GDP 比の推移を概観したものである．給付費全体で見ると，1965 年の 3.9% から 2011 年の 22.7% へと大幅に上昇している．その上昇の中で最も大きく寄与しているのが年金である．高齢化の進展によって，年金受給人口が確実に増加したことがその背景にある．この 45 年間における社会保障給付費の増加のうち 6 割近くはこの年金によるものである．

　社会保障給付費のうち高齢層向け給付である高齢者関係給付費を見ると，2011 年度で 67.2% と 7 割近い比率を占めている．1975 年度にはこの比率が 32.9% にとどまっていたことを考えると，高齢化が社会保障に及ぼしているインパクトを容易に理解できる．実際，この 36 年間における社会保障給付費の増加のうち 7 割以上が，高齢者関係給付費の増加によって説明できる．

　将来についてはどうか．厚生労働省は，社会保障給付額の将来推計を随時公表しているが，現時点の推計では，2025 年時点において GDP 比 25% 前後まで上昇すると見込んでいる．そこでは，年金はむしろ頭打ちから低下傾向を見

せるようになり，医療・介護が上昇する．年金の場合，全体的な人口減少傾向の中で，年金を受給する高齢層の人口も減少を始めることが給付の減少につながっている．一方，平均余命の伸長に伴い，75歳以上の後期高齢者の比率の高まりが給付費の引き上げにつながることになる．医療・介護は年金と異なり，制度をどこまで効率化するかによって給付水準が大きく異なってくる．

■ 社会保障の財源

　一方，社会保障の財源を見ると，2011年度では全体の約52.0%が社会保険料で賄われている．これは，社会保険が日本の社会保障において重要な役割を果たしていることと対応している．なお，社会保険料は，被用者が加入する社会保険の場合，被保険者（個人）と事業主が折半で負担する仕組みになっている場合が多く，全体で見ても保険料収入の半分近くが事業主負担となっている．また自営業者，個人事業主，無職者などは当然ながら自ら保険料を納める．このため，保険料の計算は被用者（労使折半）とその他の被保険者では大分異なっている．

　ここではさらに，税（公費負担）が財源の37.6%とかなり高い比率を占めていることに注目しておこう．社会保険といっても，その財源は社会保険料だけで賄われているのではなく，国庫等から税がかなり投入されている．すでに述べたように，財源を税と社会保険料のどちらで調達すべきか，という問題に答えることはなかなか難しい．

　しかし，現実的には税への依存度がかなり高くなっている．実際には，税の財源に占める比率は，1970年代以降ほぼ一貫して低下傾向を示し，1990年代半ばには24%程度まで低下していた．しかし，その後は上昇傾向を見せて，前述のように2011年には37.6%に達している．この背景には，長期的な景気低迷や非正規雇用者の比率の高まりを受けて，保険料収入が伸び悩んでいることが働いている．

3 ── 日本の社会保障はどのような問題に直面しているか

■ 近年における政府の取り組み

　社会保障制度については，少子高齢化の進展や財政状況の悪化を背景にして，政府によってもさまざまな改革が進められてきた．とりわけ 2000 年代以降は，年金制度改革（2004 年），介護保険制度改革（2005 年，2011 年），高齢者医療制度改革（2006 年）など重要な改革が相次いだ．しかし，少子化対策の遅れ，高齢化の一層の進行に伴う制度の持続可能性，医療・介護の現場の疲弊，非正規雇用の労働者等に対するセーフティー・ネット機能の低下等の問題が政府内でも強く意識されるようになった．

　そのため，福田・麻生政権下で設置された社会保障国民会議は，社会保障の機能強化に関する具体的な提言を 2008 年 11 月にまとめた．民主党政権下においても，社会保障・税一体改革のための関連法案が 2012 年 8 月に成立し，改革の方針を審議する社会保障制度改革国民会議が設置された．その後，政権は自民党に戻ったが，同国民会議は 2013 年 8 月に報告書をまとめ，その内容に沿って医療・介護などの改革の道筋を定めた社会保障改革プログラム法が 2013 年 12 月に成立している．

　しかし，政府によるこうした取り組みには不十分なところが数多く残されている．たとえば，2014 年 4 月からの消費税率の引き上げは，社会保障給付の財源調達を目的とするものだが，拡大する社会保障給付は政府の持続可能性にこれからも大きな圧力として働き続ける．さらに，セーフティー・ネットの恩恵を十分に受けられない層が無視できない厚みを形成しつつあることも懸念されている．次章以降では，これまでの社会保障改革によって積み残された問題やその解決方向について検討するが，そこでは以下に述べるような観点を重視して議論を進めることにする．

■ 少子高齢化への対応

　社会保障給付の 7 割弱が高齢者向けであり，社会保障のかなりの部分は現役層から高齢層への所得移転という形をとる．社会保障が分散しようとしている

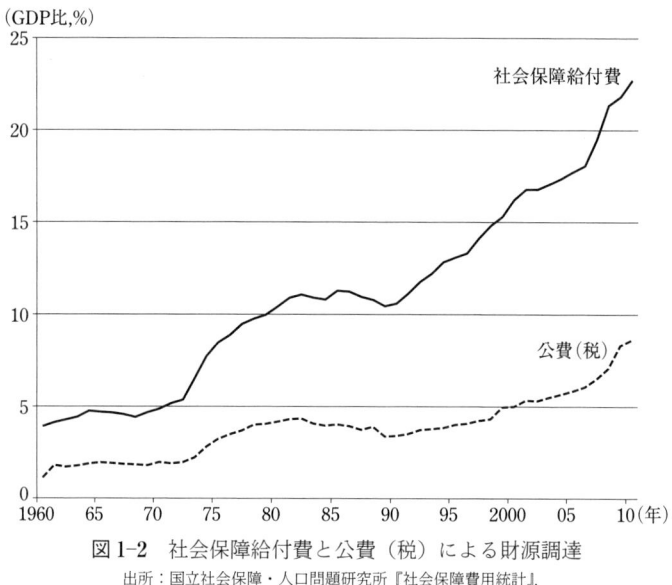

図1-2 社会保障給付費と公費（税）による財源調達
出所：国立社会保障・人口問題研究所『社会保障費用統計』．

さまざまな社会的リスクが高齢時に現実のものとなることを考えると，これは自然な姿である．しかし，社会保障財源を担う子供たちが順調に生まれていかなければ，社会保障の維持は次第に難しくなる．社会保障は社会連帯の仕組みと言われるが，世代間の所得移転がその前提となっている以上，少子高齢化は制度の持続可能性にとって最大の懸念材料である．しかも，欧米諸国では，かなりの国で合計特殊出生率が1.7以上と高くなっており，少子高齢化の影響は日本よりはるかに小さい．少子高齢化は，日本をはじめとするアジア諸国，そしてヨーロッパにおいてもドイツや南欧諸国に特有の問題になりつつあることも認識しておくべきである．

　少子高齢化を前提とすれば，社会保障の財政運営という観点からのみ考える限り，年齢階層間の所得移転の仕組みをできるだけバランスのとれたものにしていくしかない．現行制度のままでは，現役層に過剰な負担がかかり，経済全体に歪みがかかることになる．しかし，高齢層に対する社会保障給付の削減は政治的に容易ではないし，高齢人口の増加で給付は自動的に拡大していく．また，現役層の負担の引き上げも強い抵抗を受けるだろう．そのため，日本では，

第2章で詳しく説明するように，高齢者向けの社会保障給付が増加する一方で，社会全体の社会保険料・税負担がほとんど増加しないという状況が長い間続いてきた．私たちは，こうした状況を生み出している仕組みを改めていく必要がある．

　実際，高齢者向けの社会保障給付費のGDP比は，1990年の6.2%から2011年には15.3%へと9.1%ポイント上昇しているのに対して，税（消費税を含む）および社会保障負担の合計のGDP比は，同期間において25.8%から29.4%の範囲で，景気変動の影響を受けながら変動している．社会保障給付の増加傾向と税・社会保障負担の横ばい傾向が同時進行すると，当然ながら財政赤字が拡大し，赤字国債の発行という形をとる．日本の財政赤字や政府債務が，先進国で最も深刻になっていることはよく知られた事実である．

■ 世代会計の視点

　社会保障改革は，世代間の利害に密接に関わってくる．その状況を浮き彫りにするのが，財政に関するお金の流れを世代ごとに見る「世代会計」の考え方である（コトリコフ・バーンズ（2005），島澤（2013）参照）．現在の世代から無限の将来世代に対して政府が提供していくサービス（すなわち，現在の世代から無限の将来世代が政府から受け取る受益）の総額，それに政府が現時点ですでに抱えている純債務（＝債務－資産）を合わせた総額は，現在の世代から無限の将来世代に至るまでの各世代が負担する税や保険料の総額に必ず一致する．ただし，ここでいう総額とは，将来時点の金額を利子で割り引いた額である割引現在価値を将来に向けてすべて足し合わせたものである．

　したがって，

$$\text{政府純債務} + \text{各世代の受益の合計} \equiv \text{各世代の負担の合計}$$

という恒等式（方程式ではない）が成り立つ．左辺は政府の債務，右辺は資産である．さらにこの式を変形すると，

$$\text{政府純債務} \equiv \text{各世代の純負担の合計}$$

となる（純負担＝負担－受益）．この式から，純負担がマイナス（受取超過）

になる世代と，プラス（支払超過）になる世代の違いも明確になる．さらに，この式の左辺の値はすでに固定されているから，この式は，どこかの世代の純負担を引き下げる制度改革は，ほかのどこかの世代の純負担を必ず引き上げるという，世代間のゼロサム・ゲーム的状況を示している．年金改革についても，状況はまったく同様である．将来世代の便益を高める改革は，現在世代の損失を高める改革である．年金改革だけでなく，あらゆる社会保障改革は世代間のゼロサム・ゲーム的な側面を持っている．もちろん，制度の効率化や政府サービスの質の向上などによって，すべての世代に何らかの形で便益をもたらすことはできるだろう．しかし，すべての世代の便益を同時に高める改革を考案することは一般的に難しい．

■ セーフティー・ネットから外れる人たち

　社会保障は，社会的リスクを分散し，軽減する仕組みであるが，社会を構成するすべての人たちがそこに参加していることがその前提となっている．しかし，最近ではその前提が必ずしも満たされず，セーフティー・ネットから外れる人たちが無視できない厚みを形成しつつある．実際，公的年金や医療保険では，制度への未加入・非加入や保険料の未納問題が深刻化している（小塩，2012）．

　例えば，厚生労働省「国民生活基礎調査」（2011年）によると，正規雇用者の場合は9割以上が第2号被保険者，つまり，厚生年金や共済組合の加入者となっており，公的年金に加入していない者は2.9％にとどまっている．しかし，非正規雇用者に限ってみると公的年金に加入していない者は4分の1近くに達している．また，国民年金の保険料の納付率（保険料が払われた合計月数を本来払うべき合計月数で割った値）が低下傾向にあり，近年では6割を割り込んでいることもしばしば懸念されている．納付率は若年層になるほど低くなるが，非正規労働者のうち保険料を完納した人の比率は30％程度で，自営業者の半分程度にとどまっている．

　こうした国民年金の未納・未加入問題に対しては，それが公的年金全体の加入者や財政から見ると大きな問題ではないとする見方もある．しかし，実際の統計から判断する限り，高齢時に無年金・低年金に直面する人たちが少なから

ず発生し，現行の公的年金が老後の生活保障の仕組みとして不十分であることは明らかであり，国民年金の未納・未加入はけっして軽視できない問題である．

　同様の問題は，すべての国民が加入している建前になっている医療保険についてもいえると推察される．実際，厚生労働省「国民生活基礎調査」（2007年）に基づき，医療保険によってカバーされていない人たちは160万人に上ると推計する研究例もある（Ikegami et al., 2011）．医療保険より公的年金の場合のほうが未加入による不利益が当面の問題として認識されにくいはずなので，医療保険未加入者のうちかなりの人が公的年金にも加入していない可能性が高くなると考えられる．さらに，国民年金の場合と同様，国民健康保険（国保）の収納率（各種の調整後に想定される保険料収入である調定額に対する実際の収納額の比率）も，所得階級が低くなるほど低下する傾向が確認されている．

　このような状況が生まれている背景には，非正規労働者の比率の上昇傾向がある．アジア諸国との競争激化や長引く不況の中で，人件費削減を余儀なくされる企業は社会保険料の事業主負担が不要な非正規労働者への依存度を高めてきた．非正規労働者は，厚生年金や組合健康保険など被用者保険に加入しないことが多く，国民年金や国民健康保険に加入することになる．ところが，国民年金や国民健康保険は本来，自営業者や農業従事者などを加入者として想定しており，保険料は定額の部分があるほか（国民年金はすべて定額），国民健康保険のように扶養家族に比例する部分もある．もちろん，現行制度には所得に応じた保険料負担の減免措置もあるが，それでも逆進的な性格が残っており，低所得の非正規雇用者には負担が重くなる傾向がある．

　雇用状態が不安定で，所得も低水準にとどまる人たちは，そうでない人たちに比べて社会的リスクに直面することが高いはずであり，社会保障という仕組みで最も重点的に支援する必要がある．ところが，そうした人たちほどセーフティー・ネットから排除され，社会的リスクに晒される度合いが高いという状況は，セーフティー・ネットの果たすべき役割を考えると本末転倒であろう．

　ところが，セーフティー・ネットから排除される人たちの増加は，現行の社会保険の財政収支に大きな影響を及ぼさない．彼らは現行制度に加入していないため，保険給付の対象にならないからである（排除原理）．しかし，最低限度の生活を国民全体に対して保障する以上，セーフティー・ネットから排除さ

れた人たちの生活保障は，生活保護など社会保障の仕組みで対応する必要があることには変わりはない．そのとき，社会保障財源の税への依存度はさらに高まるだろう．

■ 貧困問題の深刻化

1990年代以降の長期的な景気低迷は，人々が貧困リスクに晒される度合いを高めてきた．貧困の度合いを示す**相対的貧困率**（社会全体の所得の中位値の50％を貧困線とし，所得がそれを下回る世帯や個人の比率）は，OECD（経済協力開発機構）加盟国の中でも上位に属している．所得格差の拡大も重要な課題として指摘されるが，所得再分配を行った後の再分配所得で見ると2000年代に入ってからほぼ横ばいになっている．これも，日本の世帯の所得分布が，所得水準の低いところで厚みを増すようになっているからである．

貧困問題が特に深刻化しているのは，子供のいる1人親世帯や，高齢単身世帯など，勤労収入が低水準にあり，社会経済的に不利な立場にたっている世帯である．これらの世帯の貧困率は，ほかの先進国と比べてもかなり高い．日本の社会保障は，公的年金や高齢層向けの医療・介護など年齢階層間の所得移転が中心となっている．それによって，高齢層と若年層の間の所得格差は大幅に是正されるが，その陰で，支援を真に求める人たちへの支援が手薄になっている面がある．

このような貧困問題の深刻化は，生活保護の受給世帯の急増にも反映されている．しかし，生活保護はあくまでも，最低限度の生活保障のために設定された「最後の拠り所」的な仕組みである．貧困問題の解決のための仕組みではない．さらに，生活保護の受給世帯は，年金や医療など中核的な社会保険の保険料負担に耐えられない所得環境に置かれていた層である．したがって，生活保護は社会保障のその他の制度によっては救済されなかった層を受け入れている．しかし，生活保護に，その他のすべての社会保障制度の肩代わりを期待するのは無理である．それぞれの制度で，低所得層を制度内にとどめる工夫が必要になる．

低所得層も，いずれは高齢者になるが，彼らは社会保険料の拠出実績が不十分なために，通常の社会保険制度の恩恵を受けることができない．高齢層の貧

困率は，現時点においてすでに諸外国より高くなっているが，今後進展する可能性の高い貧困の高齢化は，現行の社会保障制度が十分想定していない状況である．

4──本書の問題意識と構成

■ 本書の基本的スタンス

このように，日本の社会保障制度は現在，深刻な問題に直面している．人々の安心・安全がもはや自明のものではなく，不安定な時代に突入している今日，社会保障制度の効率化と機能強化のバランスを図ることがこれまでになく重要になっている．そのために，多くの人が制度の仕組みを理解し，制度を効率的に機能させることが社会保障制度を持続可能なものとするために不可欠になっている．人々が安心して社会保障サービスを利用し，制度を支えるための費用を納得して負担するためにも，**制度の持続可能性**を高めることが求められる．

以上の点を踏まえ，本書は社会保障改革の根底にある重要な政策的課題を取り上げ，聖域を設けずに議論する．社会保障支出の中で特に大きなシェアを占める年金と医療については，それぞれ2章ずつを設け，別の視点でアプローチすることを試みた．社会保障改革の根底にある政策的課題を徹底的に議論するプロセスを経なければ，いつまで経っても必要な国民的合意は形成されない．

そのため，次章以降では，制度的な概説は必要最小限にとどめ，むしろ，各制度の基本的な性格や役割を経済学的なアプローチで整理したうえで，何が問題となっているのか，どんな選択肢があるのか，について特定の立場に偏らずできるだけ客観的に議論し，政策提言を行うことにする．具体的には，次のような構成で議論を進めていく．

■ 本章の構成

第2章　社会保障と財政　この章では，日本の社会保障が抱える問題点を財政の観点から考える．具体的には，歳出と歳入の両面から日本の財政の推移と現状を概観し，社会保障を維持していくために必要な歳出が財政悪化の主要な原因の1つとなっていることを示す．こうした検討に基づき，財政健全化によっ

て，社会保障制度の持続可能性を高めることの重要性を指摘するとともに，医療・介護保険における日本の公費（税負担）の仕組みをどのように改革していくかという問題を考える．現行制度のままでは，社会保障給付の増大に連動して公費負担が膨らみ続け，社会保障は早晩，財政的に維持できなくなる．社会保障改革にとって，財政制約をどうクリアするかはこれまで以上に深刻な課題となっている．

第3章　公的年金　この章では，公的年金の現行制度や経済学的な役割を整理したうえで，制度改革のあり方を議論する．とりわけ，年金改革論でしばしば議論になる，世代間格差の問題を取り上げてみる．賦課方式の公的年金は，制度の導入時，あるいは制度が成熟する前にすでに高齢だった世代に対する，それ以降の世代からの所得移転を伴う仕組みなので，世代間格差がどうしても発生する．しかし，制度を支える若年層が負担にどこまで耐えうるかという現実的な判断も重要になってくる．本章では，若年層や将来層の利害を考慮して，年金債務の削減という選択肢もあえて取り上げた．また，積立方式への移行の是非については，貯蓄や資本蓄積への影響も加味して検討する必要があることを指摘する．

第4章　老後の所得保障　この章では，第3章の議論を進め，老後の所得保障の役割としての年金制度の役割を総合的に評価する．そのために，まず，公的年金に関する先進諸国の実態を概観し，日本の制度の特徴を国際比較の観点から議論する．次に，日本において，公的年金と並んで老後の所得保障の重要な仕組みである日本の企業年金について解説する．最後に，先進諸国が進めてきた年金制度改革の論点を整理し，各国の改革の特徴を比較する．日本の制度改革は，先進諸国における社会保障改革，とりわけ事業主負担の増加抑制や制度の持続可能性の向上策などの影響を受けている面が多い．しかし，日本は世界一の長寿国であるため，高齢化とともに給付が増加する制度の給付設計では他国に先駆けて各種の工夫をする必要性が最も高いといえる．

第5章　医療保険と医療サービス　この章では，日本の医療保険制度の仕組み

を概観したうえで，疾病リスクをめぐる情報の非対称性を出発点として，医療保険を強制加入の社会保険として政府が提供する必要性を説明する．医療保険の供給を民間の保険会社に任せると，高リスクの個人しか保険に加入せず，保険が市場で成立しなくなるという，逆選択という問題が生じる．一方，個人の保険加入後の行動に対する情報の非対称性も，医療サービスに対する過剰需要などモラル・ハザードという問題を引き起こす．免責制度や自己負担は，こうしたモラル・ハザードがもたらす厚生損失を軽減する仕組みだが，その仕組みを強化するほど，疾病リスクをカバーするという医療保険本来の機能が低下するというジレンマも存在する．

第6章 医療保険制度と改革 この章では，第5章で説明した医療保険に関する基礎的な考え方を踏まえ，医療保険の制度改革のあり方を考える．具体的には，皆保険を前提としたうえで，保険者の役割を可能な限り発揮させようとする管理競争の考え方と，それを実際に行うために必要となるリスク構造調整という仕組みを説明する．その観点から日本の医療制度が抱える問題点を指摘し，改革の方向を検討する．個人の選択を生かし，保険者機能を発揮させる医療保険のあるべき姿としては，年齢で輪切りとなっている日本の医療制度を抜本から改め，各医療保険における加入者の疾病リスクを事前に計算して，医療費を適切に配分するという仕組みが考えられる．それによって，足りない財源を公費に依存し，その負担を将来世代に先送るという現行の問題点も解決に向かうことになる．

第7章 介護保険制度の現状と課題 この章では，介護保険の発足時に遡り，なぜ介護保険が必要とされ，その果たす役割はどのように考えられていたのかを振り返る．そのうえで介護保険の仕組みを説明し，制度発足以来の利用の実態を検証する．高齢化の進展を背景として介護保険制度が国民の中に浸透するのに伴い，介護費用は予想以上に増加している．また，認知症による要介護者の対応も重要な問題となっている．こうした新たな事態に対応するためにこれまで進められてきた主な改正を取り上げ，そのねらいと効果を整理する．最後に，高齢者医療と介護の関係，介護給付の範囲，および介護を必要とする高齢

者にとっての「家」とは何か，という3つの論点を取り上げて，先進諸国における取り組みも踏まえつつ，日本の介護保険の改革の方向を考える．

第8章 低所得者支援 この章では，低所得者支援の仕組みとして，最近受給者が急増している生活保護を取り上げる．ここで注目するのは，最低生活費と収入との差額を穴埋めするという，生活保護の補足性の原則である．そのため，低所得層にとっては実質的に限界税率が高くなり，就業意欲が弱まって貧困の罠に陥る危険性もある．さらに，低所得者は，社会保険に加入せずにセーフティ・ネットの外にとどまっていたり，保険料の支払いに苦慮していたりするという状況にある．本章では，古くから提唱されてきた負の所得税の考え方を紹介したうえで，最近注目されている給付付き税額控除の有効性を指摘する．

第9章 障害者支援 この章では，日本における障害者福祉の沿革と現状，今後の課題について検討する．障害者福祉の目的は，身体または精神の障害のために社会的・経済的不利を負いやすい障害者が，ノーマライゼーション（障害の有無にかかわらず社会の一員としてあらゆる分野で活動することができる社会の形成）という理念のもとに自立と社会参加ができる社会を実現することにある．この章ではまず，障害者福祉に関する制度改正の歴史や障害者支援の現状を整理する．そのうえで，障害者総合支援法の制定など最近の動きも踏まえるとともに，日本の障害者支援が先進諸国の中で最も手薄な状態にあること，そしてその理由が「障害者の自立と社会参加」に対する国民のサポートの弱さに求められることを指摘する．

第10章 働き方と子育て支援 この章では，まず，非正規就業の拡大やそれに伴う所得格差の拡大，社会保険の空洞化，貧困者の増大や社会的排除など，近年における「働き方」の変化とそれが社会保障に及ぼす影響を検討する．次に，育児支援策や少子化対策など子育て支援の展開を検証するとともに，残された課題を指摘する．最後に，ほかの先進諸国と比較することにより，日本におけるワーク・ライフ・バランスや家族政策が抱える問題や改革の方向性を検討する．この章では，低所得の子育て世帯を経済的に支援する政策が，日本全

体の所得分配の不平等度を引き下げる子育て支援策として特に有効であると主張する．

第 11 章　所得格差と貧困　この章では，最近における所得格差拡大，貧困リスクの高まりやそれへの政策対応を考える．日本では最近，所得格差が拡大し，相対的貧困率も先進国内でも上位にある．しかし，税や社会保障という再分配政策のかなりの部分は，現役層から高齢層への所得移転という形をとっており，真に救済を求めている人たちへの支援が手薄になっている．少子高齢化が進展すると，経済成長によって所得分配の問題が解決できると期待することが次第に難しくなる．経済の効率性を阻害しない形で効果的な所得再分配を行うためには，年齢ではなく，支援を真に必要としている人たちに限定的，集中的に行うなど，再分配政策のあり方を改める必要がある．

第 12 章　持続可能な社会保障を求めて　このように，本書では第 2 章から第 11 章において，現行の社会保障制度が抱える問題点や改革のあり方に関する政策的な論点をさまざまな角度から議論している．最後のこの章では，以上の議論を踏まえて，社会保障制度の持続可能性を高め，社会的厚生の向上に資するためにはどのような改革が求められるかを，社会保障の中核をなす年金，医療，介護を中心にまとめることにする．この章で述べる政策提言は，本書の 3 名の執筆者の間で議論を重ね，基本的に合意を得たものである．

1)　厚生労働省による社会保障の考え方をまとめたものとしては，厚生労働省（2012）が最も包括的である．また，入門書としては，広井（1999），椋野・田中（2014）などがある．
2)　さらに，社会保障には所得再分配の装置としての役割を期待することもある．この点については，4–5 ページで改めて議論する．
3)　実際には，政府と個人との間に，地域コミュニティや NPO（非営利組織）など，社会的なリスクに備える役割を果たす中間的な組織や結びつきが存在する．社会的なリスクに対する備えも，自分で備える「自助」，社会保障など公的な制度で備える「公助」，中間的な組織や結びつきで備える「共助」という 3 つのレベルに分けて議論されることもある．
4)　社会保障給付や費用については，国立社会保障・人口問題研究所が『社会保障費

用統計』として毎年公表している．また，この社会保障費用統計については，西村監修（2014）が詳細な解説書となっている．

2章
社会保障と財政

1──財政の推移と現状

　高齢化の進行と1990年代のバブル崩壊後の経済の低成長のなかで，日本の財政は厳しい舵取りを迫られている．この章では，まず経済の動向を踏まえつつ，歳出と歳入の両面から日本の財政の推移と現状について述べる．次に，社会保障を維持していくために必要な歳出が財政悪化の主要な原因の1つとなっていることを示す．以上の検討から明らかとなる社会保障と財政の関係から，日本の社会保障制度改革の2つの課題を考える．第1の課題は，社会保障と税の一体改革の進め方であり，財政健全化によって，社会保障制度の持続可能性を高めることの重要性を指摘する．第2の課題は，医療・介護保険における日本の公費（税負担）の仕組みをどのように改革していくかである．高齢化によって税収の伸び以上の率で公費が増大しているが，ここでは増大する公費をどのように管理していったらよいかについて考える．

　表2-1は，日本の人口と高齢化率（総人口に占める65歳以上人口の割合）を示したものである．総人口は2010年の1億2800万人がピークで，それ以降減少する．同時に，高齢者人口の割合が増加し，1970年には7.1％であった高齢化率は，2010年には23％，団塊の世代が80歳以上となる2030年には31.6％となる．その後も高齢化は進み，2050年には高齢化率は38.8％，すなわち，5人に2人は65歳以上になると推計されている．

　一方，経済成長は長い間低迷を続けている．表2-2は，1975年度から2009年度までの期間の5年ごとの国内総生産（GDP）の実質成長率の平均，およ

表 2-1　日本の人口と高齢化率の推移

年	1970	1990	2010	2030	2050
人口（100万人）	104.7	123.6	128.1	116.6	97.1
高齢化率：65歳以上の総人口に占める割合（％）	7.1	12.0	23.0	31.6	38.8

出所：国立社会保障・人口問題研究所『日本の将来人口推計』2012年1月の中位推計値．

表 2-2　国内総生産（GDP）の実質成長率　　　　　　　（年度）

1975-79	80-84	85-89	90-94	95-99	2000-04	05-09	10-12
4.56%	3.58%	5.06%	2.04%	0.96%	1.3%	−0.4%	1.6%

注：対象とする期間の各年度の実質成長率の平均値．
出所：内閣府『国民経済計算』．

び 2010 年度から 12 年度の平均を示したものである．1985 年以降のバブルの時代の 5％ の成長率のあと，経済成長は大きく下がった．とくに 1998 年のアジア経済危機や日本国内の銀行などの倒産による不良債権問題を契機にして，成長率は低下した．その後も成長軌道に乗れぬ間に，2008 年にはアメリカ発の金融不安（リーマンショック）が発生し，実質成長率はマイナスとなり，2012 年 12 月に発足した安倍内閣のもと，デフレ脱却を目指した金融緩和，財政出動と成長戦略へと繋がっていく．

このように人口の高齢化の進行と経済の停滞が同時に生じている中で，社会保障関係費が増大し，公共投資など景気対策費も増加した．歳入面では，消費税が 1997 年 4 月に 3％ から 5％ へと引き上げられているが，それに先行して所得税減税が行われていたこと，またその後もアジア経済危機によって落ち込む景気を前に所得税や法人税の大幅な減税が断行されたことなどにより，税収は減少した．図 2-1 は，こうした国の増大する歳出と減少する税収の推移を示したものである．

図中の一般会計とは，中央政府としての国の予算のことであり，地方財政は含まれていない．また，国債発行額のうち，後年道路などになって国の資産を形成する借入を「（財政法）4 条国債」と呼ぶ．これはまた，建設国債とも呼ばれる．それに対して，さまざまな補助金のように国が借金しても資産が残らず，国から個人や企業などへの所得移転となるものを「特例公債」と呼ぶが，これは国会で毎年審議にかけられその支出がなされるもので，赤字国債のこと

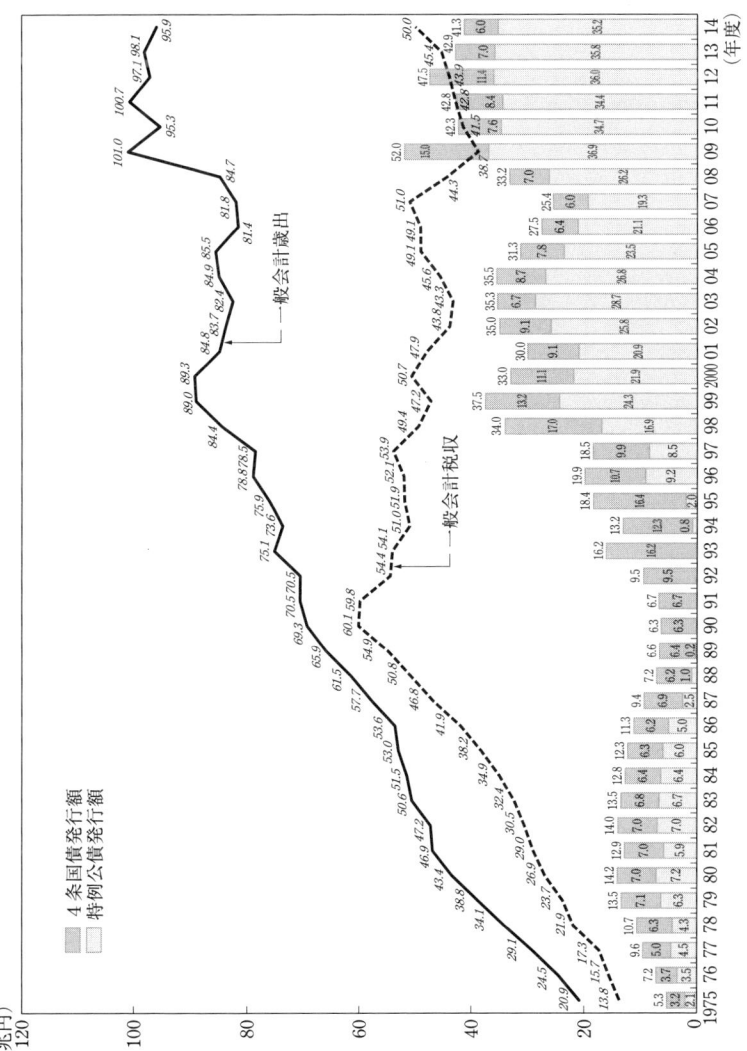

図 2-1 一般会計（国の会計）の歳出と税収額
出所：財務省（2014）「日本の財政関係資料」p. 12.

2 章 社会保障と財政——25

である．図の対象とする期間は，1975年度から2014年度までとなっている．

この図から明らかなように，歳出は一貫して増大している．とくにバブル景気が終わった1990年度からの増大が著しい．そのなかで，1998年度と2008年度の歳出の大幅な増大は，それぞれ先に述べたアジア経済危機とリーマンショックによる景気後退からの脱出を図ることを目的としていた．税収は，1975年度以降インフレとバブルによる景気拡大を反映して，大きく増大している．しかし，バブル期以降になると，あたかも転げ落ちる石のように減少を続ける．これには，景気後退が影響しているが，そのなかでさまざまな減税が行われてきた結果でもある．

歳出に税収が満たない部分は，国債の発行，すなわち国の借金で賄われる．バブル景気によって国債発行額は減少し，1989年には特例公債の発行額がほぼゼロとなる．しかし，それも束の間，その後まずは4条国債の発行額が増大し，1994年度には特例公債の発行が再開する．その後は拡大する歳出と減少する税収の溝を埋め合わせるため特例公債の増発が続く．とくに1998年度以降では，税収が50兆円ないしそれを下回るなかで，国債発行の総額が30兆円を超えるという，これまで日本の経験してこなかった財政赤字が継続的に発生し続けている．デフレ経済にあって，景気回復を目指して，財政が10年以上にわたって拡大し続けた様子を看て取ることができる．

このように毎年大きな財政赤字が発生した結果，国の債務額である公債残高も増大を続けている．図2-2は，図2-1と同一の期間において，公債残高とその支払いに関係する公債金利とその利払費を示したものである．1975年度には，現在からみればほぼゼロであった公債残高は，その後増大を続けている．しかし，その変化をよく見ると，図2-1の財政赤字を反映して，1989年度まで比較的早いスピードで公債残高は増大する．その後数年間，伸びはやや収まるが，1995年度あたりから大幅な増大が始まり2013年度には750兆円となっている．この年度の国内総生産（GDP）は，480兆円程度なので，国はその1.5倍以上の債務を抱えることになった．

国は財政破綻を招くことなく，その膨大な借金をどうまかなってきたのであろうか．それは図2-2から明らかように，公債金利が対象期間中ほぼ一貫して下がってきたことによっている．1975年度から1989年度ごろまで7％ないし

図 2-2 利払費と国の公債残高

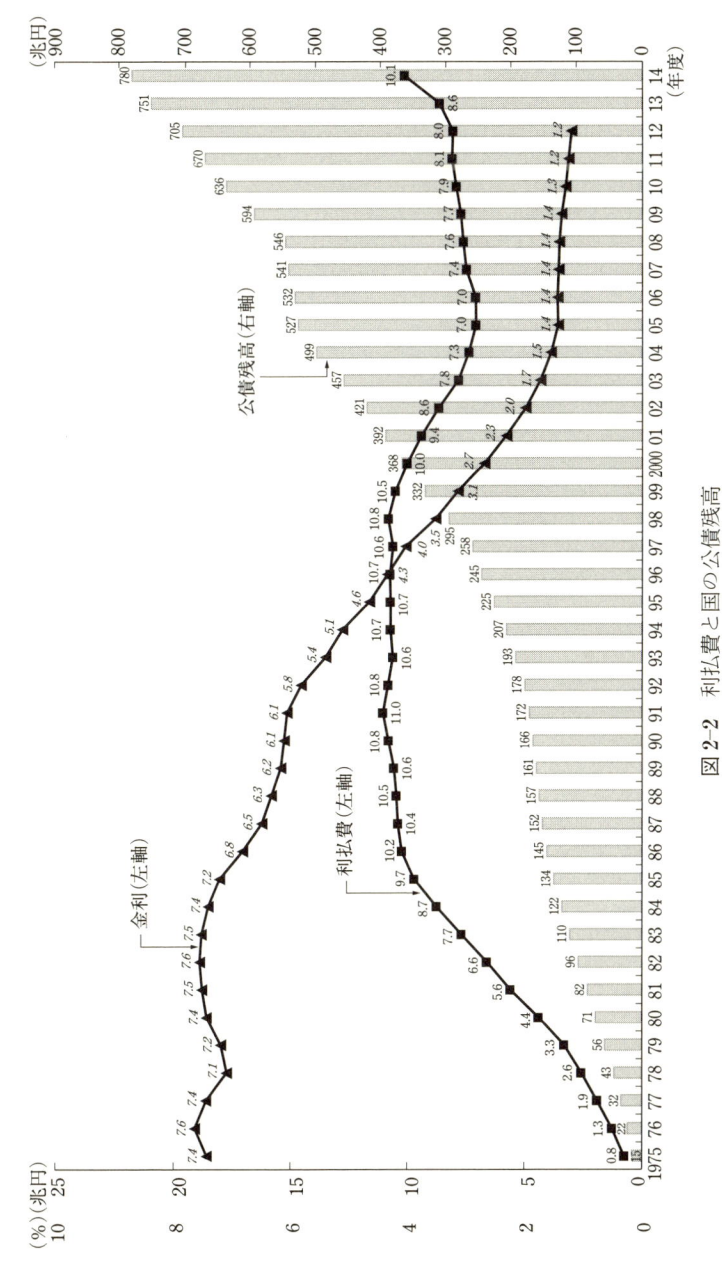

注：1）利払費は、2012年度までは決算、2013年度は補正後予算、2014年度は政府案による。
　　2）公債残高は各年度3月末現在高。ただし、26年度末は政府予算案に基づく見込み。
出所：財務省（2014）『日本の財政関係資料』p. 22.

2章　社会保障と財政——27

それを超えていた金利は，その後，はじめは日本国内の金融緩和，その後，リーマンショック以降はアメリカを含む世界中ともいってよい超金融緩和策によって減少を続けている．その結果，利払費は10兆円を超えない程度で収まっている．

すでに述べたように，2012年末に安倍内閣が発足してから，政府はデフレ脱却を旗印にして，金融緩和を一段と強化し，ここで示した長期金利が上がらないように努めている．しかし，国は750兆円を超す債務を抱えていることによって，1％の金利上昇によって，7.5兆円もの支払い利子負担が増えるという非常に大きなリスクを抱えていることも事実である．図2-2の対象期間の後も金利は低下していることは確かであるが，日本以外の国（たとえばアメリカ）が今後これまでの超金融緩和を縮小していく可能性を考えると，日本の財政リスクの管理が待ったなしであることは明らかである．

こうした長期にわたる財政拡張の結果を世界各国と比較してみたらどのようになっているであろうか．図2-3は，政府の範囲を一般政府に広げたうえで国際比較を行ったものである．ここで，一般政府とは，国（中央政府）のほか地方政府（自治体）や社会保障基金を合わせた国民経済計算上の政府であり，これまで取り上げてきた国よりも大きな政府を指している．

図2-3は，世界各国の一般政府の1999年以降の債務残高対GDP比率を示している．図から明らかなように，日本の比率が他国を圧倒して高いことがわかる．GDP比率で債務残高が200％を超えているのは日本だけで，他の国はイタリアを除けば，120％以下である．

さらに見ていくと，日本は1998年のアジア経済危機のなかで，大幅な歳出拡大と減税を行った結果，債務残高対GDP比率は増大しているが，この時日本以外の国はこの比率を引き下げ，財政健全化を進めている．その後，リーマンショックのなかで，各国の経済成長率は低下する一方，景気浮揚のために財政拡大が図られた結果，債務残高対GDP比率が上がっている．ドイツ，カナダと比べると，とくにイギリス，フランスとアメリカの比率は大きく上昇している．このように経済危機のなかで，各国さまざまな政策を取ってきたことがうかがえるが，**アジア経済危機とリーマンショックの2つの危機を通じて，債務残高対GDP比率を一貫して増大し続けてきたのは日本だけである**．

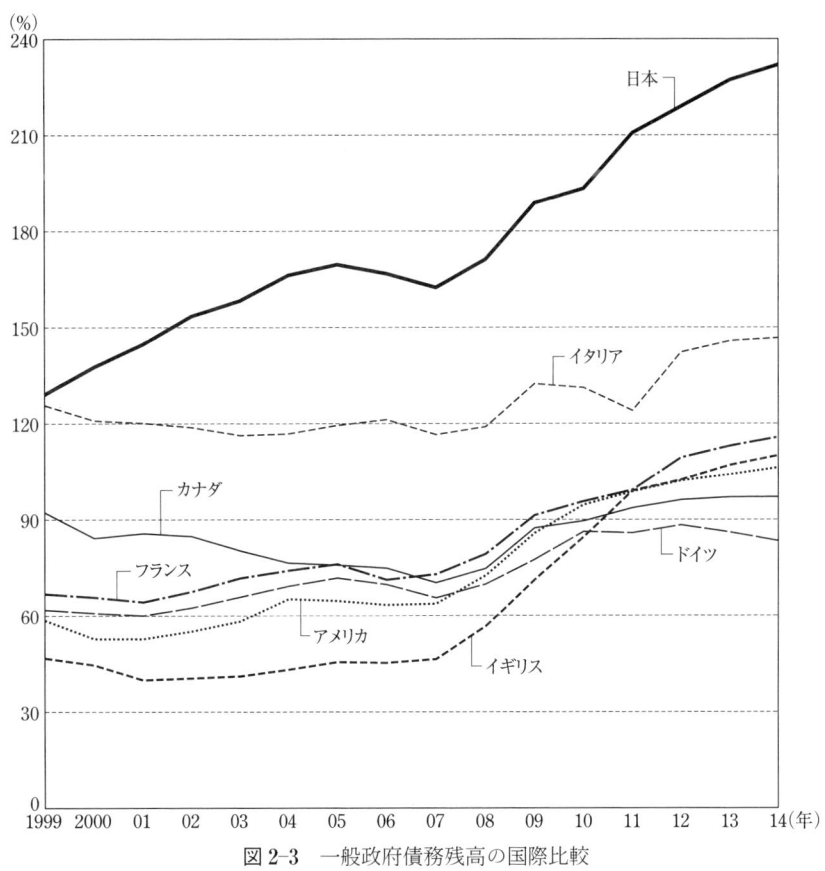

図 2-3　一般政府債務残高の国際比較

注：一般政府とは，国（中央政府）のほか地方政府（自治体）や社会保障基金を合わせた国民経済計算上の政府のことである．
出所：財務省（2014）「日本の財政関係資料」p. 18.

　国際的に見れば日本の政府債務の水準は異常に見えるが，それを必要としてきたのは長期にわたるデフレからの脱却の要請であり，それを歳出増加と減税による財政拡大によって繰り返した結果が，この異常に高い債務残高対 GDP 比率となって表れている．以上，マクロ経済的な視点にたって，財政政策を景気対策など経済成長・安定政策としてみてきた．しかし，人口高齢化によって増大する社会保障費の一部を政府が借金によって肩代わりすることによって，歳出に歯止めがかからず，財政悪化が進んだのではないかという経済の構造的

な問題がある．次節では，本章の課題である社会保障と財政に焦点を絞り，国の社会保障関係費が財政悪化の主要因の1つであることを明らかにしていくことにする．

2──国の社会保障負担

　社会保障費は，大きく分けて公的年金，医療や介護など社会保険にかかる費用と生活保護など社会福祉にかかる費用からなっている．日本の社会保障費についての詳細な説明と動向については，『社会保障統計年報』（国立社会保障・人口問題研究所刊）の解説によることにするが，社会保険の費用の一部は利用者の一部負担によって賄われている．社会保険の費用総額からこの自己負担分を除いた額は，社会保険給付費と呼ばれている．政府はその一部と社会福祉にかかる費用を負担している．

　以下では，まず，政府の負担する費用（社会保障関係費）が税収と比較して，いかに大きな額に達しているかを示す．続いて，社会保険給付費と社会福祉費を合計した社会保障給付費の全体がどのような財源によって賄われているのかを調べることによって，社会保障における政府の負担が大きく増大していること，すなわち財政悪化の主要な要因の1つとなっていることを示す．

　図2-4と図2-5は，それぞれ2014年度の一般会計の歳出と歳入を示したものである．2つの図を見る際，注意すべきことは歳出には国債費が，歳入には公債金収入が含まれていることである．国債費とは公債の利払や返済（償還）にかかる費用のことで，財政支出というより国債管理にかかる費用である．歳出総額から国債費を引いた額を基礎的財政収支対象経費というが，これが政府の実際の歳出を表したものであり，その額は72.6兆円である．同様に歳入のなかの公債金収入は国の借金の額で，歳入総額から公債金収入を引いた額，すなわち，税収（租税および印紙収入）や政府の保有している株式の売却などで得た収入（その他収入）の合計が政府の本来の収入である．

　このうえで歳出からみていくと，社会保障（関係）費が最大の歳出項目で，政府本来の財政活動を示す基礎的財政収支対象経費の42%を占めていることがわかる．その次に大きな歳出は，地方交付税であるが，これは国から地方自

予算案(2014年度,単位：億円)

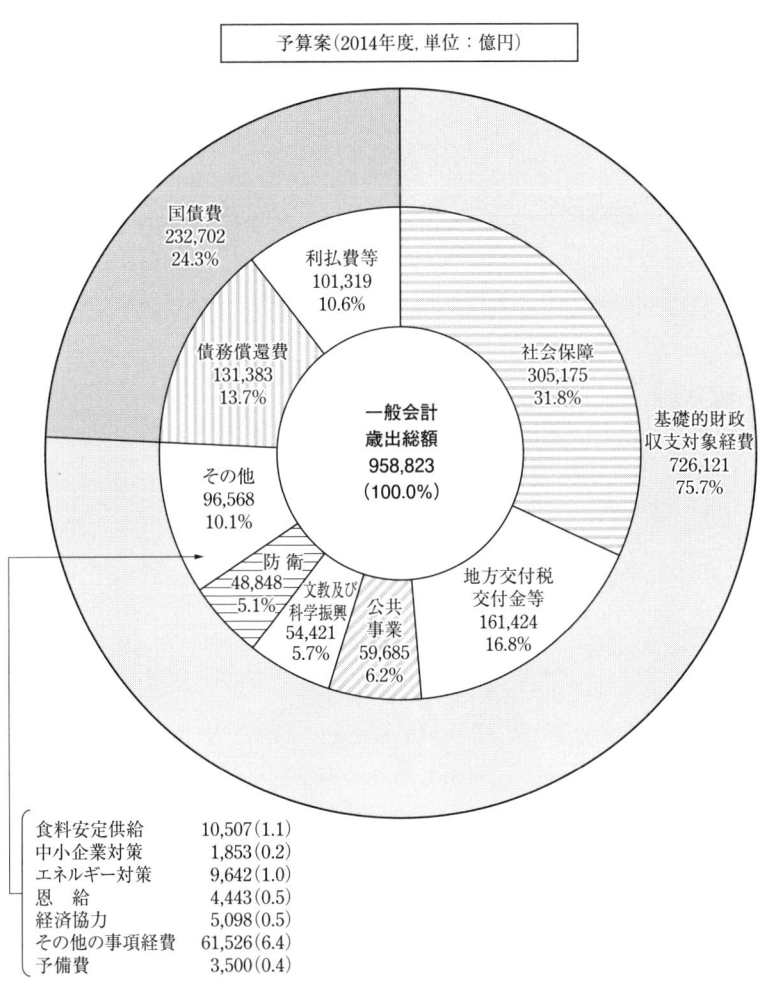

国債費 232,702 24.3%
利払費等 101,319 10.6%
債務償還費 131,383 13.7%
社会保障 305,175 31.8%
一般会計歳出総額 958,823 (100.0%)
基礎的財政収支対象経費 726,121 75.7%
その他 96,568 10.1%
防衛 48,848 5.1%
文教及び科学振興 54,421 5.7%
公共事業 59,685 6.2%
地方交付税交付金等 161,424 16.8%

食料安定供給　　10,507（1.1）
中小企業対策　　 1,853（0.2）
エネルギー対策　 9,642（1.0）
恩　　給　　　　 4,443（0.5）
経済協力　　　　 5,098（0.5）
その他の事項経費 61,526（6.4）
予備費　　　　　 3,500（0.4）

図 2-4　一般会計歳出の内訳（2014 年度予算）
出所：財務省（2014）「日本の財政関係資料」p.1.

2 章　社会保障と財政——31

予算案(2014年度, 単位：億円)

所得税
147,900
15.4%

法人税
100,180
10.4%

租税及び
印紙収入
500,010
52.1%

消費税
153,390
16.0%

その他
98,540
10.3%

一般会計
歳入総額
958,823
(100.0%)

公債金
412,500
43.0%

特例公債
352,480
36.8%

建設公債
60,020
6.3%

その他
収入
46,313
4.8%

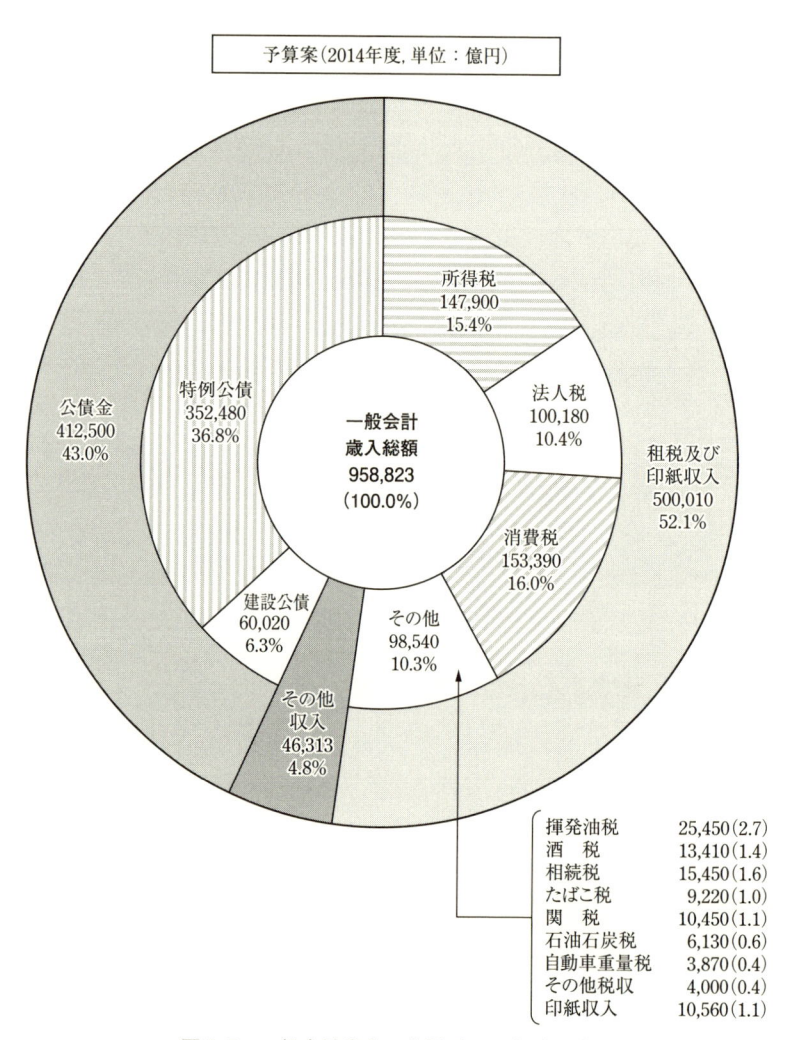

揮発油税	25,450	(2.7)
酒　税	13,410	(1.4)
相続税	15,450	(1.6)
たばこ税	9,220	(1.0)
関　税	10,450	(1.1)
石油石炭税	6,130	(0.6)
自動車重量税	3,870	(0.4)
その他税収	4,000	(0.4)
印紙収入	10,560	(1.1)

図 2–5　一般会計歳入の内訳（2014 年度予算）

出所：財務省（2014）「日本の財政関係資料」p. 2.

治体への財源移転であり，国自身による歳出ではない．国の歳出という観点からは，文教予算関連および科学振興，公共事業および防衛費などがあるが，それらはいずれも5兆円程度で，それらと比べると30.5兆円に達している社会保障（関係）費がいかに大きな額であるかがわかる．

一方，歳出を賄う税収サイドをみると，所得税，法人税および消費税を合計した額は，40.1兆円である．国と地方自治体の取り決めから，この収入額の30%程度は地方に配分される．したがって，主要な税源である上記3税の収入から国の財源となる額は，28.1兆円となる．これと歳出のところでみてきた社会保障（関係）費を比べると，所得税，法人税および消費税の税収をすべて社会保障に投入しても2.4兆の税収不足となる．この不足額をその他税収である9.8兆円で賄うと，残りは7.4兆円となり，それだけでは国は，教育・科学，公共投資や防衛など本来国が果たすべき仕事をすることができない．

このように財政の現状をみると，巨人のように大きな社会保障（関係）費を前にして，税源確保が追いついていない．同じことを視点を変えて，財源から見ると，国は税収規模に見合わない社会保障支出を行っていることになる．**社会保障（関係）費が日本財政の最大というべき課題となっている**ことは明らかである．

それではなぜ，このように国の社会保障負担は大きくなっているのだろうか．この点を社会保障給付費と財源を通じてみていくことにする．すでに述べたように，社会保障給付費とは，社会保険給付費と社会福祉費を合計したもので，社会保険の自己負担分を除いた日本の社会保障全体の規模を表すものである．図2-6は，2013年度予算（補正予算後）でみた社会保障給付費を示したものであるが，その総額は110.6兆円，国内総生産（GDP）の23%に及んでいる．

給付サイドでは，（公的）年金支給額が53.5兆円であり，全体の約半分を占めている．続いて医療費の36兆円，介護費の9兆円，そのほかは社会福祉関連の費用となっている．それに対して財源をみると，社会保険である年金，医療および介護の費用合計が98.5兆円であるのに対して，本来その財源となるべき保険料収入はわずか62.2兆円に過ぎない．社会保険給付額のうち保険料で賄えなかった36.3兆円は，国と地方の税金と（年金積立金などからの）資産収入によって支払われることになる．図2-6によれば，資産収入額は7.4兆

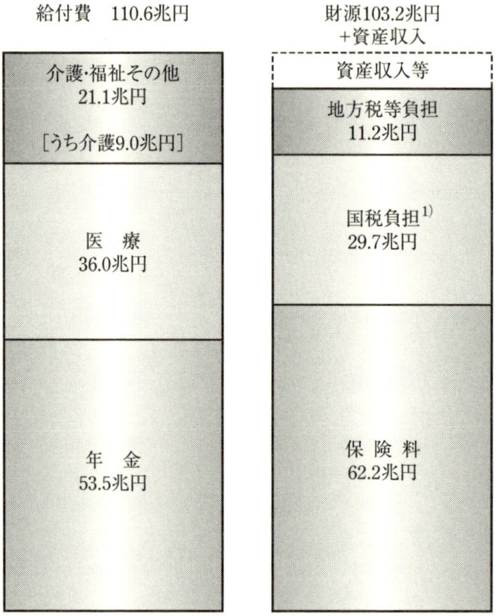

給付費　110.6兆円　　　　　財源103.2兆円
　　　　　　　　　　　　　　　＋資産収入

介護・福祉その他 21.1兆円 [うち介護9.0兆円]	資産収入等
医　療 36.0兆円	地方税等負担 11.2兆円
	国税負担[1] 29.7兆円
年　金 53.5兆円	保　険　料 62.2兆円

図 2-6　社会保障給付費と財源（2013 年度予算）
注：1）数値は基礎年金国庫負担 2 分の 1 ベース．
出所：財務省（2013）「日本の財政関係資料」p. 42.

円であるので，この部分が全額社会保険給付費の財源となったとして，社会保険給付に対して 28.9 兆円の税金が投入されていたことになる．その結果，社会福祉の負担と合わせて，国税で 29.7 兆円，地方税などで 11.2 兆円が投入されることとなった．また，この国税負担分が国の社会保障関係費に対応している．

以上，社会保障給付の推定額が 2014 年度当初予算では確定していないため，2013 年度予算によって社会保障給付費の構成と財源を検討した．ここから明らかなように，社会保障関係費が 30 兆円にも及ぶ理由は，社会保険の保険料が給付費と比べてきわめて小さい結果，不足する財源を国と地方の税金で穴埋めしていることにあることは明らかである．また，2014 年度予算の社会保障関係費が 30.5 兆円となったことに示されているように，高齢化が進行するのに伴い医療費と介護費が増大し，社会保障給付費のうち，保険料収入で埋め合わすことのできない財源不足額は増大している．**増大する社会保障における税**

34

負担は，財政の実態から考えれば，現状では赤字公債によって賄われ，将来世代へと負担の先送りがなされているといってよいであろう．

　前節では進行する人口高齢化と長期にわたって停滞を続けた日本経済の実態，およびそのなかで繰り返されてきた景気対策などの結果，政府債務残高が国内総生産をはるかに超えていることをみた．そうしたなかで，増大する社会保障費のつけを国や地方の財政に回し続けることは不可能である．こうした状況のなかで財政健全化を達成していくためには，社会保障財源とすることを前提とした一定程度の増税を進めること，および年金，医療および介護での税負担（公費）をどのようにコントロールしていくかが問題となる．以下では，社会保障と税の一体改革の現状とあり方，および社会保障における税負担，すなわち社会保障における政府の関与のあり方について考えていくことにする．

3　　社会保障改革の進め方

■ 社会保障と税の一体改革

　社会保障関連費が国の財政悪化の主要な原因となり，その結果，毎年30兆円もの赤字国債が発行され，その負担は後代世代のつけとなって先送りされている．この事態を前にして，社会保障と税の一体改革は日本にとって待ったなしの課題である．また，国民に増税を求めるに当たっては，社会保障費の徹底した効率化と合理化の実現を図ることも必要である．

　実際の改革も増税と効率化の両面で進行している．民主党の政権下において，同党，自民党および公明党の三党合意のもと，2014年4月，15年10月の2回に分けて，社会保障の財源として，消費税率を5%から8%，そして10%へと引き上げる税制改正法案も成立している．そのなかには，消費税増税にあたって，景気への影響を十分考慮しなくてはならないという条項も含まれているが，その検討も踏まえて2014年4月から消費税が引き上げられた．

　また，社会保障制度改革国民会議が設置され，2012年11月から審議を開始している．その後，同年12月には民主党から自民党に政権は移るが，社会保障制度改革国民会議の審議は続けられ，2013年8月に報告書が取りまとめられている．さらに，この報告書の提案を踏まえて，今後の少子化対策，医療制

度，介護保険制度および公的年金制度の改革にあたっての検討課題と工程表が，2013年12月に「プログラム法」として成立している．

　ここでは財政の観点から，消費税の増税による収入がどのような使途に振り向けられるかについて示し，社会保障財源として消費税の役割が果たされているかについてみていくことにする．なお，消費税が5％（国税の消費税4％と地方消費税1％の合計）から10％へと引き上げられた場合，5％の増税分のうち国税消費税分は3.8％，地方消費税分は1.2％引き上げられることになっている．

　国と地方分を合わせた5％の消費税増税によって，14兆円の増収があると見積もられている．このうち，社会保障の充実のために2.8兆円投入するとされている．その中身は，子ども・子育てでは，待機児童の解消など，医療・介護では，病床の機能分化・連携，在宅医療の推進，地域包括ケアシステムの構築，財政基盤安定化など制度改革，難病・小児慢性特定疾患対策，公的年金では低所得高齢者・障害者等への福祉的給付など現行制度の改善を図るためとされている．

　次に基礎年金の国庫負担を現行の3分の1から，2分の1にするために3.2兆円が用いられることになっている．そのほか，消費税増税によって国・地方自治体の支払う負担額も増大するが，その分は0.8兆円となるとされている．以上を合計すると，6.8兆円となり，この部分は消費税増税にあたっていわば指定席のように使途が確定している．その結果，消費税増税による増収のうち残る部分は7.2兆円となり，この部分で財政改善，すなわち後代世代への負担のつけ回しの軽減が図られるとされている．

　以上が，消費税が5％から10％へと引き上げられた時の増収分の使途の全貌である．このうち基礎年金の国庫負担増の財源として消費税を用いることは，すでに2004年の年金改革に織り込まれ，法律で定められていることであるので，やむを得ない措置であると言える．また，増税にともなう国・地方自治体の負担増を消費税で賄うこともやむを得ない使途である．それに対して，社会保障費の増大に伴う財政悪化を是正することが消費税増税の本来の目的であるという考え方に立って，消費税増収額の使われ方を見ると，社会保障の充実部分と後代への負担のつけ回しの軽減とされる部分には，疑問が残る．

まず，社会保障の充実部分について考える．国民に消費税増税を求めるのは，高齢化の進行による社会保障費の増大と長期にわたるデフレ経済からの脱却のなかで繰り返されてきた歳出拡大と減税の結果，高まる財政リスクを減らすためである．それによって，社会保障制度の持続可能性を高めることにもなる．さらに，消費税が10%となった時においても，社会保障4経費（少子化対策，医療，介護および公的年金にかかる費用）を消費税で埋め合わせることはできず，なお20兆円近く財源が不足するという厳しい現実がある．

　そうした国民との対話と社会保障財源の不足という現実を踏まえると，社会保障の充実を理由として，消費税の増収部分の一部（2.8兆円）を優先的に確保するべきではない．「充実」に必要な財源は，消費税増税とは切り離して，その他のサービスの合理化，コストカットなどを通じて賄うべきである．まして，この部分を今後，恒久的に確保してその時々の社会保障充実のために使い回すようなことがあってはならない．このようにして現在進められようとしている一体改革をみていくと，日本の財政危機の認識が，社会保障政策に反映されていないと思われる．

　消費税引き上げに伴う第2の問題は，地方消費税の使途についてである．後代へのつけ回しの軽減分とされる7.2兆円のうち，国部分はこれまで財源不足のため赤字国債で賄ってきた社会保障にかかる国庫負担の穴埋めに用いられることになる．それに対して，制度設計上，地方のために当初から確保された1.2%の消費税の使途は地方自治体に委ねられたままの状態である．一方，地方全体でみると財政はほぼ均衡状態にある．したがって，地方において，地方消費税増税によって社会保障費が増加したといっても，それはそれまでに行っていた社会保障事業の付け替えとなっているかもしれない．

　消費税の増税による収入の使途は，国，地方を問わず，社会保障制度の持続可能性を高めるために，これまで財源不足の結果，借金で賄っていた部分を軽減するために用いるべきである．こうした観点にたつと，消費税増税にあたりまずは1.2%の地方消費税を確保するという仕組み自体に問題があった．この点は今後，地方における消費税増収分の使途を精査することによって改善を図っていくべきである．

　このように国民の目には，消費税増税による税収が，社会保障財政の改善に

向けて有効に使われていないのではないかと映る．したがって，一体改革はこれで終わったわけではなく，これからも社会保障のあり方と財政の両面から，不断の見直しを図っていくことが重要である．

■ **社会保障における税負担（公費）のあり方**

社会保障と財政の関わりを考えるとき，一体改革と並んで，社会保障費への税の投入のあり方も非常に重要である．すでに図2-6でみてきたように，年金，医療や介護からなる社会保険において給付額を保険料で賄うことができず，30兆円にも及ぶ税金が投入されている．問題はたんに，社会保険であるにもかかわらず給付に対して保険料負担が大幅に不足しているという事実だけではない．日本の場合，高齢化にともない，税負担額が自動的にますます増大する仕組みとなっていることも大きな問題となっている．

その仕組みは次のように説明することができる．たとえば後期高齢者医療制度では，医療給付額の50％は公費，すなわち税金によって負担されることが決まっている．その残りを10対40の比率で，給付を受ける高齢者自身の保険料と74歳未満の人たちの加入している保険者（国民健康保険，協会けんぽや組合健保など）が分担することになっている．この40％の部分についても国民健康保険からの分担部分には50％の公費，協会けんぽからの部分には16.4％の公費が投入される仕組みとなっている．

このように給付の一定割合が公費と決まっている結果，高齢化によって増大する後期高齢者の医療費の増加が公費の増加に直結することになる．医療費の増加が税収の伸び率よりも高ければ，国の財政はますます悪化していくことになる．高齢化の進んでいる国民健康保険についても，事情は同じである．また，程度の差はあるが，協会けんぽも同様である．さらに，介護保険でも，後期高齢者の公費負担とほぼ同じ仕組みが導入されている．その結果，介護保険でもこのままの制度が続く限り，今後公費負担は大幅に増加することになる．

こうした事態のなかで，社会保障と財政健全化を両立させるためには，まずは給付額の思い切った削減が必要となる．しかし，医療と介護のニーズの高い後期高齢者人口が今後増大するなかで給付の削減だけによって，公費の増加をコントロールすることは困難であると考えてよいであろう．そこでいずれ，こ

れまでの給付の一定割合を国ないし地方自治体が自動的に負担するという仕組みを根本から見直すことが避けられなくなると言ってよいであろう．

　そうした可能性の1つとして，財政が厳しさを増していけば，給付額が公費負担を決定する現在の仕組みが反転して，公費負担に一定の上限が課され，あとは国民の負担能力に見合った給付額となっていくかもしれない．また，そうした状況に至る過程で，薬価，医師の人件費，薬剤費や診療にかかる材料費などからなる診療費の思い切った効率化や，患者サイドでは，所得や資産に見合った保険料や自己負担のあり方などが真剣に論じられるようになるであろう．あるいは，こうした改革が遅れ，高齢化による医療と介護費用の増大が，日本の財政をさらに悪化させることもありうるかもしれない．

　以上，日本の社会保障と財政の観点から，社会保障と税の一体改革の必要性と医療・介護保険における公費の抱える問題とそのあり方について考えた．そのいずれにおいても今後，日本の置かれた厳しい財政事情を正面から見据えた改革が必要となるであろう．改革をこれ以上先送りすることなく，問題を国民に訴えかけ，経済成長と財政健全化を両立する社会保障制度を構築していくことが求められている．

4───まとめ

　進行する人口高齢化と長期におよぶ経済の低迷のなかで，毎年30兆円近い国債が新規に発行され続けた結果，日本の一般政府（国，地方と社会保障基金）の債務残高は国内総生産の200%をはるかに上回る水準に達している．こうした財政悪化の原因としては，景気浮揚を目的として度重ねて行われてきた公共投資などの歳出増と減税がある．しかし，国の財政健全化を図っていくためには，2014年度予算で30兆円を超えた社会保障関係費が，その規模と毎年の増加率からみてもっとも重要な課題であることは明らかである．

　本章ではまず，日本の経済成長の実績と財政の現状を示した．次に，社会保障関係費に焦点を絞り，その他の歳出や税収との比較を通じて，その規模がいかに大きいかということ，および，そのような大規模な歳出となった原因は，110.6兆円の社会保障給付費のうち保険料収入が62兆円程度でしかなく，その

不足額を補うものとして，公費，すなわち税金が投入された結果であることを述べた．

日本の財政に過重な負担をかけ続けることなく，社会保障制度を持続可能なものとするための改革として，社会保障と税の一体改革および社会保障における公費のあり方について検討を行った．一体改革では，消費税増税による収入の使途を国と地方の社会保障関係費に限定することを通じて，増税分に等しい財政健全化を図っていくべきである．社会保障の公費については，多くの場合，社会保障給付費の一定割合となっている負担のあり方について抜本的な見直しの必要性のあることを指摘した．

3章
公的年金

1────公的年金の役割

■ 日本の公的年金制度

　日本の公的年金は，図3-1に示したように，すべての国民を何らかの形でカバーする，「国民皆年金」の仕組みになっている．日本の公的年金の被保険者は，①自営業者等の第1号被保険者，②被用者（民間被用者および公務員）の第2号被保険者，③第2号被保険者の被扶養配偶者である第3号被保険者，という3つのグループに分類される．そして，すべての国民は共通して定額（ただし，加入期間に比例する）の基礎年金を受給する．第2号被保険者は，基礎年金に上乗せされる形で，若年期の報酬に比例して算定される年金を，民間被用者は厚生年金として，公務員は共済年金として受給する．

　このような現行の公的年金制度の基本的な姿は，1986年の年金制度改革によって整った．同改革の結果，厚生年金または共済年金に加入している者は，同時に基礎年金にも加入しているとみなされるようになった．公的年金の支給は，どの制度に加入していても共通して支給される老齢基礎年金と，第2号被保険者のみに支給される部分，すなわち，厚生年金あるいは共済年金という2階建て構造になっている．第1号および第3号被保険者に対しては，本人年金としては基礎年金しか支給されない．

　そのほか，こうした公的年金の中核的な仕組みに付随する形で遺族年金や障害年金などの制度がある．また，確定給付企業年金や厚生年金基金，職域年金，国民年金基金など，いわば3階部分の年金が2階建ての公的年金を補完する公

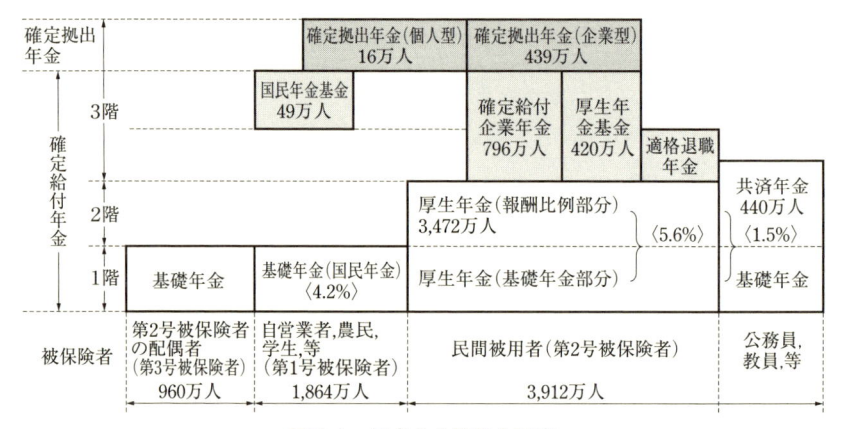

確定拠出 年金			確定拠出年金(個人型) 16万人	確定拠出年金(企業型) 439万人			
確定給付年金	3階		国民年金基金 49万人	確定給付 企業年金 796万人	厚生年 金基金 420万人	適格退職 年金	共済年金 440万人 〈1.5%〉
	2階			厚生年金(報酬比例部分) 3,472万人		〈5.6%〉	
	1階	基礎年金	基礎年金(国民年金) 〈4.2%〉	厚生年金(基礎年金部分)			基礎年金
被保険者		第2号被保険者 の配偶者 (第3号被保険者) 960万人	自営業者,農民, 学生,等 (第1号被保険者) 1,864万人	民間被用者(第2号被保険者) 3,912万人			公務員, 教員,等

図 3-1　日本の公的年金制度

注：1）適格退職年金は 2012 年までに確定給付企業年金もしくは確定拠出年金に移行した．
　　2）% は対 GDP 比（2012 年度）．
　　3）2012 年度の公的年金給付額 53.2 兆円の内訳：厚生年金 26.39 兆円，国民年金 19.99 兆円，共済組合 6.86 兆円．
出所：厚生労働省「2012 年度 厚生年金・国民年金事業の概況」等．

的な制度として存在する．

　公的年金は社会保険の仕組みであり，その主な財源は保険料である．第 1 号被保険者は国民年金の保険料（定額）を納めるが，第 2 号被保険者はその給与に応じて厚生年金あるいは共済年金の保険料（定率）を納める．ただし，厚生年金・共済年金の保険料には基礎年金のための保険料も含まれているが，両者は区別されず，一括して徴収されている．さらに，基礎年金の財源は，国民・厚生・共済それぞれの制度の保険料収入の中から，その制度に加入している被保険者（およびその被扶養配偶者）の人数に応じて拠出されている．その意味で，**年金制度間で一種の所得移転が生じている**．

　なお，公的年金の 2004 年の年金制度改革では，これまでにない大きな制度変更が行われた．その最大のポイントは，保険料の上限設定およびマクロ経済スライドの導入である．最終的な保険料水準を法定し[1]，その負担の範囲内で給付を行うことを基本としたため，少子化等の社会経済情勢の変動に応じて，給付が自動的に調整される，マクロ経済スライドという仕組みが導入された．年金制度を支える力である社会全体の所得や賃金の変動に応じて，給付水準を自動調整することがその狙いとなっている．給付水準の自動調整は，少子化等

の社会経済全体（マクロ）の変動の実績（または将来見通し）を，賃金や物価の上昇による現行の年金給付の裁定・改定方法に反映させることにより，時間をかけて緩やかに実施する（少子化等の社会経済情勢が好転すれば，給付水準は改善される）．このマクロ経済スライドは，固定した最終的な保険料水準による負担の範囲内で年金財政が安定する見通しが立つまでの期間（特例期間）において適用することになっている．

　こうした新たな制度の導入には，少子高齢化の進行の下で，公的年金制度の持続可能性が危うくなっているので，制度を支える現役層に無理な負担をかけないようにするという政策目的が反映されている．以下では，公的年金の基本的な役割や経済学的な特徴，しばしば問題となる世代間格差問題の捉え方，そして年金制度改革をめぐる論点をいくつか取り上げることにしよう．

■ 公的年金はなぜ必要か

　まず，公的年金はなぜ必要なのか，という問題から話を始めてみよう．最も素朴な発想をすると，公的年金は長生きのリスクに備えた仕組みと言える．老後に備えて若い頃から貯金をしていっても，予想以上に長生きすると蓄えが底をついてしまう．頼りになる子供もいないとなると，老後をどのように過ごすか路頭に迷う．このようなリスクに社会全体で備えることが，公的年金に期待されている役割と言える．

　しかし，公的年金をはたして社会「保険」と呼んでいいのか疑問がないわけではない．公的年金はどの国でも社会保険として運営されているが，例えば65歳といった形で年金の支給開始年齢が設定され，その年齢に達すれば一定の手続きを経てほぼ無条件に年金を受給できる仕組みになっている．しかし，医療保険の例を見れば分かるように，保険の仕組みは通常，保険事故が発生しなければ保険給付は行われない．公的年金が社会「保険」と呼べるためには，支給開始年齢に達するまで長生きしてしまったことを，保険事故と解釈するしかない．その意味で，公的年金はまさしく長生きのリスクに備えた仕組みと言うこともできる．

　しかし，実際には，どの国でも，支給開始年齢はそれまで生き続けたことが保険事故と呼べるほど高い年齢に設定されているわけではない．公的年金に期

待される役割も，高齢期において所得稼得能力が低下するというリスクに備える仕組み，と考えるのが現実的であろう．もっとも，この場合でも，支給開始年齢に達すればすべての人が所得稼得能力の低下に直面するわけではない．しかし，所得稼得能力の低下の度合いをそれぞれの人について把握するためには膨大なコストがかかる．それを考慮して，平均的に見て妥当とされる年齢に支給開始年齢を一律に設定するほうが得策だという判断が，歴史的に働いてきたと考えられる．

■ 強制加入の根拠

しかし，そうした説明を受け入れるとしても，高齢期に所得稼得能力が低下するというリスクは，民間保険や銀行預金によってもある程度カバーすることができる．人々に保険料という形で強制的に貯蓄をさせる公的年金があえて必要とされる理由は存在するのだろうか．代表的な説明としては，次のようなものがある．

第1は，政府の温情主義に期待する考え方である．すべての個人が自らの将来を見据えて十分な備えをするとは限らず，老後に悲惨な生活を余儀なくされるリスクを無視できない．老後に備える手段の選択は不可逆的であり，高齢になってから修正しようと思っても難しい．選択を間違えたことの代償をその個人に完全に負わせてしまうことも1つの方法であるが，それではあまりに冷酷であり，国家による救済が期待される．このように，国家が温情主義の観点から公的年金を運営すべきだという考え方がある．

第2に，モラル・ハザードの問題への対応である．強制貯蓄の仕組みが存在せず，老後における生活保障を生活保護に依存してしまうと，いざとなれば生活保護を受けられるという期待が生まれ，若年期の貯蓄が少な目になる．こうした傾向が一般的になれば，老後において生活保護を受ける確率が社会的に高まって生活保護費が膨らみ，制度の維持が難しくなる．高齢期の所得保障という目的のためには，生活保護制度を充実させるよりも，公的年金という強制貯蓄を導入する方が望ましいと考えられる．

このような2つの理由によって正当化される公的年金は，若年期に保険料を積み立てておき，それを高齢期に取り崩していくというタイプの公的年金，す

なわち,「積立方式」を暗黙のうちに想定したものである．その一方で，公的年金の役割としては，世代間扶養（世代と世代の助け合い），すなわち世代間の所得再分配機能が期待されることも少なくない．高齢者は現役層が家族の中で扶養するというのがこれまでの姿であったが，家族の扶養能力が低下していることもあって，社会全体で高齢者を助けようとするのが公的年金の重要な役割である，と説明されることも多い．

世代間扶養という観点から公的年金の意義を説明しようとする場合は，各時点において，現役層から保険料を徴収しそれを高齢層に支給するというタイプの公的年金，すなわち,「賦課方式」が念頭に置かれている．実際，現在の日本の公的年金は事実上，賦課方式で運営されている．欧米でも賦課方式の国がほとんどである．したがって，公的年金の存在意義を説明する場合も，世代間扶養という側面を重視する方が実は現実的であろう．また，その世代間扶養の役割を公的年金にどこまで期待するかで，公的年金に対する考え方が大きく異なってくる．

ここで，世代間扶養の意味を再確認しておこう．賦課方式の場合は，保険料は現役層が支払い，年金は高齢層が受け取っているので，公的年金は一見すると現役層から高齢層への所得再分配の装置として機能しているように見える．ただし，現役層はその時点の高齢層に所得移転を行っている一方で，将来，次の世代から所得移転を受けることになる．したがって，世代間扶養は，実際には所得移転の出し手が受け手に姿を変えていく状況，つまり，年金を通じて親を扶養した自分たちは，将来，年金を通じて子供たちに扶養してもらう状況を示している．

この**世代間扶養という理由による公的年金の根拠づけは，人々の利他主義や世代間の連帯意識に依存するところがある**．しかし，不安定な雇用・所得状況の下に置かれている若年層のなかには，世代間扶養という理由で保険料負担を求められることには違和感を持ってしまう人たちも少なくないだろう．いま保険料を負担するのは金銭的につらいけれども，老後に困らないために払っておこうという思いが，制度を支える大きな力になるという面もあるはずである．さらに，後述するように，少子高齢化の下では，世代間扶養という仕組みは生涯所得の引き下げや世代間格差という問題につながる点にも注意が必要である．

■ 人口動態ショックへの対応

　以上が，公的年金の役割に対する代表的な説明であるが，経済学的には，人口動態によるショックをカバーする仕組みとして，公的年金の意義を説明することも可能である．いま，ある世代が，ほかの世代に比べてたまたま人口規模が大きくなったとしよう．その世代に属している個人は，そうでない世代に属している個人に比べると，1人当たりでみた資本ストックや所得が低めになり，経済的に不利な立場に立たされるかもしれない．もしそうなら，政府は人口規模が小さな世代から保険料を徴収し，人口規模が大きな世代に対して年金を給付するという世代間の所得再分配を，公的年金を経由して行うことが是認される．この場合の公的年金は，世代間の所得再分配を伴わない積立方式ではなく，それを伴う賦課方式でなければならない．

　こうした考え方がどこまで妥当するかは，各世代の1人当たり資本ストックや所得が人口規模とどの程度連動しているかに依存する．あまり明確な連動性がなければ，人口動態ショックの吸収という役割を公的年金に期待する必要はない．この点は，その国の経済が世界に対してどこまで開放的であり，資本や労働という生産要素が国境をまたがってどの程度移動できるかにも左右されることになる．

2──公的年金の制度運営

■ 世代重複モデル

　すでに述べたように，公的年金には，それぞれの時点で高齢層の年金給付を若年層の保険料で賄うという賦課方式と，それぞれの世代が若年期に保険料を積み立て，高齢期にそれを年金として受け取るという積立方式という2つの財政方式がある．本節では，この2つの財政方式を簡単に比較する．そのためには，異なる世代が重なり合いながら生きる世代重複モデルの枠組みを用いると便利である．

　以下では，人生が若年期と高齢期という2期間で構成され，若年層と高齢層が生きているという最も単純なモデルを考える[2]．各世代を構成する人口の増

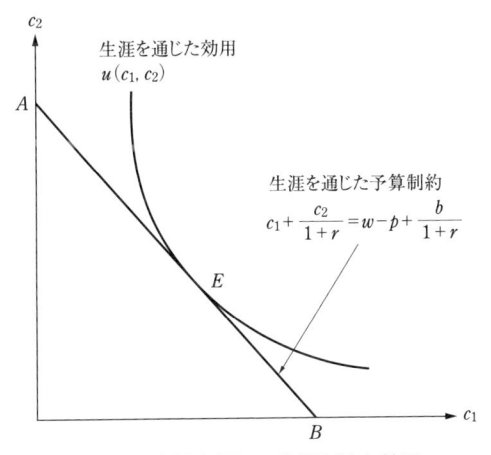

図3-2 生涯を通じた予算制約と効用

加率を n, 利子率を r とし，それぞれ一定であると仮定する．さらに，労働供給は外生的に与えられ，年金制度によって影響を受けないと仮定する．個人は若年期に w だけの賃金を得て，そこから p だけの保険料を支払い，c_1 だけの消費を行って，残ったお金を貯蓄 s に回す．高齢期には，若いときに行った貯蓄に利子がついた額 $(1+r)s$ と年金額 b をすべて消費 c_2 に回す．なお，話を簡単にするために，賃金は若年時にのみ稼ぐことができ，賃金は世代によって変化しないと想定する．

このとき，予算制約は，

$$若年期：s = w - c_1 - p$$
$$引退時：c_2 = (1+r)s + b$$

として与えられる．この2本の式は，貯蓄 s を消去することにより，

$$c_1 + \frac{c_2}{1+r} = w - p + \frac{b}{1+r} \tag{1}$$

という形で，生涯を通じた予算制約式にまとめることができる．個人は，この予算制約式の下で，若年期と高齢期に行う消費で決定される効用 $u(c_1, c_2)$ が最大になるように，各期の消費を決定する．若年期と高齢期に行う消費をそ

れぞれ横軸，縦軸にとった図3-2は，その様子を調べたものである．線分 AB は生涯を通じた予算制約式を示しており，傾きは $1+r$ に等しい．若年期と高齢期の消費で決定される無差別曲線が予算制約式と接する点 E において，個人の生涯を通じた効用は最大化する．

■ **積立方式と賦課方式の比較**

ここで，公的年金が積立方式で運営されていればどうなるだろうか．政府は個人が若年時に納めた保険料 p を市場で運用し，その運用益とともにそれを年金 b として高齢時に支給する．したがって，保険料 p と年金 b との間には，

$$b=(1+r)p \tag{2}$$

という関係がある．つまり，積立方式の公的年金の運用利回りは市場利子率 r に等しい．そして，この（2）式を（1）式に代入すると，生涯を通じた予算制約式は，

$$c_1+\frac{c_2}{1+r}=w \tag{3}$$

となって，公的年金が存在しない場合とまったく同じ形になる．したがって，積立方式の公的年金は，人々の行動に何の影響も及ぼさないという点で中立的である．これは，積立方式の公的年金が，政府が個人の代わりに貯蓄や資金運用を行っていることを考えれば容易に理解できよう．積立方式の導入によって，保険料の拠出を求められる個人はその分だけ貯蓄を減らすが，その保険料の分だけ政府が貯蓄し，それに利子をつけたものを高齢期に個人に戻すので，家計の生涯所得は影響を受けない．したがって，公的年金を導入しても，消費計画は影響を受けない．家計貯蓄は保険料の分だけ減少するが政府貯蓄がちょうどそれだけ増加するので，社会全体の貯蓄も変化しない．

それでは，賦課方式ではどうか．ここでは，高齢層の年金給付はその時点における若年層によって賄われなければならないが，若年層の人口は高齢層の人口の $(1+n)$ 倍になっているので，

$$b = (1+n)p \tag{4}$$

という関係がある．積立方式の場合の（2）式と比べれば明らかなように，賦課方式の場合，公的年金の収益率は人口の増加率 n に等しくなる．賦課方式では保険料をまったく運用していないが，あたかも n だけの運用益を生むような仕組みになっている．この（4）式を生涯を通じた予算制約式（1）に代入すると，

$$c_1 + \frac{c_2}{1+r} = w + \frac{n-r}{1+r}p \tag{5}$$

という関係式が得られる．この式からも明らかなように，賦課方式の公的年金が生涯にわたる予算制約に及ぼす影響は，人口増加率 n と利子率 r の大小関係に依存する．$n>r$ であれば積立方式より有利であり，$n=r$ であれば積立方式と同等で，しかも生涯所得に対して中立的であり，そして，$n<r$ であれば，生涯所得を引き下げる効果を持っている．

　賦課方式が導入される時点では，$n>r$ が暗黙のうちに想定されていた可能性が高い（でなければ，導入されなかったであろう）．しかし，少子高齢化が進む下では，$n<r$ となる可能性が高く，賦課方式は生涯を通じた効用を引き下げる方向に働くことになる．

　貯蓄への影響はどうであろうか．賦課方式の下では，政府は若年層から集めた保険料をただちに高齢層に年金給付として支給するので，政府貯蓄は存在しない．したがって，社会全体の貯蓄は家計貯蓄に等しくなるが，家計は保険料を支払う分だけ若年期における消費を減らすわけではないので，家計貯蓄は減少する．したがって，社会全体の貯蓄も減少することになる．

　以上をまとめると，積立方式の公的年金は，生涯を通じた予算制約や効用，家計の消費行動に対して影響を及ぼさない．これに対して，賦課方式の公的年金は，少子高齢化によって，人口増加率が利子率を下回ると，生涯を通じた予算制約や効用にマイナスの影響を及ぼす．そして，貯蓄への影響については，積立方式の公的年金は家計貯蓄から政府貯蓄への切り替えを進めるが，社会全体の貯蓄には中立的である．一方，**賦課方式の公的年金の場合は，家計貯蓄お**

よび社会全体の貯蓄を引き下げる方向に作用する．

■ 世代間の所得再分配

　公的年金が積立方式で運営されている場合は，世代をまたがった所得移転は発生しないので，負担と給付をめぐる世代間格差の問題は基本的に発生しない．しかし，公的年金が賦課方式で運営されている場合は，世代間の所得移転を伴うので，世代間格差の問題が発生する．しかし，これにはやむを得ない面もある．賦課方式の公的年金を導入する際，すでに高齢期を迎えていた世代は，保険料を十分に負担しないまま年金を受給する．そのため，公的年金からかなり大きな純便益を受けることになる．これに対して，それ以降の世代は，少子高齢化が進むかぎり，公的年金はむしろ生涯所得をネット・ベースで引き下げる方向に働く．そのため，公的年金の純受益を比較すると，高齢世代ほど有利に，若い世代ほど不利になる傾向がある．

　このような世代間格差の解釈の仕方については，さまざまな議論があり得るが，以下ではそこに立ち入る前に，公的年金が世代間の所得再分配の仕組みにほかならないことを確認しておこう．これまでと同様，2期間2世代の世代重複モデルを想定し，人口増加率はn，利子率はrで与えられていたとする．また，話を簡単にするために，1人当たりの賃金は世代を通じて同じであるとする．それに対応して，高齢期に受け取る1人当たりの年金額bも世代を通じて同じであると想定しよう．

　いま，政府が賦課方式の公的年金を導入しようとしたとき，人口規模がL_0ある第0世代がすでに高齢期を迎えていたとしよう．政府はこの世代に1人当たりbだけの年金を給付する．この第0世代は，保険料をまったく拠出していなかったので，この公的年金の導入によってbL_0だけの純便益を受ける．

　それでは，公的年金を導入した際に若年期を迎えていた第1世代は，どのような状況に置かれているだろうか．この世代の人口規模L_1は第0世代の人口規模L_0の$(1+n)$倍あるから，若年期に1人当たり$b/(1+n)$だけの保険料を支払うことになる．一方，高齢期に受け取る年金額が1人当たりbであるから，生涯を通じた年金の純負担は，

$$\frac{b}{1+n} - \frac{b}{1+r} = \frac{(r-n)b}{(1+n)(1+r)} \tag{6}$$

で示される．ここで，年金額を $(1+r)$ で割り引いているのは，年金を受け取るのが1期先であることを反映している．少子高齢化の下では，この式の値はマイナスであり，年金が大きな純受益となっている第0世代とは対照的である．ただし，人口が順調に増加していれば，この式の値もプラスになり，第0世代ほどではないものの，公的年金の導入が第1世代以降にとっても有利となることに注意しておこう．

第1世代全体の純負担は，この値を L_1，すなわち $(1+n)L_0$ で乗じたものだから，

$$\frac{(r-n)b}{(1+n)(1+r)} L_1 = \frac{(r-n)(1+n)b}{(1+n)(1+r)} L_0$$

となる．第2世代の純負担も，1人当たりで見れば (6) と同じになるが，人口がさらに $(1+n)$ 倍になり，さらに1期先のことであることを考えると，割引現在価値では，

$$\frac{(r-n)(1+n)^2 b}{(1+n)(1+r)^2} L_0$$

となる．このような計算で得られる，第1世代以降の純負担の割引計算価値の合計を計算してみると，

$$\frac{(r-n)(1+n)}{(1+n)(1+r)} bL_0 + \frac{(r-n)(1+n)^2}{(1+n)(1+r)^2} bL_0 + \cdots = bL_0 \tag{7}$$

となる．この値は，第0世代の受益と完全に一致する．

このように，賦課方式の公的年金は，制度導入時にすでに高齢期を迎えていた世代に，それ以降の世代が少しずつ所得を移転する所得再分配の仕組みである．ただし，ここで，次の2点に注意しておこう．

まず，実際には，公的年金は完成された形で一気に導入されるのではなく，

給付の水準や規模を徐々に拡大するという形で整備されていく．したがって，公的年金による純受益の様相も，制度導入時にすでに高齢期を迎えていた世代とそれ以降の世代との間で大きく異なるわけではなく，緩やかに変化する．

それ以上に重要なのは，(7) 式で示したように，第 1 世代以降の負担の割引現在価値を計算できるのは，人口増加率が利子率を下回っている場合に限られることである．人口増加率が利子率を上回っていれば，第 0 世代だけでなく第 1 世代以降も，賦課方式による公的年金の導入によって純受益を享受できる．このとき，世代間で鋭い利害対立は発生しない．

人口が順調に拡大している状況下でも世代間格差は発生するが，すべての世代にとって受益が発生するので，経済学的に言えば「パレート改善的」な状況――誰の効用も低下させないで，少なくとも 1 人の効用が高まる状況――であり，世代間格差が表面化することはない．しかし，少子高齢化が進むと各世代はゼロサム・ゲーム的状況に置かれ，世代間格差は深刻な問題になり得る．

■ 「私的扶養から社会的扶養への移行」論をどう考えるか

これまで説明してきたように，賦課方式の公的年金は，制度導入時にすでに高齢期を迎えていた，あるいは制度導入後の近い時点で高齢期を迎える世代に対して，それ以降の世代が所得を移転するという仕組みになっている．そのため，世代間で年金の負担と受益の関係を比較すると，高齢世代ほど有利に，若年世代ほど不利になる傾向がどうしても出てくる．問題は，そうした世代間格差をどこまで問題視すべきかである．この世代間格差の問題は，年金の負担と給付の関係を比較する，いわゆる「年金の損得勘定論」という形でしばしば注目されるところである（鈴木他，2012）．

公的年金の純受益に注目する限り，世代間格差が発生するのは事実である．しかし，この世代間格差に対しては，それを問題にすべきではないという見方もある．高齢世代は，たしかに若年期に年金の保険料を負担していなかったものの，自分の親の世代を私的に扶養していた．したがって，公的年金がかりに若年層に不利な仕組みになっているとしても，それは私的扶養を社会的扶養に切り替えたことの結果であって，問題にすべきではない――という説明である．この「私的扶養から社会的扶養への移行」論を展開する代表的な例として厚生

労働省（2012）があるが，この考え方は社会保障の議論の中でもしばしば登場する．

このような説明は，経済学では「中立命題」としてよく知られている考え方に基づいている．人々が合理的に行動すれば，公的な所得移転が起こったとしても，それを相殺するような私的な所得移転が発生するので，人々の予算制約や効用には中立的になるというのが，この中立命題の説明するところである．一定の財政支出を税で調達しても国債発行で調達してもまったく違いはない，という形で中立命題は財政学の教科書に顔を出す．この中立命題は，人々が政策を正確に把握し，利他主義的に行動していれば，世代をまたがっても成立することが古くから知られている．

しかし，この中立命題的な発想に基づく説明では，私的扶養から社会的扶養に移行させている現行の公的年金制度を積極的に正当化することはできない．どのような制度でも，その影響を相殺するような私的な所得移転が発生するわけだから，優劣がつかないからである．したがって，例えば，世代間格差の是正を目指して年金給付を削減するという改革に対しても，それを中立命題に基づいて批判することはできない．中立命題の説明が正しければ，年金給付を削減すれば高齢層は若年層に対する私的な支援を削減するだろうし，また，年金給付削減によって可能になった保険料負担の軽減を受けて，若年層は高齢層に対する私的な支援を増やす，という人々の行動変化が予想されるからである．

さらに，私的扶養から社会的扶養への移行という面を重視して世代間格差の問題を軽視しようとする姿勢は，公的年金が成熟化した段階では説得力を失う．公的年金による社会的扶養がすでに一般化している段階において，世代間格差が持続するのであれば，その状況を私的扶養から社会的扶養への移行という理由で正当化することは，そもそも難しくなるだろう．特に，公的年金が将来世代に負担を先送りする構造になっており，しかも，客観的に見て，その負担の先送りを相殺するような資本蓄積を現世代が十分に行っていないことが明らかであれば，現行制度を見直す必要が出てくる．

3 ── 年金制度改革の課題

■ 積立方式への移行は可能か

　公的年金が賦課方式で運営されている場合，制度が成熟する前に現役だった世代とそうでない世代の間にいわゆる世代間格差がどうしても発生してしまい，人口減少が続くと，生涯所得ベースでは純負担が生まれてくる．これに対して，積立方式は世代間の所得移転を伴わず，人口動態に対して比較的頑健である．そのため，賦課方式から積立方式への移行がしばしば主張されてきた（その代表例として，八田・小口（1999）がある）．

　しかし，現在ではその移行がかなり難しいことが広く認識されるようになっている（高山，2002）．以下では，この積立方式への移行について検討する．そこでの最大の問題は，政府が高齢層にすでに約束した給付──それは政府にとって負債であり，年金債務と呼ばれる──の財源をどのように賄うかである．前節と同様，2期間2世代の世代重複モデルの枠組みの中で，この年金債務やその償還を明示的に考慮して，制度移行によって各世代がどのような状況に直面するかを描写してみる．

　いま，公的年金が賦課方式で運営されているとしよう．各世代は，1人当たりpの保険料を若年期に支払う．人口増加率はn，利子率はrとして外生的に与えられる．話を簡単にするために，賃金wも固定する．政府が積立方式への移行を発表したとき，高齢期を迎えた世代を第0世代，若年期の世代を第1世代とする．第1世代の人口規模をL_1人とすると，政府は第0世代に対して，第1世代からの保険料収入総額に等しい，pL_1の年金給付を約束していたはずである．積立方式に移行するためには，この年金債務を何らかの形で償還しなければならない．

　まず，年金債務のことをとりあえず横に置いておき，積立方式への移行によって各世代がどれだけのメリットを得られるかを考えよう．賦課方式の下では，どの世代においても，若年期にpだけの保険料を支払い，高齢期に$(1+n)p$だけの年金を受給する．年金が保険料の$(1+n)$倍になっているのは，次の世代の人口規模が$(1+n)$倍になっているからである．したがって，生涯を

通じてみると，年金から得られる純受益は，$(1+n)p/(1+r)-p=(n-r)p/(1+r)$ として与えられる．少子高齢化の下では人口増加率が利子率を下回るので，この値はマイナスである．これに対して，積立方式の下では年金から得られる純受益はゼロになる．したがって，積立方式に移行することによって，第1世代以降のすべての世代は，1人当たり $(r-n)p/(1+r)$ だけの純利得を得ることになる．第0世代の場合は，政府が約束した年金額を制度移行後もきちんと支払うのであれば，純受益は変化しない．

ところが，積立方式に移行する場合，政府の年金債務をどのように償還するべきかという問題がある．最も素朴な方法は，第1世代にその償還財源をすべて負担させることである．このとき，第1世代は，自分の老後のための保険料を負担するだけでなく，現時点の高齢層の年金給付のための財源を負担する，といういわゆる「二重の負担」に直面するので，この方法は現実的でない．最も現実的で公平な方法は，年金債務分を国債発行で賄い，その償還のために，第1世代以降のすべての世代に対して同額の税を追加的に負担させることであろう（ここでは賃金を固定していることに注意）．

そこで，その追加的な税負担を τ として，その額を具体的に計算してみよう．τ は，

$$L_1 p = L_1 \tau + \frac{L_2 \tau}{1+r} + \frac{L_3 \tau}{(1+r)^2} + \cdots$$

という1次方程式から得ることができる．ここで，左辺は，政府の年金債務を示す．右辺は追加的な税収を示しており，第1項は第1世代から，第2項は第2世代から得る税収の割引現在価値を表している．人口増加率が n であることを踏まえると，右辺は，初項が $L_1\tau$，公比が $(1+n)/(1+r)$ の無限級数の和を示しており，人口増加率が利子率を下回っている限り（$n<r$），その値は収束する．そこから，追加的な税率を計算すると，

$$\tau = \frac{r-n}{1+r} p \tag{8}$$

と計算することができる．この値は，賦課方式から積立方式に移行することに

よって得られる純利得の大きさとまったく同じである．

このように，積立方式に移行しても，年金債務の償還に必要な財源を調達するための追加的な税負担を考えると，何のメリットもデメリットも発生しない，ということになる．生涯を通じた可処分所得に変化はなく，したがって，生涯を通じた消費行動や効用にも影響が発生しない．これを，年金の制度移行に関する「同等命題」という（Geanakoplos, Mitchell and Zeldes, 1998）．

■ 同等命題の含意

以上の議論は，少子高齢化の下では，すべての世代がゼロサム・ゲーム的状況に置かれていることを改めて確認するものである．積立方式に移行する場合，第0世代はすでに政府が約束した年金を受給するので，新しい制度に移行しても，彼らの便益は変化しない．ところが，第0世代を含め，すべての世代がゼロサム・ゲーム的状況にあるとすれば，第0世代の便益が不変である以上，第1世代以降の世代の便益も不変になるのは当然のことである．

しかし，この同等命題については，2つの点に注意すべきである．第1は，かなり誤解されていることであるが，この同等命題は，積立方式に移行しても新しい効果が発生しないことは示しているものの，現行制度にとどまったことを正当化する根拠にはならないという点である．賦課方式にとどまっても，積立方式に移行しても状況はまったく同じだと言っているだけである．

第2に，より本質的な問題であるが，年金債務の償還をどう考えるかという問題がある．上の説明では，政府は第0世代に対して，年金を約束通り給付すると想定していた．そのように想定すれば，第1世代以降にとって制度移行が中立的になることは容易に予想できることである．高齢層の財産権を保障するという法律的な面から見ても，政府が年金債務の償還を完全に履行することは理に適っている．しかし，年金の受益と負担をめぐって大きな世代間格差が発生していたり，若年層にとって保険料負担がかなり重くなっていたりする場合に，高齢層に約束した給付にまったく手をつけないことが適切かどうかについては，議論の余地がある．

実際，第1節で述べたように，公的年金の2004年制度改革においては，公的年金制度を支える社会全体の所得や賃金の変動に応じて，給付水準を自動調

整するマクロ経済スライドが導入されたが，これは，年金債務の償還を自動的に一部削減する仕組みとして評価することもできる．さらに，2014 年度からの消費税率の引き上げは，高齢層にも若年層と同じように公的年金をはじめとする社会保障財源の負担を求めるものであり，年金債務の償還の削減と実質的に同じ効果を持っている．

■ 貯蓄への影響

　積立方式への移行が人々の生涯を通じた予算制約や効用に対して何ら影響を及ぼさないという点が，同等命題で明らかになった．しかし，ここで注意すべきなのは，この命題を導出するに際して，資本蓄積への影響を考慮していなかったという点である．積立方式への移行によって家計や社会全体の貯蓄が変化するのであれば，資本蓄積への影響を通じて，人々の所得や効用に長期的な影響を及ぼす可能性もある．

　そこで，以下では，積立方式への移行が資本蓄積に及ぼす影響を考えてみよう．いま，政府が，現行の賦課方式を廃止し，積立方式への移行を発表したとする．このとき，政府は，制度移行の第 1 ステップとして，すでに高齢期を迎えている第 0 世代の年金給付の財源を調達するために，その分だけの国債を発行するとしよう．それは，政府にとって貯蓄の減少を意味する．しかし，その時点の若年層である第 1 世代は，賦課方式の公的年金の制度の下にもはやいないので，賦課方式における保険料負担を免れ，それによって利用可能となったお金でその国債を購入することができる（その額は，1 人当たり p である）．これは，家計貯蓄の増加を意味するが，政府貯蓄の減少分（国債発行）とちょうど一致するので，社会全体の貯蓄には変化がない．なお，この段階では，第 1 世代は，賦課方式の保険料負担がなくなった分をそのまま貯蓄に回すので，消費水準を調整しないことにも注意しておこう．これは，中立命題の説明（一定の財政支出の財源調達を税（保険料）から国債発行に変更しても，人々の行動に中立的）が，そのまま当てはまる状況である．

　政府は，第 2 ステップとして積立方式の運営に本格的に着手する．そのために，政府は第 1 世代以降のすべての世代から 1 人当たり p だけの保険料を積立方式の保険料として改めて徴収するとともに，国債償還のための追加的な税 τ

を各世代に求める．上の同等命題の説明が正しければ，この制度移行によって各世代の生涯を通じた予算制約は変化せず，したがって消費も変化しない．第1世代以降の各世代は，若年期において，得られた賃金 w から積立方式の保険料 p と追加的な税 τ，そして消費 c_1 を差し引いた分を貯蓄とする．したがって，家計貯蓄は，$w-p-\tau-c_1$ で与えられる．一方，政府は，家計から受け取った保険料は当該世代が次期に受け取る年金の積立金として市場で運用する一方，追加的な税は国債償還にそのまま充てることになる．したがって，政府は1人当たり $p+\tau$ だけの貯蓄をすることになる．そのため，家計と政府を合わせた国全体の貯蓄は1人当たり $w-c_1(=(w-p-\tau-c_1)+(p+\tau))$ となる．なお，ここでは，第0世代の年金は国債によって賄われ，しかもその国債は第1世代が購入している．また，第1世代の年金は第1世代が若年期に支払った保険料による積立金を取り崩して支払われるので，第2世代が負担する必要がない点にも注意しておこう．

■ 積立方式への移行の長期的効果

これに対して，賦課方式の下での貯蓄はどうなっているだろうか．すべての世代が1人当たり $w-p-c_1$ だけの家計貯蓄を行っているが，政府は家計から集めた保険料をそのままその時点の高齢層の年金給付に充てるので，政府貯蓄はゼロである．したがって，家計と政府を合わせた国全体の貯蓄は，1人当たり $w-p-c_1$ に等しくなる．そこで，積立方式の下での国全体の貯蓄から賦課方式の下でのそれを差し引くと，

$$w-c_1-(w-p-c_1)=p$$

となる（同等命題が成立するとすれば，積立方式と賦課方式の下で賃金や利子率，消費が同じになることに注意）．

したがって，賦課方式から積立方式に移行すると，年金債務の償還のために追加的な税が必要になるとしても，国全体の貯蓄が増加する．その結果，資本蓄積が促進されることになるので，賃金が長期的に上昇し，利子率が低下するため，家計の効用は高まることになる．人口増加率が利子率を下回っているという状況――経済学ではこうした状況を「動学的に効率的」であるという――

は，人口に比べて資本ストックが過小であることを意味する．その場合，積立方式への移行によって国全体の貯蓄が高まり，資本蓄積が促進されることは基本的に望ましいと考えてよい．

　もっとも，実際の日本において，資本ストックが過小になっていると実感することは難しいかもしれない．しかし，家計や企業，政府の貯蓄を合わせた国全体の貯蓄は，既存の資本ストックの維持補修のためのコストである固定資本減耗を差し引いたネット・ベースである国民純貯蓄で見ると，1990年以降になって明確な減少傾向を示しており，現在ではほぼゼロになっている．これは，少子高齢化に伴って，扶養する人口が相対的に減少し，扶養される人口が相対的に増加してきているため，社会全体の生産と消費のバランスが崩れてきたことを意味する．

　もちろん，対外純債務が依然として数百兆円規模で存在するので，将来世代に残す資産が近い将来に枯渇するような状況にはない．しかし，国民純貯蓄の減少傾向がこれからも続き，マイナスの貯蓄が大きくなると，将来世代が受け継ぐ資本ストックが不十分になるという危険性は否定できない．年金制度改革において問題にすべき世代間格差についても，現時点における高齢層と若年層との利害調整という観点だけでなく，現時点に生存している世代と将来世代の間の利害調整という観点から議論すべきである．

4 ── 持続可能性を高める年金制度改革

　本章では，医療，介護と並んで社会保障の中核的な仕組みである公的年金について議論した．**公的年金は，長生きのリスクあるいは高齢時において所得稼得能力が低下するリスクに備えた社会保険の仕組みであり，強制貯蓄としての側面を持つ**．世代間扶養という機能も重要であるが，若年層を取り巻く所得・雇用環境の悪化を考えると，持続可能性を高めるための年金制度改革が必要になってくる．

　本章では，賦課方式と積立方式という，公的年金の2つの財政方式を比較したうえで，しばしば議論になる世代間格差の問題を取り上げた．賦課方式の公的年金は，制度の導入時，あるいは制度が成熟する前にすでに高齢だった世代

に対する，それ以降の世代からの所得移転を伴う仕組みなので，世代間格差がどうしても発生する．「私的扶養から社会的扶養への移行」論はそれを正当化しようとするが，理論的には無理な面がある．制度を支える若年層が負担に耐えうるかという現実的な判断も重要になってくるだろう．

さらに，賦課方式から積立方式への移行をめぐる論点を取り上げた．**同等命題は，積立方式への移行が人々の予算制約や効用になんら影響しないことを明らかにしている．しかし，これは賦課方式の現行制度を積極的に正当化する根拠にはならないことに注意すべきである．**少子高齢化の下では，各世代はゼロサム・ゲーム的状況に置かれている．そのため，本章では，若年層や将来層の利害を考慮して，年金債務の削減という選択肢もあえて取り上げた．最後に，積立方式への移行の是非については，貯蓄や資本蓄積への影響も加味して検討する必要があるという点を指摘した．

1) このことを一般的に保険料固定方式と呼ぶが，固定するのはあくまでも保険料（率）の上限であることに注意されたい．
2) もちろん，実際の公的年金は以下で議論する2期間モデルよりはるかに複雑であり，制度改革においてもここでは分析しにくい多くの課題が存在することには注意が必要である．

4章
老後の所得保障

はじめに

　年金の問題は，以前は内政問題であったが，外国で働く人の増加とともに年金保険料の二重払い等の問題がおき，経済のグローバル化とともに賃金付随コストとなる年金保険料の事業主負担分が企業の競争力に大きな影響を与えるようになった．企業会計の分野での国際基準の採用によって，企業年金の形態もグローバル化の影響にさらされた．

　日本の公的年金（特に厚生年金）における最大の問題点は，1）現行の給付水準を維持するためには将来の負担が過大になり過ぎること，および2）急激な少子化にともない負担と給付の関係に世代間格差があり過ぎること，であった．2000年および2004年の年金改正を経て，公的年金および私的年金には大きな変化がもたらされたが，老後の所得保障という観点から，なおいくつかの大きな問題が残されている．

　先進諸国では，老後の所得保障に関して概ね次のような認識が共有されていると考えられる（府川，2008）．

a) 人々の引退後の生活は引退前の生活を反映したものである
b) 老後の所得に占める公的年金給付のシェアは所得階級によって異なる（低所得者で高く，高所得者で低い）
c) **強制適用の公的年金といえども，大多数の国民から支持されないと長続きしない**

社会保障給付の 30-40% は年金給付が占めている（日本では 50% 以上）．従って，年金制度の財政安定化は国の財政収支，ひいてはカントリー・リスクにも大きな影響を及ぼすものである．本章は第 1 節で年金に関する先進諸国の実態を概観して，日本の相対的位置を確認する．その上で，第 2 節で日本の私的年金の中心である企業年金についていくつかの論点を議論し，第 3 節で老後の所得保障としての年金制度の役割を考察する．

1 ── 先進諸国の年金制度

■ 公的年金の機能

　多くの先進国では生涯所得（lifetime earnings）に基づいた所得再分配を行い，生涯生活水準（lifetime standard of living）を保障しようという考え方に立って公的年金制度が設計されている（府川，2005）．一方で，公的年金で定額給付制をとっている国も存在する．給付乗率は 1 つより複数の方が柔軟に所得再分配機能を果たせる．老後の所得に占める公的年金給付の比重は所得水準によって異なるが，公的年金も生涯生活水準の確保に関与する必要がある．一部の国では国の主たる責任として最低所得を高齢者に保障しているが，先進国の大半においては年金給付が何らかの形で過去に稼得された所得に連動している．引退後の生活は引退前の生活を反映したものであるとしても，それをどのような公私ミックスで実現するかはそれぞれの国民の選択である．ほとんどの先進国において単年の所得再分配という点では税制より公的年金制度の方が大きな役割を果たしているが，生涯にわたる所得再分配に関して，公的年金制度はそれほど機能していない．退職後の所得源における公的年金の役割に関して，イギリスとドイツ・フランスは対極に位置している．

　社会保険制度財政の中・長期的安定を図るため，公的な仕組みの役割を減らして私的仕組みを活用しようとする動きが広まっている．国民の公的年金に対する信頼は制度の公平性・整合性や制度運営の効率性・透明性に基づいている．年金制度の中に子育て支援策を取り入れている国もあり，今後の人口動態を考慮して就業インセンティブを阻害しない年金制度にすることが共通の課題であ

る．また，年金制度の枠内のセーフティー・ネットとして，全額税で賄われる最低保障年金を用意している国が多い．

■ **各国の年金制度の特徴**

　2009年における公的年金給付総額の対GDP比はイギリス6.2％，アメリカ6.8％，スウェーデン8.2％，日本10.2％，ドイツ11.3％，フランス13.7％とヨーロッパ大陸諸国で高く，アメリカやイギリスで低い．スウェーデンはフランス・ドイツとアメリカの中間に位置している．日本は1980年代・1990年代を通して年金給付のGDP比が一貫して上昇し続け，近年のGDPの伸びの低迷もあって，ドイツより少し低い水準に達している．

　先進諸国では少子高齢化や経済成長の鈍化を受けて，公的年金制度の持続可能性を確保するための改革が行われている．各国の年金改革では，これまで給付に合わせて負担を調整することが多かったが，負担に合わせて給付を調整する考え方の中で公的年金の役割を再定義しようとしている．再定義の中心的な課題は制度の中長期的安定性の確保（積立方式の要素を取り入れるかどうかの問題も含む），公的制度と私的仕組みの新たな役割分担，社会保障制度の有機的全体像の構築，などである．日本の2004年の年金改革では，スウェーデンの年金改革に対する関心が極めて高かった．以下，公的年金給付の規模の小さい順に各国の年金制度の特徴と問題点を整理する．表4-1は各国の一般被用者に対する公的年金に関する状況をまとめたものである．

　イギリスの年金は物価スライドのみで，1人分の基礎年金の平均賃金に対する割合は2005年には10％程度に低下した．この給付水準はヨーロッパ大陸諸国と比べてはるかに低い．また，年金給付の対GDP比は今日の6％から2050年には4.8％に低下する見通しである（Glennerster, 2000）．イギリスは現在でもすでに定額給付に近い状態であるが，今後，所得比例制度（国家第2年金：S2P）の上限所得を凍結することによってS2Pの定額化を進め，S2Pを廃止することにしている．イギリスの年金制度において，従来からの基本構造（低所得者には資産調査付給付を，中所得者以上には私的仕組みを用意し，政府の役割は最小にとどめる）は変わっていないが，政府は年金における公私の役割分担を6対4から4対6に変えようとしている（府川，2005）．その帰結

表 4-1　先進諸国の一般被用者に対する公的年金に関する状況

		フランス	ドイツ	日本	スウェーデン	イギリス	アメリカ
高齢化率（％）	2013	17.6	20.7	25.1	19.1	17.2	13.7
	2050	25.5	32.7	38.8	22.8	24.7	21.5
平均退職年齢	男	59.7	62.1	69.1	66.1	63.7	65.0
2007-12	女	60.0	61.6	66.7	64.2	63.2	65.0
平均受給年数	男	21.8	17.0	18.8	17.9	16.9	17.1
2010	女	26.5	20.7	24.1	21.1	24.5	20.1
給付のGDP比（％）							
公的年金	2010	14.6	10.8	10.9	9.6	7.7	4.6
私的年金	2008	…	0.1	…	1.2	2.9	3.3
年金保険料率（％）	2013	16.85[1]	18.9（労使折半）	17.12（労使折半）	18.38[2]	25.8[3]	12.4（労使折半）
	最終		22.0	18.3			
国庫負担		原則なし	支出の27.8%（2012）	基礎年金給付の1/2	最低保障年金の全額	原則なし	なし
支給開始年齢	2013	60.5/62歳 2018年までに62歳に引上げ（満額：2023年67歳）	65/67歳 2012-29年に67歳に引上げ	基礎年金65歳、厚生年金65歳へ	原則として61-70歳で本人が選択（65歳受給開始が多い）	男65歳, 女60→65歳（2010-18） 66歳（-2020）, 67歳（-2028）, 68歳（-2046）	66歳 2021-27年に67歳に引上げ

注：1）上限報酬まで事業主 8.4%，被用者 6.75%；給与全額に対して事業主 1.6%，被用者 0.1%．
　　2）スウェーデンの年金保険料率は老齢と遺族の合計．老齢年金の保険料率は 17.21%（被用者 7.0%，事業主 10.21%）である．
　　3）医療を含めた国民保険の保険料率（事業主 13.8%，被用者上限報酬まで 12%，それ以上 2%）．
出所：OECD Pensions at a Glance 2011 and 2013，厚生労働省（2014）「2013年海外情勢報告」．

として，所得再分配および高齢層の貧困問題に今まで以上に関心を持たざるを得ない．イギリスでは社会保障による再分配の規模は他の国に比べて小さい．しかし，各世代が福祉国家からどれだけを受け取り，どれだけを拠出してきたかをみると，世代間のバランスが非常によくとれている（ヒルズ，1997）．その理由の1つとして，イギリスでは高齢者も税金を払っていることが挙げられる．イギリスにおける経験によると，貧困者だけにサービスの焦点を当てると，結局国民の支持がなくなり，サービスの質そのものが落ちてしまう．

　アメリカの老齢・遺族・障害保険（OASDI）の給付は報酬比例で，将来に

わたって一定の賃金代替率が維持されるよう設計されている．しかし，給付は低所得者や被扶養者をかかえている者を厚遇するものである．低所得者の死亡率が高いことを考慮しても，OASDI は所得再分配の機能を十分果たしている．アメリカでは 1983 年の改正以降，大きな改正はない．高所得者への年金給付の課税が強化されたが，これはむしろ公的年金の給付削減と受け取られている．社会保障の財源としての給与税（payroll tax）は歪みも少なく国際競争力を損なうものでもないと考えられている．アメリカでは高齢層で所得格差が大きく，高齢者の貧困も存在しているが，大きな問題になっていない．保険料率を直ちに 12.4% から 14.4% に引き上げれば，OASDI の 75 年間財政問題は解消する．しかし，アメリカの年金改革の議論では保険料率の引き上げは議題に入っておらず，育児や介護のクレジット，高齢者へのもっと寛大なセーフティー・ネットなどが無視されている．

　スウェーデンの公的年金は 1999 年の年金改革で，経済変動や人口構造の変化に対して中立的な年金制度をめざした抜本的な改革が行われた．スウェーデンの新年金制度は賦課方式で運営されている概念上の確定拠出年金制度（NDC）部分と積立方式で運営されているプレミアム年金（PP）部分で構成されている．賦課方式の部分についてもみなし利子率という概念を用いて年金額が算定されるため，被保険者・受給者からみれば制度全体が積立方式で運用されているのと同じである．つまり，実際には公的部門に大きな積立金をもたずに，実質的に確定拠出型の給付を行う方式である．スウェーデンの NDC 方式は世代間の不公平と積立金の運用リスクという 2 つの問題を同時に解決するものである．スウェーデンの改革では老齢年金制度については国庫負担を廃止し，保険原理を前面に押し出すことで長期的な制度の持続をめざした．これに付随して，リスクの異なるものは年金制度からは切り離した．例えば，低所得者に対する補足給付（最低保障年金）は全額国庫負担とし，障害年金および遺族年金は老齢年金制度から分離した．給付の自動調整メカニズムの導入と保険料率 2.5% 分[1]のプレミアム年金導入は若年層の理解を得るために必要であったと考えられる．給付の自動調整メカニズムは高齢者に対して政治が甘くなるリスクを抑制する．一方で，プレミアム年金の投資的な側面は若年層の年金加入インセンティブを推進する．スウェーデンの新制度では年金の受給開始年齢

は61歳以降自由に選べ（ただし，受給開始年齢によって年金額は数理的に調整される），かつ，自分の属する世代の平均余命が年金額に反映される．つまり，人々の引退行動に関して年金制度が中立的，かつ，平均余命の伸びが年金財政に影響を与えないような仕組みとなっている．スウェーデンの個人勘定（プレミアム年金）は強制加入となっているところがドイツの制度やアメリカで議論された個人勘定と異なるが，個人勘定の相対的な大きさはそれ程大きくない．

ドイツでは社会保障負担はもう限界にきていると考えられている．年金保険料率は一時20％を超えたが，税財源の拡大によって19％台に低下し，2013年には18.9％に引き下げられた．2003年における社会保険料率の合計は42％であったが，当時のシュレーダー政権は年金保険料を19.0％，医療保険料を13.0％まで引き下げて，社会保険料率の合計を40％に抑制することをめざした．ドイツの2001年改正は「給付にみあった拠出」から「拠出にみあった給付」へ，1階建て制度から2階建て制度へ，とパラダイムの転換を伴ったものであった．2003/2004年改正で保険料率の安定化，スライド率に持続性ファクターの導入，変動準備金の引き上げ等の措置が講じられたが，今後さらに「1階部分の縮小・2階部分の拡大」の方向の改正が必要になるとみられている．また，ドイツでも早期引退をくい止める措置はさらに必要である．

フランスの公的年金制度は就業者の4分の3を占める民間部門の年金制度と，公的部門を対象とした年金制度に大別される．民間部門の年金制度は2階建てで，いずれも賦課方式で運営され，確定給付制度である．1階部分は40年間の拠出と60.5歳到達を条件に，最良25年間の平均賃金（ただし過去の賃金の再評価は物価上昇率による）の50％を給付する．2階部分は労働協約に基づく補足年金で，1階部分と同じく40年間の拠出と60.5歳到達を条件に拠出額により強くリンクした給付が支給される．2階部分はポイント制を採用し，労使団体で共同管理されている．1階部分と2階部分を合わせた保険料率は概ね25％（1階部分はおよそ17％）で，事業主負担分は15％，被用者負担分は10％である．自営業者など民間部門のすべての就業者に対しても，被用者と同様の強制適用制度がある．公的部門（公務員，国営企業被用者）の年金制度は民間部門と比べてより寛大な制度である．60.5歳から老齢年金を支給するフ

ランスの制度は他の先進諸国では考えられないが，早期引退を是正し，失業率を低下させることがフランスではより優先的な課題である．フランスの近年における年金改革の議論の主要点は，a）賦課方式の公的年金の給付水準低下を補う年金貯蓄基金の創設，b）早期引退の流れを覆し，50歳以上の労働参加率を高める施策，の2つである．社会連帯（民間部門と公的部門の格差是正）と持続可能性の向上（早期引退から引退延期へとパラダイムシフト）がフランスの公的年金制度のキーワードである．

■ **年金に関する先進諸国の実態**

表4-2は先進諸国の年金関連指標を示したものである．日本は65歳の平均余命が長いにもかかわらず，老齢年金の支給開始年齢（**表4-2**では「年金年齢」と記載）の引上げが遅れている．総人口の相対的貧困率に比べて65歳以上人口の相対的貧困率は，オランダで著しく低いのをはじめ，フランス・イタリア・イギリスで低いのに対して，ドイツ・日本・アメリカなどでは65歳以上人口の相対的貧困率の方が高く，年金制度の機能が問われる結果となっている．

2009年における年金給付のGDP比を公的年金・私的年金別にみると，各国の特徴が良く分かる．フランス・ドイツ・イタリアなどでは公的支出が大部分を占めているが，アメリカ・イギリス・オランダでは私的年金給付が大きなシェアを占めている．日本とスウェーデンはその中間である．公的年金保険料の被用者と事業主の分担割合にも，その国の特徴が表れている．ドイツ・日本・アメリカでは労使折半であるが，フランス・スウェーデン・イギリス（**表4-1**参照）では事業主の割合が高い．イタリアでは事業主の割合が極めて高く，反対にオランダでは事業主の負担が無い．

OECDでは年金給付を公的年金，私的年金Ⅰ（強制），私的年金Ⅱ（任意）の3区分にしている．**表4-3**は支出区分別に年金給付の総賃金代替率（20歳から支給開始年齢まで保険料を拠出した人の給付年額を分子に，その年の被用者の平均賃金を分母にした割合）を賃金水準別に示したものである．賃金水準は平均（1.0）の他に平均の0.5, 1.5倍で表示されている．平均的な賃金の人の老齢年金の賃金代替率は国によって大きな差がある．ドイツやイタリアの賃

表 4-2　8 カ国の年金関連指標

		フランス	ドイツ	イタリア	日本	オランダ	スウェーデン	イギリス	アメリカ
年金年齢 （　）内は女性	2010	60.0	65.0	66(62)	64(62)	65.0	65.0	65(60)	66.0
	2030	67.0	67.0	67.0	65.0	67.0	65.0	67.0	67.0
	2050	67.0	67.0	67.0	65.0	67.0	65.0	68.0	67.0
65 歳の平均余命 （年）2060-65 年	男	22.5	22.1	23.3	24.1	22.0	22.6	22.6	21.4
	女	28.2	25.9	27.7	29.7	25.3	26.2	25.1	24.4
相対的貧困率 （％）2010 年	全民	7.9	8.8	13.0	16.0	7.5	9.1	10.0	17.4
	65＋	5.4	10.5	11.0	19.4	1.4	9.5	8.6	19.9
公的年金給付 ／GDP(％)	2010	14.6	10.8	15.3	—	6.8	9.6	7.7	4.6
	2050	15.1	13.0	15.7	—	10.4	9.9	8.2	4.8
年金給付 ／GDP（％） 2009 年	公的	13.8	11.3	15.5	10.2	5.1	8.3	6.2	6.8
	私的	0.3	0.8	1.5	3.1	5.6	2.4	4.6	3.9
	計	14.1	12.1	17.0	13.3	10.7	10.7	10.8	10.7
年金保険料率 （％） 2012 年	被用者	6.8	9.8	9.2	8.4	17.9	7.0	—	6.2
	事業主	9.9	9.8	23.8	8.4	0.0	11.4	—	6.2
	計	16.7	19.6	33.0	16.8	17.9	18.4	—	12.4
保険料収入/GDP (％)	2011	—	6.9	9.0	6.3	—	6.2	—	4.2

注：アメリカの被用者保険料率は 2012 年は 4.2％ に設定されている．
出所：OECD Pensions at a Glance 2013.

金代替率は上限賃金までは一定であり，イギリスやアメリカでは私的年金 II において賃金代替率が一定である．賃金水準が上昇すると賃金代替率は低下することが多いが，それでも実際の年金額は賃金水準の上昇とともに増加する．

　税と社会保険料は同じではないが，被用者の可処分所得を圧迫するという意味では同じである．社会保険料は事業主と被用者によって負担されているが，近年，企業は社会保険料の増加に伴ってその事業主負担分が増加することに大きな懸念を表明している．長期的にみると，とりわけグローバル経済の下では社会保険料の事業主負担の多くは被用者によって負担されていると考えられる．仮に，社会保険料の事業主負担分に関する帰着がすべて賃金であるとすると，それを事業主から徴収するか，事業主負担分を賃金に上乗せして社会保険料を全額被保険者から徴収するかは，個人の負担という観点からは大差ないものとなる．現に，社会保険料の労使負担割合はスウェーデンでは 18 対 82，フランスでは 24 対 76 といずれも事業主の方が多く，伝統的に労使折半であったドイ

表 4-3　年金の総賃金代替率　(%)

		フランス	ドイツ	イタリア	日　本	オランダ	スウェーデン	イギリス	アメリカ
公的年金									
	0.5	64.8	42.0	71.2	49.8	59.1	48.6	55.2	49.5
	1	58.8	42.0	71.2	35.6	29.5	33.9	32.6	38.3
	1.5	47.5	42.0	71.2	30.8	19.7	25.7	22.5	33.4
私的Ⅰ（強制）									
	0.5					35.3	21.7		
	1					61.1	21.7		
	1.5					69.7	42.2		
私的Ⅱ（任意）									
	0.5		16.0					35.4	37.8
	1		16.0					35.4	37.8
	1.5		16.0					35.4	37.8
公的＋私的Ⅰ									
	0.5	64.8	42.0	71.2	49.8	94.4	70.2	55.2	49.5
	1	58.8	42.0	71.2	35.6	90.7	55.6	32.6	38.3
	1.5	47.5	42.0	71.2	30.8	89.4	67.9	22.5	33.4

出所：OECD（2013）"Pension at a Glance 2013: OECD and G20 Indicators".

ツでは51対49と被用者の負担割合が50％を超えた．

　年金制度の財源に年金保険料の他に税が投入されている国もある．フランスは国庫負担がないが，一般社会拠出金（CSG）の1.3％ポイント分が年金財源に使われている．ドイツは従来から年金給付の約20％が国庫負担で賄われていたが，付加価値税の1％ポイント分の税収や環境税の増税分が年金財源に回され，税財源のウェイトが約30％に高まっている（**表 4-1**）．イギリスやアメリカでは公的年金制度に対する政府の一般財源からの支出は行われていない．

　支給開始年齢の引上げはアメリカの1983年改正，ドイツの1989年および2007年改正，日本の1994年度および1999年度改正などで決定されている．引上げ後の支給開始年齢はフランス62歳（満額年金を受け取るには67歳），アメリカ・ドイツ67歳，イギリス68歳などとなっている．年金制度の持続可能性を高めるためには，支給開始年齢を寿命の伸びにリンクさせることが不可避となりつつある．支給開始年齢が早いフランスでは満額年金を受給できる拠出期間の延長という形で間接的に支給開始年齢の引上げが行われている．また，フランスやドイツでは早期引退を是正して高齢者の就業を促進し，失業率を低

下させることが優先的な課題である．スウェーデンの年金改革では経済変動や人口構造の変化に対して中立的な年金制度をめざした抜本的な改革が行われ，年金の受給開始年齢は 61 歳以降自由に選択でき（ただし，受給開始年齢によって年金額は数理的に調整される），かつ，自分の属する世代の平均余命が年金額に反映される（府川，2005）．

■ 日本の年金制度の特徴

日本の公的年金制度は 2004 年改正後も制度の中長期的持続可能性の問題の他に，年金制度の一元化やパートタイマーの厚生年金適用などが課題として残され，国民年金に関しては定額拠出による負担の逆進性，未加入者や保険料未納者の増加による制度の空洞化などが深刻化している．年金制度の財政を安定させるためには収入を増やすか，支出を減らすか，あるいはその両方が必要である．収入を増やす方法は保険料を引き上げるか，税財源の投入（増加）であり，支出を減らす方法には支給開始年齢の引上げ，給付水準の引下げ，年金額の調整（スライド）による給付の伸びの抑制，などがある．今後の日本の年金改革においては制度の整合性向上の他に，給付設計の見直し，支給開始年齢の 65 歳以降への引上げ，個人退職勘定導入の是非，などが重要な論点である．

スウェーデンの新年金制度における定額＋所得比例から所得比例＋最低保障への転換は，基礎年金をもつ日本への示唆が大きい（府川，2005）．しかしながら，日本とスウェーデンでは労使団体の社会的役割の違い，福祉給付の厚みの違い，家族給付の違い，など年金制度をめぐる環境にも大きな違いがある．

2───日本の企業年金

■ 日本の私的年金

私的年金は企業年金と個人年金に大別される．2000 年の改正で，企業年金の分野では厚生年金基金の資金運営の規制緩和，確定給付型企業年金の給付設計の柔軟化，確定拠出年金制度の創設，などによって私的仕組みの選択肢の拡充が図られた．また，2000 年 4 月以降に始まる事業年度から，退職一時金と企業年金を合わせた退職給付にかかる新たな会計基準，退職給付会計が導入さ

れ，企業年金をめぐる環境が大きく変化した．2001年には確定拠出年金が初めて設けられた．

企業年金によって企業は退職金の支払い負担の集中を回避できる．法律に基づく初の企業年金は1962年誕生の税制適格年金だが，この制度は2012年3月で廃止された．現在の日本の企業年金は，厚生年金基金，確定給付企業年金，確定拠出年金の3種類がある．厚生年金基金制度は，かつては日本の企業年金の中核をなす制度であり，国の老齢厚生年金の一部を国に代わって支給する（代行給付）とともに，企業の実情に応じて独自の上乗せ給付（プラスアルファ給付）を行うことにより，従業員により手厚い老後保障を行うことを目的として1966年に発足した．厚生年金基金は代行給付があるために終身年金を原則とする等の制約があり，また，近年の資産運用環境の悪化等により財政状況が大変厳しいものとなった．このため確定給付企業年金法の制定により，2003年9月からは代行部分を国に返し（代行返上），確定給付企業年金へ移行することも認められるようになっている．

確定給付企業年金制度は，労使の自主性を尊重しつつ，受給権の保護等を確保した企業年金制度として，2002年4月に新たに導入された．一方，確定拠出年金は拠出された掛金が個人ごとに明確に区分され，掛金とその運用益の合計額をもとに給付額が決定される仕組みで，2001年10月から始まった．それまでは，日本に確定拠出型の企業年金は存在しなかった．これまでの確定給付型の企業年金が十分に普及しなかったことや，転職時の年金資産の移換が不十分であること等の問題を解決するために新たに導入された．

国民年金基金制度は，自営業者等の国民年金第1号被保険者が，基礎年金に加え，所得等に応じて加入口数や給付の型を自らが選択することにより，老後の所得保障の充実を図ることを目的とした制度である．サラリーマンには，厚生年金保険，厚生年金基金等の基礎年金の上乗せの制度があるのに対し，自営業者等の国民年金第1号被保険者については基礎年金のみであったことから，基礎年金の上乗せの年金制度として1991年に導入された．

■ 企業年金の現状
　(a) 厚生年金基金

　厚生年金基金制度は 1966 年 10 月からスタートした．企業において日本特有の退職金制度の充実が進み，さらに，その年金化を中心とした企業年金も普及しつつあり，これら私的制度と公的制度である厚生年金保険との間に，機能あるいは費用負担について調整が必要であるとの考えの下に，この調整の機能も備えた制度として基金制度が誕生した．厚生年金基金は国の行う厚生年金制度のうち，老齢厚生年金の報酬比例部分の年金を代行し，これに加えて企業の実態に応じた独自の上乗せ給付（プラスアルファ）を上乗せした年金給付を行う．代行給付には再評価およびスライド部分は含まれず，再評価・スライド部分の給付は厚生年金本体から支給される．厚生年金基金は厚生年金保険法により設立を認められた「特別法人」であり，公法上の特別の権能が与えられ，また，国の特別の監督規制を受ける．

　厚生年金基金制度は，かつては大企業を中心に設立され，日本の企業年金の中核をなす制度であった．全国の厚生年金基金は 1990 年代にはおよそ 1900 あり，1200 万人以上が加入していた．しかし，2000 年代前半に大企業を中心に厚生年金の代行返上が相次いだ結果（表 4-4），2014 年 4 月 1 日現在 527 基金（加入者数 404 万人）に減少し，大部分が同種・同業の多くの中小企業による総合型となっている．解散や代行返上を選んだ基金の多くは大企業やそのグループ企業を母体とする．2013 年度末までの累計で解散した厚生年金基金の数は 502，代行返上した基金は 945 に達した（企業年金連合会統計）．代行部分の給付に必要な最低責任準備金は，代行返上の際に国へ返す必要がある．527 基金のうち 195 基金は今後解散する方針であり，うち 74 基金（加入者と受給者をあわせて 86 万人）では深刻な積立不足が生じている．代行部分の積立金が不足している「代行割れ」の厚生年金基金を解散する場合は，2014-2018 年度の間は分割納付の特例措置が受けられる（基金の特例解散）．

　厚生年金基金の予定運用利回りは 1997 年度に弾力化された．国の代行部分を除く基金独自の給付部分は約 6 割の基金が年 5.5% だが，実際の平均運用利回りがこれを下回る例が目立つ．97 年度から 2010 年度まで 14 年間の平均利回りは 1.7% だった．積み立て不足の基金は 2010 年度末では全体の 7 割強に

のぼった．

(b) 適格退職年金

主に中小企業が利用していた適格退職年金の廃止（2012年3月末）によって3割が他のタイプの企業年金に移行し（確定拠出年金に移った中小企業は7万社のうち1割のみ），3割が中小企業向けの退職金制度である中小企業退職金共済にかわった．残る4割は企業年金やこれに相当する制度を取り止めた．

(c) 確定給付企業年金

確定給付企業年金には企業が実施主体となる規約型と，母体企業の外側に基金を設ける基金型の2形態がある．2014年8月1日現在で制度数は1万4147（規約型1万3547，基金型600）であった（2012年度末の加入者数は約800万人）．確定給付企業年金は大企業も中小企業も利用する制度となっており，終身年金である場合もあれば，有期年金として5年・10年・15年という期間限定で給付を行う例も多い．なお，確定給付企業年金の中にはキャッシュバランスプランのように給付が確定していない制度もある．キャッシュバランスプランは「会社が運用した実績」「国債の平均利回りプラスアルファ」を約束するというような形にしてあるため，金利や経済環境によって受取額が変動する．

(d) 確定拠出年金

確定拠出年金は掛け金を拠出した個人ごとに区分し，実際の給付額は掛け金と運用益の合計をもとに決めるので変動する．確定拠出年金には企業型のほか，企業年金がない会社の従業員や自営業者などが加入できる個人型もある．個人型は厚生労働省所管の国民年金基金連合会が運営する．2003年度以降，企業型確定拠出年金の規約数・加入者数ともに増加し，2014年3月現在4434件，加入者数464万人に達している（表4-4）．一方，個人型確定拠出年金の加入者数は同時点で18万人だった．なお，確定拠出年金の資産総額は6兆円程度（2011年3月末時点で5.4兆円）で，確定給付企業年金の45兆円の10分の1程度である．大企業では確定拠出年金を16%が導入しているのに対し，中小企業では2%に過ぎない．

表 4-4　企業年金の動向

年度末	厚生年金基金			確定給付企業年金		確定拠出年金		
	基金数	加入者数 (万人)	受給者数 (万人)	制度数	加入者数 (万人)	企業型 規約数	(万人)	個人型 (万人)
2003	1,357	835	301	316	135	845	71	3
2004	838	615	249	992	314	1,402	126	5
2005	687	531	233	1,430	384	1,866	173	6
2006	658	522	223	1,940	430	2,313	219	8
2007	626	478	234	3,099	506	2,710	271	9
2008	617	466	244	5,008	570	3,043	311	10
2009	608	456	256	7,405	647	3,301	340	11
2010	595	447	275	10,053	727	3,705	371	12
2011	577	437	269	14,985	801	4,135	422	14
2012	560	420	268	14,692	796	4,247	439	16
2013	531			14,296		4,434	464	18

出所：企業年金連合会および『平成26年度版厚生労働白書』．

表 4-5　私的年金加入率（15-64歳人口に占める割合）：2011年　　(%)

	フランス	ドイツ	イタリア	オランダ	スウェーデン	イギリス	アメリカ
強制制度	×	×	×	88.0	90.0	×	×
任意制度計	―	71.3	14.0	28.3	27.1	43.3	47.1
企業年金	16.5	56.4	7.5	×	×	30.0	41.6
個人年金	5.4	35.2	6.9	28.3	27.1	11.1	22.0

注：1）ドイツの加入率は社会保険料納付義務者に対する割合，スウェーデンの加入率は就業者総数に対する割合である．
　　2）×は非該当，―は不明．
出所：OECD（2013）Pensions at a Glance 2013.

■ 私的年金の役割

　表4-5は欧米7カ国の私的年金加入率（15-64歳人口に占める割合）を示したものである．スウェーデンやオランダでは加入率が高く，次いでドイツの71％が高い．それ以外の国では加入率が50％を下回り．今後賦課方式の公的年金の比重の低下が見込まれる中で，これらの国では**公的年金を補う私的年金の拡充策（加入率の引上げ，私的年金給付の充実，など）が必要**となり，日本も公私の役割分担についての再検討が避けられない．

3 ── 年金制度の役割

■ 年金改革の論点

(a) 給付の十分性

基礎年金は40年加入で月に6.6万円支給され,年金額は加入期間に比例して減額される.保険料免除の期間があれば,その分も減額される.近年では,この基礎年金の水準より生活扶助基準の方が高いケースが問題視され,逆転現象の解消がめざされている.国民年金受給者の場合は基礎年金のみのため,基礎年金は住宅費を除く老後の基礎的生活費を賄うものと位置付けられている.一方,厚生年金受給者は基礎年金と報酬比例年金の合計を受け取るため,受給者にとって基礎年金は年金額の(重要な)一部を意味している.さらに,消費生活の観点からは,1人で1単位の年金なら2人で2単位は必要ない(あるいは,2人で2単位の年金なら1人で1単位では足りない)という問題が潜んでいる.

アメリカの公的年金制度であるOASDIでは,基本年金額(PIA)の算定は再評価後の個人平均賃金に対して,第1ベンド・ポイントまでの90%＋第1ベンド・ポイント以上第2ベンド・ポイントまでの32%＋第2ベンド・ポイント以上の15%で計算される.基本年金額の賃金代替率は賃金水準が低(平均賃金の45%),中(平均賃金),高(保険料賦課上限賃金:平均賃金の2.4倍程度)のそれぞれに対して57%,42%,25%程度であり,この構造は今後とも維持されることになっている.

公的年金の給付水準を引き下げ,給付減少分を私的仕組みで補う方式がドイツで採用されているが,財政的に持続可能になっても公的年金制度の本来の機能(救貧ではなく,退職後の防貧)を果たせなくなる懸念も生じている.日本で報酬比例年金に関してどこまで国の制度として給付すべきかについても,国民の合意は形成されていない.被扶養配偶者に対する給付についても,まだ十分考え方が整理されていない.

(b) 制度の整合性

　厚生年金の年金額をみると，平均して女性は男性の約半額であるが，この原因は給与水準と加入期間にあり，これは年金制度の問題というより，雇用政策の問題である．基礎年金が創設される前は，被用者に扶養されている配偶者に公的年金加入の義務はなく，1人の厚生年金加入で，老後に夫婦年金が支給されていた．1985年改正で基礎年金が導入された際，厚生年金給付の定額部分は基礎年金に移行し，被扶養配偶者は第3号被保険者となった．基礎年金の導入によって，厚生年金加入者世帯の保険料が上がることを避けるため，第3号被保険者の保険料は第2号被保険者の保険料の中に含まれていると整理された．このため，第3号被保険者問題（専業主婦は自分で基礎年金保険料を払わずに基礎年金給付を受け取ることができ，優遇されている）が発生し，一方で片働き世帯と比べた単身者や共働き世帯への"過剰給付"の問題が積み残されている．

　在職老齢年金が高齢者の働く意欲を損ねるという問題もまだ解決されていない．現行制度では，a) 60–64歳では年金（基礎年金＋老齢厚生年金）月額＋賃金（ボーナスを含む）が28万円までは年金を全額支給し，28万円を超えた場合，賃金が46万円（2011年度）までは「賃金が2増えれば年金を1停止」，賃金が46万円を超えれば賃金の増加分だけ年金を停止する[2]．b) 65歳以上（70歳以上を含む）では老齢基礎年金は全額支給し，老齢厚生年金月額＋賃金が46万円までは年金を全額支給し，46万円を超えた場合「賃金が2増えれば年金を1停止」する．在職老齢年金が高齢者雇用の補助金のような役割を果たしていることも，年金給付に対する国庫負担と雇用政策に対する国費の仕分けを曖昧にするものである．

(c) 負担の公平性

　厚生年金の保険料には1995年4月から1％のボーナス保険料が導入され，2003年度からは完全な総報酬制に切り替えられた．これによって，それまであったボーナス部分の保険料回避がなくなった．しかし，保険料賦課対象賃金の上下限（下限：月9.8万円，上限：月62万円）は残されており，上限以上の賃金取得者の保険料は定額になるという問題は残されている．

一方，基礎年金の保険料は 4 段階の免除制があるとはいえ，基本的には定額制で低所得者にとって重い負担となっている（逆進性）．基礎年金の保険料に関しては，基礎年金給付の 2 分の 1 ではなく全額を国庫負担で賄う案が経済界から提案されているが，公的年金の財源に関しては，保険料を主要な財源とすることが先進諸国の標準である．

　日本の公的年金にとって未納・未加入問題は，世代間格差問題とともに大変やっかいな問題である．社会保険庁の調査では，2001 年末の公的年金未加入・未納者は，合計 390 万人で，公的年金加入対象者 7080 万人の 5.5％ を占めていた．強制加入が原則の公的年金では未納・未加入問題は本来あってはならず，この問題の根底には年金制度あるいはその運営に対する国民の根深い不信感が存在している．

　事業主負担の増加抑制は，近年の先進諸国の社会保障改革の主役となっている．企業がある国に立地する際は，社会保険料の事業主負担だけでなく，法人税・インフラ・供給される労働の量と質などさまざまな要因が関係している．日本の事業主負担は特に高いものではなく，企業が負担するコストという観点からは社会保険料の事業主負担だけを取り上げても意味がない．

(d) 制度の持続可能性：支給開始年齢のさらなる引上げ

　年金制度の中長期的持続可能性を高める方策として，既に先進諸国で採用されているのが支給開始年齢の引上げである．その結果，先進諸国では老齢年金の支給開始年齢は 67・68 歳が標準となっている（フランスは例外であるが，実際には支給開始年齢の引上げ策を模索している）．しかも，そのように法律を改正したのはアメリカでは 1980 年代，ドイツでは 1990 年代である．

　日本では現在，厚生年金の支給開始年齢を 65 歳に引き上げる途上で，さらなる引上げはほとんど議論されていない．その最大の障害は年金年齢までの雇用が確保されていないことである．従って，高齢化が深刻な日本において年金制度の持続可能性を高めるためには，60 歳代の雇用を確保することが先決という状況である．

　年金制度においては人口の年齢構成の影響を是正する工夫も欠かせない．「定常人口の 20％」を高齢者と定義すると，その年齢は 1960 年で 59 歳，2006

年では67歳を超え，2050年には71歳となる．公的年金の支給開始年齢は，寿命の伸びも十分に考慮しなければ制度の持続性を高められない．従って，年金制度の中に長く働くインセンティブを付与し，平均余命の伸びが年金財政に影響を与えないような仕組みにすることが望まれる．このように，社会保障各制度において高齢化にみあった給付期間等の制度変更を行えば，各制度の持続可能性は大幅に向上するであろう．高齢期の就業形態についての新しいモデルは日本から世界に発信できる可能性の高いテーマである．

(e) 制度の一元化

日本で制度の一元化の第一歩は1986年の基礎年金の導入である．その後，被用者年金制度間の一元化を目標に，1996年に旧公共企業体共済（JR共済，NTT共済，JT共済）が厚生年金に統合された．厚生年金と共済年金の統合が議論されている．被用者年金制度の一元化にはまだ長い道のりがあるが，その先に国民年金と被用者年金の一元化の問題がある．制度一元化はアメリカではすでに達成済みで，フランスでは一元化はそもそも考慮されていない．

年金制度の主要な機能を退職による稼働所得喪失というリスクへの対応と考えれば，被用者と自営業者で制度を分立させず，稼働所得に対して所得比例の拠出を課し，所得比例の給付を支給することが自然である．

(f) 「社会連帯」

公的年金制度において，誰がリスクを負うか（確定拠出・積立方式の要素をどの程度取り入れるか），どの程度の所得再分配を行うか（どのような給付設計にするか），という2つの問いは社会連帯と密接に関係している．拠出は稼働所得に対して正比例で課され（ただし，上限が設けられている），給付は再評価された（生涯）稼働所得をもとに算出されるが，ドイツのように正比例の国もあればアメリカのように低所得者に厚く給付する制度もある．被扶養配偶者への配慮でもアメリカとドイツでは対照的であり，アメリカでは被保険者本人の年金額の50%が扶養配偶者に給付されるのに対して，ドイツでは何の給付もない．

生涯を通じて厚生年金に払う保険料の現在価値と厚生年金から受け取る給付

の現在価値の差を世代別に比較すると，60歳以上の世代は受益超過で，20歳代では負担超過となっている．この世代間格差が大変大きいため，若年者の間で厚生年金に対する不信感が醸成されている．本来，公的年金はアメリカのOASDIがそうであるように広範な国民の支持がなければならない．賦課方式の公的年金はまさに社会連帯の上に成り立っているのであるから，国民の不信感は最優先で取り除く努力をしなければならない．その方法は，制度の整合性・公平性・透明性を高める以外にない．

「国民年金加入者には基礎年金しかない」，「被用者のおよそ半数は企業年金に加入していない」，「短時間労働者は厚生年金に加入できない」，これらの事実は社会連帯を損なう方向に作用していると考えられる．現状では通常の労働時間の4分の3未満の短時間労働者は厚生年金の適用対象外である．一方，被用者の配偶者は，労働時間が通常の労働者の4分の3以上であれば第2号被保険者，4分の3未満の場合，年間収入が130万円以上であれば第1号被保険者，130万円未満であれば第3号被保険者となる．この"130万円の壁"も社会連帯の障壁と考えられる．

保険原理になじまない連帯給付（育児クレジット，介護クレジット，低所得者対策など）は国庫負担によって賄うという整理が考えられる．

■ 新しい社会連帯の形

経済のグローバル化で先進諸国における社会保障改革，とりわけ事業主負担の増加抑制や制度の持続可能性向上策などが日本の社会保障改革に大きな影響を与えるようになっている．一方で，日本は世界一の長寿国であるため，高齢化とともに給付が増加する制度の給付設計では他国に先駆けて各種の工夫をする必要性が最も高い．

・高齢者も応分の負担をする
・低所得者も社会保険に取り込む
・個人の努力の余地を残す

「高齢者も応分の負担をする」典型例として，マクロ経済スライドと消費税

が挙げられる．支給開始年齢を寿命の伸びに連動させるアイデアはすでにスウェーデンやドイツで実施されている．これは制度の持続可能性を高める政策であるが，「高齢者も応分の負担をする」例にも挙げられる．

「低所得者も社会保険に取り込む」方策として基礎年金に部分免除の仕組みがあるが，ここでは低所得者の社会保険料を国庫負担で肩代わりすることによって"すべての被保険者を保険料納付状態にする"という考え方に沿って，給付型税額控除を提案したい．

「個人の努力の余地を残す」例としては，賦課方式の公的年金の給付削減を補う形で個人退職勘定（IRA）の導入を提案したい．このような政策はすでにスウェーデンやドイツで実施され，アメリカでも2000年代に議論され，イギリスでは2012年から段階的に施行されている．

■ 個人退職勘定

賦課方式が人口や経済の変動に弱い点を補うため，あるいは賦課方式の公的年金の給付削減を補う仕組みとして，公的年金の中で，または私的年金として積立方式の個人勘定の仕組みを取り入れるアプローチが1つの潮流になっている．合理的に行動しない人の存在，個人年金の手数料の高さ，事業主の関心の低さ，国の政策への期待，などの理由で市場にだけ任せていても老後資金の積み立て不足の人々を解消することはできないため，各国で個人勘定の導入に関してもさまざまな試みがなされている．スウェーデンの新年金制度では公的年金の中に個人勘定の仕組みを取り入れた（表4-6）．ドイツでは任意加入の企業年金または個人年金の形で導入した（リースター年金）[3]．アメリカでは制度改正には至っていないが，ブッシュ大統領が発足させた年金諮問委員会が個人勘定の導入を中心にすえた改正案を提言した．また，イギリスでは老後保障として適切な水準の職域年金に加入できない者が多数存在しているため，2008年年金法により，すべての事業主は一定の要件に該当する従業員を，政府が定める基準を満たす職域年金（確定給付型年金；事業主拠出率が3％以上，被用者拠出率4％および政府拠出率1％を合わせて合計8％以上の確定拠出型年金）に自動加入させなければならないこととされた（厚生労働省，2013）．

高齢者の年金給付にGDPの何％を振り向けるかはその社会が決めること

表 4-6　個人退職勘定の比較

	ドイツ	スウェーデン	アメリカ	イギリス
名　称	リースター年金	プレミアム年金	個人退職勘定	個人勘定年金
実施年	2002年	2000年	Bush Commission案	2012–17年
公的制度内か	関連制度	制度内	制度内	職域年金
加入形態	任意	強制	任意	自動加入
個人勘定の保険料率（％）	4.0	2.3	4.0	4.0[1]
相対的大きさ（賦課方式の保険料＝1.0）	0.20	0.16	0.48	
国の補助	有	無	有	有
運用先の選択肢	有	有	有	有
住宅購入等に使えるか	yes	no	yes	
離婚時に分割できるか	yes		yes	
相続できるか	yes	yes	yes	

注：1) 被用者の拠出（給与の4.0%）に対して事業主（同3%）および政府（同1%）も拠出する．

である．そのうちどの程度を公的制度が担うのかは，最終的には国民の選択によるものである．給付の規模とともにその配分も重要である．引退後の生活は引退前の生活を反映したものであるとしても，それをどのような公私ミックスで実現するかもそれぞれの国民の選択である．低所得—中間所得層は公的年金給付に依存する割合は高いが，富裕層にとって非年金投資が退職後所得の重要な構成要素である．

多様なライフコースをたどる国民にとって必要なときに頼りになる年金制度が存在し，かつ，それが大多数の国民に支持されていることも，制度の持続可能性に劣らず重要である．財政的に安定した年金制度であっても，給付の十分性に欠ける制度ではその存在意義は薄く，制度に対する国民の信頼は高まらない．国民が負担増を受け入れられるように，**制度の整合性・効率性・透明性を高める合理的な改革**を地道に継続することが不可欠である．

4 ── まとめ

日本の公的年金制度は2004年に大きな改正が行われたが，なお制度の中長期的持続可能性の問題や国民の制度に対する不信感の払拭などの問題が残され

ている.日本は主要先進国の中で平均寿命が最も長く,支給開始年齢の引上げにいち早く取り組むべき立場にあるが,その対応も後手に回っている.制度の持続可能性を高める(これが国民の信頼を取り戻す最善の方策でもある)ためには,将来に向かって年金制度における負担と給付のバランスを図るとともに,年金制度にこれまでに発生している累積債務の負担において年金受給者にも応分の負担を求めることが不可欠である.そのための方法として,a)支給開始年齢の引上げ,b)消費税の年金財源への投入,c)年金給付への適切な課税,などが挙げられる.

今後,賦課方式の公的年金の比重の低下が見込まれる中で,公的年金を補う私的年金(特に企業年金)の拡充策(加入率の引上げ,私的年金給付の充実,など)が必要であることは先進諸国で共通している.本章では新しい社会連帯の姿として「低所得者も社会保険に取り込む」ことや「個人の努力の余地を残す」ことを提案した.「低所得者も社会保険に取り込む」方策として,低所得者の社会保険料を国庫負担で肩代わりすることによって"すべての被保険者を保険料納付状態にする"ことが望ましい.「個人の努力の余地を残す」例としては,賦課方式の公的年金の給付削減を補う形で個人退職勘定(IRA)の導入がすでにスウェーデンやドイツで実施され,イギリスでも段階的に施行されている.若者の年金離れを防ぐ意味でも日本でも個人退職勘定の導入が求められる.

1) 老齢年金の保険料率は17.21%であるが,スウェーデンでは被用者負担7%を除いた賃金部分(0.93)に対して保険料率は18.5%(17.21/0.93=18.5)と表現している.その内訳はNDC年金16%,プレミアム年金2.5%である.
2) 支給停止の影響は約120万人,総額1兆円程度である.
3) リースター年金の保険料は公的年金保険料と同等の扱いになっている.

5章
医療保険と医療サービス

1───日本の医療保険制度

■ 医療保険の仕組み

　日本の医療保険は，図5-1に示したように，すべての国民がいずれかの社会保険に加入する国民皆保険の仕組みになっている．その仕組みは，次の3つに大別される．すなわち，第1は被用者が加入する医療保険であり，健康保険（健保）（民間被用者）と共済組合（公務員）に二分される．このうち健康保険には，大企業の従業員が加入する組合管掌健康保険（組合健保），中小企業の従業員が加入する協会けんぽがある．第2は自営業者や農業従事者が加入する国民健康保険（国保），第3は高齢者（65歳以上）が加入する高齢者医療制度である．

　第1の健康保険の保険者は，組合健保の場合はそれぞれの企業など，協会けんぽの場合は全国健康保険協会である．保険料は報酬に比例する形で支払われ，労使折半で負担される．給付は被保険者とその扶養家族が対象となるが，医療費の3割が自己負担，残りの7割が保険者から医療機関に支払われる．公務員等が被保険者となる共済組合の場合も同様である．以上の被用者保険では，扶養する家族が何人いても被保険者の支払う保険料は同じである．なお，協会けんぽには給付費の約16％に相当する税が投入されている．

　一方，第2の国民健康保険には，市町村が保険者となる市町村国保と，従来からあった同業者で組織する組合の後身である国民健康保険組合（国保組合）が保険者となる組合国保の2種類がある．保険料は市町村等によって異なるが，

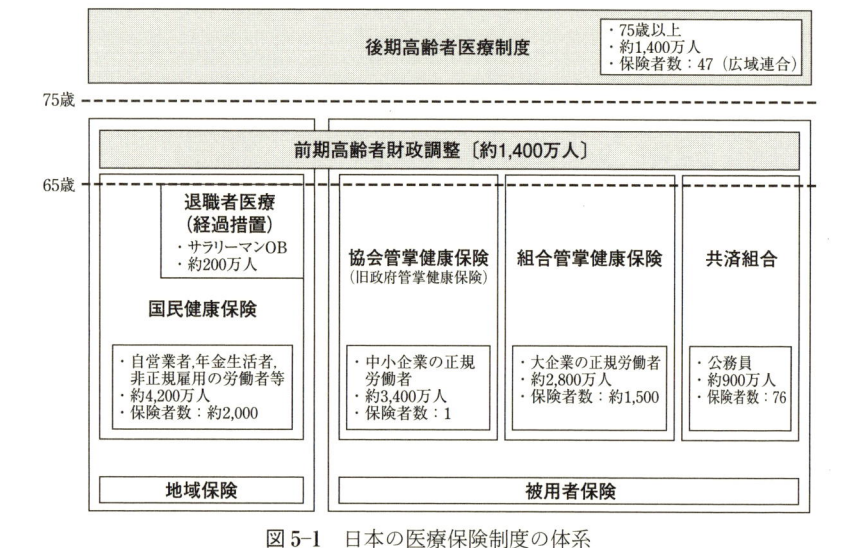

```
                    ┌─────────────────────────────────────────┬──────────────────────┐
                    │         後期高齢者医療制度              │ ・75歳以上           │
                    │                                         │ ・約1,400万人        │
                    │                                         │ ・保険者数：47(広域連合)│
75歳 ─ ─ ─ ─ ─ ─ ─ ─└─────────────────────────────────────────┴──────────────────────┘
                    ┌─────────────────────────────────────────────────────────────────┐
                    │         前期高齢者財政調整〔約1,400万人〕                       │
65歳 ─ ─ ─ ─ ─ ─ ─ ─├──────────────┬──────────────┬──────────────┬──────────────────┤
                    │  退職者医療   │              │              │                  │
                    │  (経過措置)   │ 協会管掌健康保険│ 組合管掌健康保険│    共済組合      │
                    │ ・サラリーマンOB│(旧政府管掌健康保険)│              │                  │
                    │ ・約200万人   │              │              │                  │
                    │ 国民健康保険  │              │              │                  │
                    │ ・自営業者,年金生活者,│・中小企業の正規│・大企業の正規労働者│・公務員      │
                    │  非正規雇用の労働者等│ 労働者    │・約2,800万人  │・約900万人       │
                    │ ・約4,200万人 │・約3,400万人  │・保険者数：約1,500│・保険者数：76  │
                    │ ・保険者数：約2,000│・保険者数：1│              │                  │
                    │   地域保険    │              被用者保険                        │
                    └──────────────┴─────────────────────────────────────────────────┘
```

図5-1 日本の医療保険制度の体系

注：退職者医療制度は2008年4月より新たな高齢者医療制度へ改定となり廃止となったが，2014年度までの間における65歳未満の退職者を対象として現行の退職者医療制度を存続させる経過措置がとられている．
出所：厚生労働省『厚生労働白書』(2012年度版)．

所得（または住民税）に比例する所得割，世帯当たりの平等割，加入人数（家族数）による均等割，資産割の4種類があり，このうち資産割や平等割がない市町村もある．医療費の3割が自己負担となることは健康保険や共済組合と同じである．ここで注目すべき点は，市町村国保の保険料には平等割や均等割のように所得と無関係な定額負担があること，また，家族が多いほど負担が高くなることである．なお，市町村国保には給付費の5割の公費が投入されている．

■ 高齢者医療制度

日本の医療保険制度を構成する第3の仕組みは，高齢者医療制度である．同制度は，①75歳以上の後期高齢者および65-74歳で一定の障害のある者を対象とする後期高齢者医療制度と，②65-74歳の前期高齢者を被用者保険または国保に加入させたままで，医療保険者間の財政調整を行う制度の2つによって構成される．後期高齢者医療制度の保険者は，都道府県内の全市町村が参加する後期高齢者医療広域連合である．

高齢者の医療費は，高齢になると定年退職して所得が減少する一方で，病気にかかる確率は高まるので，現役世代の保険者が拠出する，財政調整が従来から行われている．2008年4月に開始した後期高齢者医療制度も，後述のように現役世代の加入する保険からの財政調整を受けている．

　後期高齢者医療制度は，後期高齢者である被保険者の保険料（1割），公費（5割），現役世代が加入する医療保険からの後期高齢者支援金（4割）でまかなわれる．保険料は所得割と均等割で構成される．医療費の自己負担割合は，原則1割で現役世代の自己負担割合である3割より少なく設定されている（現役並み所得者は3割）．一方，前期高齢者の財政調整制度では，各医療保険者は，前期高齢者の医療給付費の額をもとに，前期高齢者加入率が全国平均であるものとみなして算定された額を負担する．自己負担は，65–69歳は現役と同じ，70–74歳は原則2割（現役並み所得者は3割）であるが，現在は1割となっている．

■ 医療保険が抱える問題点

　このように，日本の医療は社会保険である医療保険を中核とする制度であるが，解決すべき数多くの問題が存在する．そのうち，制度運営上の問題としては，社会保険といいながらも**保険の機能が十分発揮されていない**点が最も重要である．その問題が顕著なのが国保である．国保は本来，自営業者や農業従事者を被保険者と想定した仕組みであるが，近年では，非正規雇用の増大や雇用削減の高まりの下で，健保など被用者保険の対象から外れた被用者や無業者，高齢者が国保に占める比率が大幅に高まっている．

　そのため，国保は医療面における「最後の拠り所」的な性格を一層強めているが，比率を高めている被保険者は所得も低く，保険料収入を期待することができない．さらに，国保（市町村国保）の保険者は市町村であるため，規模が小さかったり高齢化が進んだりして財政状況が深刻になっているところが少なくない．現在の国保の状況は，保険者機能を果たせなくなっている市町村に，その機能の発揮を求めるという構図になっている．これは，医療面のセーフティー・ネットが脆弱になっていることを意味する．

　さらに，高齢者医療制度も大きな問題を抱えている．医療保険は本来，疾病

リスクを分散する仕組みであるが，疾病リスクは加齢に伴って高くなる．そのため，すべての年齢層を同一の条件で同じ医療保険の被保険者にすることには自ずから無理がある．お金は，疾病リスクの低い若年層から疾病リスクの高い高齢層に流れる．この状況は，賦課方式で運営される公的年金の場合と同じである．現役層が加入する医療保険は，自分の疾病リスクをカバーする保険としての側面と，高齢層を財政的に支援する側面を併せ持ち，制度運営がそれだけ難しくなる．

　本章の目的は，こうした日本の医療保険が抱える問題を考える上で最低限必要だと思われる，医療保険の役割や問題点，その解決策に関する最小限の知識を読者に習得してもらうことである．医療サービスの提供は，なぜ強制加入の社会保険という仕組みを必要とするのだろうか．また，社会保険という仕組みはどのような問題を抱え，また，その問題はどのように解決すべきなのだろうか．本章では，情報の非対称性を重要なキーワードとして，医療保険の経済学的役割を検討することにする．

2───医療保険の原理と役割

■ リスク回避的な個人と期待効用

　一般的に，社会保障は人々が社会生活を営む上で直面するさまざまなリスクを社会の構成員の間で分散する仕組みであり，その中核にあるのが社会保険である．そうしたリスクの中でも，病気になったり，怪我をしたりするリスクに対しては，十分な備えが必要であると私たちは考える．しかし，そうした疾病リスクは，民間の医療保険に加入することでもカバーできそうである．それにもかかわらず，強制加入の社会保険として医療保険が要請されるのは，どのような理由によるものなのだろうか[1]．

　最初に，**医療保険という制度に対する要請が，リスクを回避したいという気持ちを裏付けとしている**ことを説明しておこう．いま，人々の効用 U が所得 Y だけで決定され，$U=U(Y)$ と表現されると想定する．所得が高いほど，効用は高くなる．さらに，人々がリスク回避的であると仮定する．リスク回避的とは，たとえば，初めに所得が100万円あったとき，所得が5万円増えるとき

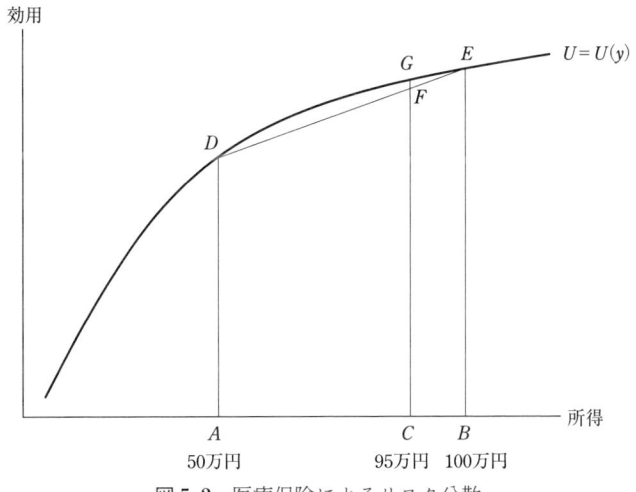

図 5-2　医療保険によるリスク分散

の効用の増加より，5万円減ったときの効用の減少のほうが大きい状況をいう．つまり，同じ5万円でも，増えたときの喜びよりも，減ったときのショックのほうが大きい，と想定するわけである．これは，図 5-2 に示したように，横軸を所得，縦軸を効用として，効用関数の形状を示す効用曲線を描いた場合，それが右上がりになるものの，右にいくほど頭打ちになることを意味する．

いま，所得が 100 万円あったとして，10% の確率で病気になり，病気になれば医療費 50 万円を支払わなければならないと仮定する．医療保険に加入しなければ，ふところに残る所得は，病気になれば 50 万円，病気にならなければ 100 万円である．このとき，病気になった場合の効用と，病気にならなかった場合の効用を，それぞれの場合が生じる確率でウェイトづけしたものを期待効用という．上の想定の場合，期待効用 EU_0 は，

$$EU_0 = 0.9U(100) + 0.1U(50) \tag{1}$$

と表現でき（万円の表記は省略），図では線分 CF の長さに対応する．

■ 社会保険の意義

ここで，医療保険に加入することを考えよう．一般的に，保険を運営する主

体を保険者，その保険によってリスクをカバーされる主体を被保険者という．いま，疾病リスクは 10%，医療費は 50 万円であるとしよう．そして，保険給付が医療費を全額カバーする医療保険——そうした保険を完全保険（full insurance）という——を考える（保険給付が医療費を全額カバーしない部分保険（partial insurance）については，後ほど改めて考える）．

保険者がこうした保険を維持させるためには，被保険者から少なくとも 5 万円（＝50 万円×10%）の保険料を支払ってもらえばよい．このように，保険料が保険給付と疾病リスクの積で設定されているとき，「保険数理的に公正」（actuarially fair）と表現する．ただし，ここで問題になるのは医療費そのものではなく，保険給付の額であることに注意されたい．

この医療保険に加入していれば，保険料 5 万円は支払うものの，病気になっても医療費 50 万円が保険から給付されるので，ふところに残る所得は 95 万円である．病気にならなければ保険料だけが差し引かれ，所得は 95 万円となる．どちらの場合でも，ふところに残る所得は 95 万円で変わらない．つまり，医療保険に加入する場合の期待効用を EU_1 とすれば，その値は，

$$EU_1 = 0.9U(95) + 0.1U(95) = U(95) \qquad (2)$$

となる（図では線分 CG の長さに対応）．このとき，期待効用は病気になって所得が減少するリスクとは無関係となり，被保険者はそのリスクから完全に解放される．医療保険がリスク分散の仕組みといわれるのは，このためである．

ここで，医療保険に加入しなかった場合の効用 EU_0 と加入した場合の効用 EU_1 を比較してみよう．線分 CG のほうが線分 CF より長いから，$EU_1 > EU_0$ となり，医療保険に加入したほうが望ましいことがわかる．この結果は，効用曲線が右上がりで頭打ちになっている，つまり，この個人がリスク回避的であると想定したからこそ得られたものである．効用曲線が右上がりの直線の場合は，医療保険に加入してもしなくても状況は同じだし，効用曲線が右に行くほど傾きが大きくなる場合は，個人は医療保険に加入しようと思わない．

なお，この場合，医療保険が財政的にきちんと維持されることに改めて注意しておこう．医療保険が財政的に維持できるためには，それぞれの個人から保険料を少なくとも 5 万円だけ支払ってもらう必要があるが，個人はそれを支払

ったほうが，期待効用が高まるのでそれを受け入れることができる．だからこそ，医療保険は財政的に維持できるのである．

■ リスク・プレミアム

ところで，被保険者は，保険料が保険数理的に公正な5万円を超えたら，この医療保険に加入することをやめようと考えるだろうか．疾病に伴う所得の変動リスクから解放されるのであれば，保険料が5万円を少しくらい上回っても，医療保険に加入するだろう．しかし，保険料が7万円まで高まると加入をあきらめるかもしれない．このように考えると，医療保険の加入に際しては，保険料を保険数理的に公正な水準に上乗せできる上限があるはずである．その上限を，リスク・プレミアムという．

そのリスク・プレミアムの値を，仮にπ万円と置いてみよう．このとき，保険料は$(5+\pi)$万円になるので，ふところに残る所得は，病気にならなかったときには$(95-\pi)$万円，病気になったときも$(95-\pi)$万円となる．したがって，医療保険に加入した場合の期待効用EU_1は$U(95-\pi)$となる．これが，医療保険に加入していない場合の期待効用EU_0と等しくなるから，(1)式も考慮して，

$$U(95-\pi) = 0.9U(100) + 0.1U(50) \tag{3}$$

という関係が得られる．リスク・プレミアムπの値は，この(3)式をπの方程式として解けばよい．

保険は，期待利潤だけを問題にするリスク中立的な保険者に，リスク回避的な個人が，自分の代わりにリスクを背負ってもらう仕組みである．個人は，そのリスクを背負ってもらう代わりに，リスク・プレミアムを支払ってよいと考える．個人がリスク回避的であるほど，そのリスク・プレミアムは大きな値をとる．

医療保険が民間の保険会社で運営されている場合，このリスク・プレミアムは保険会社の利潤（正確には期待利潤）となる．そして，この利潤が存在する限り，その市場に新規企業が参入し，少しでも低い保険料を設定して加入者を増やそうとするだろう．そうした競争が展開されると，リスク・プレミアムは

最終的にはゼロになる．つまり，保険市場が完全競争状態であれば，保険料は保険数理的に公正な水準に収斂する．また，後述するように，医療保険が政府によって社会保険として運営されている場合は，利潤を生む必要がないから，そこでも保険料は保険数理的に公正な水準に設定されることになる．

■ 完全保険の優位性

ところで，上の説明では，病気になった場合に必要な医療費50万円が全額，医療保険から給付される完全保険を想定していた．しかし，保険給付が医療費の全額ではなく，例えば40万円しかカバーしない医療保険，すなわち，部分保険は是認されないのだろうか．

いま，疾病リスクはこれまでの想定と同じく10%であったとすると，保険者がこの医療保険を維持させるためには，被保険者から少なくとも4万円（＝40万円×10%）の保険料を支払ってもらえばよい．したがって，この場合，被保険者のふところに残る所得は，病気にならなかった場合は96万円（＝100万円−4万円），病気になった場合は，86万円（＝100万円−4万円−50万円＋40万円）となる．この場合の期待効用は，$0.9U(96)+0.1U(86)$ となる．この期待効用と，完全保険の場合の期待効用 $U(95)$ とではどちらが大きいだろうか．部分保険の場合も期待所得は95万円だが，完全保険の場合とは異なり，変動リスクが残っている．

保険者がリスク回避的であれば，所得の変動がまったくないほうが，変動が少しでもある場合より，期待効用が高くなる．したがって，$U(95)<0.9U(96)+0.1U(86)$ が成り立ち，被保険者にとっては部分保険より完全保険のほうが望ましい．一方，保険者にとっては，どちらも期待利潤がゼロなので差はない．このように考えると，完全保険は部分保険より望ましいことが分かる．しかし，実際には部分保険のほうが一般的であり，被保険者には自己負担が求められる．その理由は，第4節で改めて説明することにする．

■ 社会保険の原則

社会保障法や社会保障論の分野でも社会保険についてはリスク分散の仕組みとして説明されるが，一般的に，保険という仕組みが満たすべき基本的な原則

として次の2点が挙げられる.

　第1は,給付・反対給付均等の原則である.ここで,給付とは保険給付,反対給付とは保険料のことであり,給付をリスクで評価した値が反対給付に等しくなることが要請される.この原則は,保険数理的な公正性を違う言い方で表現したものである.ただし,リスク回避的な個人は,リスクに見合った値を少しくらい上回る保険料でも支払って構わないと考えるという点はすでに説明した通りである.

　第2は,収支相当の原則である.被保険者から集めた保険料の総額が,保険給付の総額と等しくならなければならない,というのがこの原則であり,保険を安定的に維持するために必要だと説明される.給付・反対給付均等は個人レベル,収支相当の原則は保険というマクロ・レベルの原則である.この収支相当の原則は,給付・反対給付均等の原則が成り立っていれば,自然と成り立つものである.しかし,収支相当の原則が成り立っても,給付・反対給付均等の原則が成り立つとは限らない.

　しかし,**社会保険の実際の運営においては,この2つの原則がいずれも満たされていない**ことに注意する必要がある.まず,給付・反対給付均等の原則についていうと,医療保険の保険料は個人レベルで見ると疾病リスクと必ずしも連動していない.たとえば,サラリーマンや公務員など被用者が加入する医療保険の場合,保険料は報酬に比例する形で支払われているが,この仕組みは,報酬が疾病リスクに比例していなければ,給付・反対給付均等の原則の考え方と相容れない.

　また,収支相当の原則も実際には満たされていない.日本の社会保険は,その給付を保険料収入だけではなく,かなりの部分を税で賄っていることはすでに指摘した通りである.この点に関しては,社会保険は民間の保険とは異なり,支援が必要な人を社会全体で助けるという社会的な性格(扶助原理)を持っているので,一般的な保険原理は修正されてしかるべきだ,と説明されることが多い.しかし,国によっては,社会保険に税を投入しないところも少なくない.社会保険は保険原理をできるだけ働かせ,そこで救えない人たちは別の仕組み,特に税による再分配で支援すべきだ,という考え方も十分あり得る.

3 ── 逆選択と医療保険

■ 情報の非対称性

　実際の医療保険を見ると，人々が任意で加入するのではなく，強制加入の仕組みになっている．前節でこれまで議論してきた内容は，医療保険が人々によって要請され，また制度として維持できる理由を説明するものだが，医療保険が強制加入の社会保険となっている理由を説明していない．疾病リスクに関する情報が個人に偏在するという形で，情報の非対称性が存在するとき，医療保険には高リスクの個人だけが加入し，低リスクの個人が排除されていく状況を，逆選択（adverse selection）という．

　ここで，社会全体の平均的な疾病リスクが10%，医療費が50万円であるとしよう．保険会社は，収支相当の原則を念頭に置いて，保険料を5万円（＝50万円×10%）と設定して保険を売り出すことにしたと想定する．このとき，保険会社の期待利潤はゼロになる．

　各個人は，この保険への加入が得になるかどうかを考える．収支相当の原則が成り立っていても，給付・反対給付均等の原則は成り立っておらず，疾病リスクの度合いによってはこの保険が有利になっていたり，逆に不利になっていたりする可能性が十分ある．

　話を簡単にするために，リスク・プレミアムを無視してこの問題を考えよう．例えば，健康に日頃から留意し，疾病リスクが10%より低いと思っている人は，この医療保険に加入すると損になるので加入しない．保険に加入するのは，自分の疾病リスクが10%以上だと自覚している人たちだけである．このように，加入者が高リスクの人たちだけで構成されることになると，保険者は当初の予想が外れ，そのままでは赤字になってしまう．

　そこで，保険者は加入者への保険金給付の様子から判断して，保険料を引き上げ，たとえば7万円にするとしよう．しかし，この値上げされた保険料を支払ってもよいと考える人たちは，さらに疾病リスクが高い（14%以上の）人たちに限られる．そうすると，保険者は再び赤字になり，さらに保険料を引き上げていくことになるが，加入者はそのたびに疾病リスクがさらに高い人たち

に限られていく．

　この調整プロセスは，社会で最も疾病リスクが高い人だけが社会保険に残るまで続く．社会保険に最後まで残るのは1人だけだから，その人は自分で自分の疾病リスクに備えることになり，それはもはや医療保険とはいえない．それでは，残りの人たちはどうなっているだろうか．上と同じような理由で，その人たちの中で最も高リスクの人だけが医療保険に残り，そして，自分で自分の医療費を支払うことになるから，それは医療保険とはいえないものになる．このプロセスが繰り返される結果，すべての人が自分で自分の医療費を負担することになる．つまり，医療保険は成立しない．

■ 逆選択の重要性

　もちろん，以上の説明はかなり極端な状況を想定している．人々は，それほど自分の疾病リスクを正確に知っていない．したがって，医療保険がまったく成立しないというわけではなく，例えば，高リスク，低リスクといった大まかな形でしか，個人が自分の疾病リスクを把握していない場合には医療保険が成立しそうに思えてくる．

　まず，両方のタイプの個人を一緒にカバーする医療保険は成立するだろうか．成立すれば，その状態をプーリング均衡（pooling equilibrium）という．上の説明と同じように，保険会社は平均的な疾病リスクを念頭において保険料を設定するはずである．この保険料は，高リスクの個人にとっては有利だが，低リスクの個人にとっては不利になるので，高リスクの個人しか参加しない．そのため，この保険会社は採算割れとなり，高リスクに対応した水準に保険料を引き上げざるを得ない．そうなると，低リスクの個人にとってその保険に加入しようとする気持ちはさらに弱まる．したがって，プーリング均衡は成立しない．

　しかし，高リスク，低リスクの個人それぞれを対象とした医療保険を別々に売り出せば，医療保険は成立しそうに思えてくる．成立すれば，その状況を分離均衡（separating equilibrium）という．しかし，逆選択のメカニズムはそこでも働く．高リスクの個人は，低リスクの個人向けの保険のほうが自分たちにとって割安になるので，そちらに加入しようとするだろう．保険者が個人の

疾病リスクを判別できなければ，低リスクの個人向けの医療保険に，高リスクの個人が加入することを排除できない．したがって，低リスクの個人向けの医療保険は採算割れになり，存続できなくなる．

それでは，以上のように，医療保険が高リスクの個人だけを吸収していく過程で，低リスクの個人は医療保険にまったく加入できないのであろうか．まず考えられるのは，低リスクの個人にとって，高リスク向けになった保険は保険料が高くなりすぎてしまい，保険にまったく加入しないというケースである．この場合は，低リスクの個人は医療保険にまったく加入できず，完全な逆選択が生じている．

もう1つの可能性は，低リスクの個人を対象としているが，保険給付が医療費を完全にカバーしない部分保険が成立することである．高リスクの個人から見ると，この保険は保険料こそ低いものの，疾病リスクを完全にカバーしていないので，魅力的でなく，高リスクの個人向けの完全保険にとどまったほうが有利だと判断される．したがって，この場合は，高リスクの個人は完全保険に，低リスクの個人は部分保険に加入するという，分離均衡が成立する．しかし，この場合も，低リスクの個人が自分たちの疾病リスクを完全にはカバーできないという点で，広い意味での逆選択が発生している．

■ 強制加入の社会保険

こうした逆選択の問題は，強制加入による社会保険を導入すれば解決できる．以下では，それを説明しよう．まず，社会保険を維持するためには，民間の保険会社の場合と同様，収支相等の原則が成り立っていなければならない．したがって，上の例と同じように，社会全体の疾病リスクが10%，医療費が50万円であることがわかっていたとき，社会保険の保険料も5万円（＝50万円×10%）と設定されなければならない．

この社会保険の仕組みは，人々にとって有利なものとして受け止められるであろうか．疾病リスクが10%を上回る，高リスクの個人にとっては，社会保険は有利な仕組みである．自分たちの疾病リスクをカバーするためには，5万円を上回る保険料が必要であるはずなのに，社会保険に加入すると保険料が5万円で済むからである（ここでも，リスク・プレミアムを無視していることに

注意).

　これに対して，疾病リスクが10%を下回る，低リスクの個人にとっては，社会保険は有利な仕組みとはいえない．5万円という保険料は，彼らの疾病リスクをカバーするのには高すぎるからである．したがって，低リスクの個人にとって社会保険は必ずしも効用を高めないように思える．しかし，上の説明のように，民間の保険会社に任せると，低リスクの個人は，保険に加入することがまったくできないか，加入できたとしても部分保険にしか加入することができず，自分たちの疾病リスクをまったく，あるいは一部しかカバーすることができない．そうした状態に比べると，割高の保険料を負担しても社会保険に加入するメリットが生じてくる．

　このように，強制加入の社会保険は，高リスクの個人だけでなく低リスクの個人にとっても是認できる可能性がある．しかし，それを認めたとしても，低リスクの個人が相対的に不利な立場に立たされることには注意が必要である．個人と保険者の間で情報の非対称性がなく，リスクに応じた完全保険が成立している場合に比べると，社会保険は高リスクの個人の期待効用を高め，低リスクの個人の期待効用を低めている．これは，情報の非対称性に起因する逆選択の問題を解決するためのコストを，もっぱら低リスクの個人が支払い，しかも低リスクの個人から高リスクの個人への所得移転が起こっていることを意味する．

■ リスク選択の考え方

　以上が，医療保険を強制加入の社会保険にする理論的な根拠に関する説明であった．民間の保険会社に医療保険の提供を任せると，疾病リスクの高い人に加入者が絞られるから，リスクとは無関係に強制加入の仕組みを導入すべきだというのが，逆選択による説明である．しかし，疾病リスクは保険者より個人のほうがよく知っているという形の情報の非対称性は，どこまで現実的だろうか．実際には，私たちは自分の疾病リスクを実はよく認識していない．また，民間の保険会社は営利を追求するから，疾病リスクの高い人は保険からできるだけ排除したいと考えるはずである．そのために，保険会社は加入を申請した人の健康状態を審査し，リスクの高そうな人は加入を拒否する．この審査の段

階で，疾病リスクをめぐる情報の非対称性はかなり軽減されるはずである．むしろ保険会社のほうが専門的な知識を豊富に持ち，疾病リスクを個人より正確に把握できる可能性もある．

このように，民間の保険会社に医療保険の提供を任せると，逆選択の説明とはまったく反対に，疾病リスクの高い人が排除される危険性がある．こうした状況を，リスク選択（risk selection）が働いているという．逆選択より，このリスク選択のほうが現実味を帯びているかもしれない．

ただし，このリスク選択に基づいて医療保険への政府の介入を正当化するためには，情報の非対称性の問題を解消するためだという説明はできない．情報の非対称性は解決されているからである．高リスクだからといって保険加入を断られた個人は，そうした個人を対象とした医療保険に加入できる．したがって，リスク選択の場合は，高リスクの個人こそ社会的に救済する必要があるという理由を正当化する説明が求められる．例えば，高リスクの個人ほど所得が低く，効用が低いので，低リスクの個人と同じ社会保険に加入してもらい，保険料を民間の保険会社より割安にすることで社会的に支援すべきだ，という公平性の観点がそこに入り込むことになる．

■ **社会保険の運用をめぐる問題**

以上のような説明によって，逆選択あるいはリスク選択という理由で，社会保険が強制加入の仕組みになっていることはいちおう理解できるだろう．しかし，この説明はあくまでも社会保険の強制加入を根拠づけるだけで，社会保険を政府が独占的に運営することまでは正当化しない．**社会保険に加入することは政府として強制するものの，保険の運営は民間や政府から独立した法人に任せるという仕組みも考えられる．**

そうした仕組みは，外国の公的な医療保険でも見られる．この仕組みは保険者を競争状態に置くので，保険者は効率化への取り組みを求められることになる．もちろん，それでは社会保険の公的な性格を担保できないという批判もあり得る．しかし，その社会保険に加入している人たちの属性から判断して，適切な運営が行われているかを客観的に評価したうえで（たとえば，高齢の加入者が多ければ，もともと疾病リスクが高い集団なので，医療保険給付が多めに

なるのはやむを得ない），税の投入による支援を行うという仕組みは可能であり，効率的だといえよう．

4 ── モラル・ハザードへの対応

■ モラル・ハザードとは

　強制加入の社会保険を導入しても，保険加入による人々の行動の変化，すなわちモラル・ハザードを回避することはできない．医療保険に加入していなければ健康に留意していたのに，保険に入っていれば，病気になっても自己負担（窓口負担）だけで済むので，私たちの健康増進意欲は低下するかもしれない．また，医療保険があると，医師・患者のいずれにおいてもコスト削減意欲が働きにくいので，必要以上の治療や投薬が需要・提供される危険性がある．前者のタイプのモラル・ハザードを事前的モラル・ハザード，後者のタイプのモラル・ハザードを事後的モラル・ハザードという．以下では，このうち事後的モラル・ハザードに注目し，それが発生する場合の問題点とその対応策を考える．事前的モラル・ハザードについても，問題の本質や対応策は大きく変わらない．

■ モラル・ハザードによる厚生損失

　モラル・ハザードが発生するとき，政府にはどのような取り組みが求められるだろうか．簡単なグラフを用いて，この問題を考えてみよう．図5-3は，医療サービスの需要・供給量を横軸に，その価格（コスト）を縦軸にして，ある医療サービスの価格（コスト）と需給の関係を図示したものである．

　ここでは，医療サービスの限界費用は一定とし，供給曲線は水平の直線 AC で示されると想定している．また，この医療サービスに対する需要は価格の減少関数であるとし，需要曲線は右下がりの直線 DN として描いてある．供給曲線が水平なので，社会全体の厚生水準に対応する総余剰は消費者余剰に一致する．

　まず，医療保険が存在しない場合を考えてみよう．この医療サービスの需要水準は，需要曲線と供給曲線の交点に対応する OM に決定される．このとき，消費者余剰は $\triangle ADB$ の面積で示される．

図 5-3 モラル・ハザードへの対応

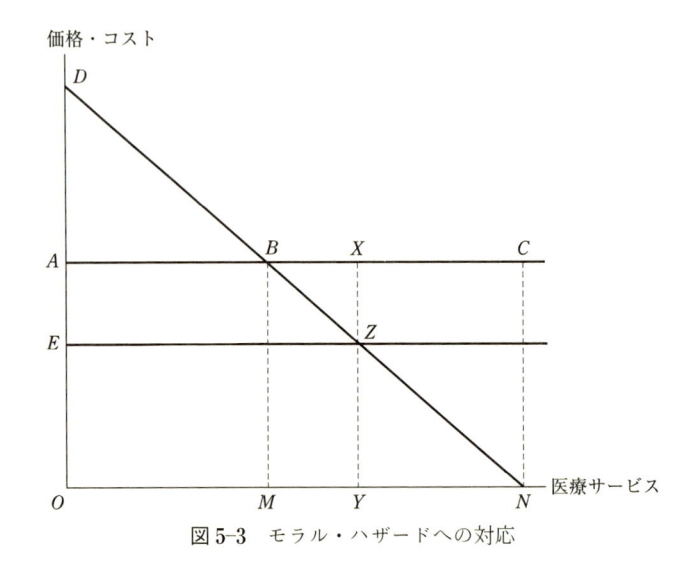

　ここで，医療保険によってこの医療サービスのコストがすべてカバーされたと想定する．コストがゼロになれば，医療サービスが少しでも自分の満足度を高めるかぎり人々はそれを需要するはずだから，結局，需要量は図の ON に等しくなる．つまり，医療保険の導入は，医療サービスに対する需要を MN だけ高める．このとき，消費者余剰は $\triangle ODN$ の面積となる．しかし，それだけの医療サービスを供給するためには，長方形 $OACN$ の面積に等しい保険料を支払わされることになる．したがって，医療保険の導入によって消費者余剰は $\triangle BCN$ だけ減少してしまうことになる．これが，モラル・ハザードによる厚生損失の大きさを示している．

　このようなモラル・ハザードによる厚生損失の大きさは，医療サービスに対する需要の価格弾力性に依存する．とくに風邪など軽微な疾病の場合は，医療サービスに対する需要の価格弾力性が高く，気軽に診察を受けることが医療保険負担の圧迫につながるという問題がある．そして，それが医療現場における混雑現象を引き起こし，真に治療を必要とする患者への医療サービスの提供を阻害しているという問題がしばしば指摘されている．

■ モラル・ハザードへの対応

　モラル・ハザードへの対応策としては，かかったコストの一部を自己負担にすることが考えられる．自己負担のかけ方には，コストの一定比率を患者に求める「定率負担」(coinsurance) と，医療サービスの中身にかかわらずサービス1単位当たり一定額の負担を患者に求める「定額負担」(copayment) という2種類の方法がある．図5-3では限界費用が一定であるが，さらに固定費用をゼロと想定すれば，定率負担と定額負担は同等になる．仮に定率負担率を OE/OA とすれば（すなわち，1単位当たりの定額負担を OE とすれば），医療サービスの均衡水準は ON から OY まで低下する．その結果，厚生損失は $XZNC$ だけ減少することになる．

　このように，モラル・ハザードに伴う厚生損失を軽減しようとすれば，人々は疾病リスクを完全にカバーできないという問題に直面する．そして，その厚生損失を完全になくすためには，医療費をすべて自己負担で行う仕組みにするしかなく，今度は疾病に伴う所得変動リスクに備えることがまったくできなくなる．このように，疾病に伴う所得変動リスクを保険という仕組みで処理しようとしても，疾病リスクに情報の非対称性が存在する以上，どうしても厚生損失が発生してしまう．情報の非対称性は，逆選択やモラル・ハザードという形で市場メカニズムに歪みを与えるが，その歪みを解消しようとしても，そのためのコストは社会が何らかの形で負担するしかないのである．

5 ── 医療保険が抱える基本的課題

　本章では，日本の医療保険の仕組みを大まかに紹介した後で，医療をめぐる情報の非対称性に注目して，医療保険の経済学的な特徴や強制加入による社会保険が求められる根拠，医療給付に際して自己負担が必要になる理由などを議論してきた．

　疾病に伴う所得変動リスクをカバーする医療保険は，リスク回避的な個人にとって，期待効用を高めてくれる有益な仕組みである．しかも，保険料が平均的な疾病リスクを反映して設定されていれば，医療保険は財政的にも維持可能である．

ところが，この医療保険の供給を民間の保険会社に任せることはできない．保険会社は個人の疾病リスクを判別できない，という情報の非対称性を想定すると，逆選択という問題が生じるからである．低リスクの個人を対象にした保険に高リスクの個人も加入するため，保険料の引き上げを通じて，低リスクの個人が保険から排除される．この逆選択を回避するためには，強制加入による社会保険の導入が必要となる．社会保険は，その工夫次第では，疾病リスクの違いとは無関係にすべての個人の期待効用を高めることができ，社会的に有益な仕組みになる．ただし，この社会保険の下では低リスクの個人がその疾病リスク以上の負担を求められる．これは，**逆選択を解決するための社会的なコスト**である．

　一方，個人の保険加入後の行動に対する情報の非対称性も，モラル・ハザードという問題を引き起こす．保険に加入したことで健康に対する配慮が低下し，疾病リスクが高まったり（事前的モラル・ハザード），病気になったときに過剰な医療サービスを需要したり（事後的モラル・ハザード）が発生する．自己負担はこうしたモラル・ハザードがもたらす厚生損失を軽減する仕組みだが，その仕組みを強化するほど，疾病リスクをカバーするという医療保険本来の機能が低下する．

　このように，医療保険は疾病に伴う所得変動リスクをカバーするための社会的な装置であり，それによって社会的厚生を高めることができる．しかし，疾病リスクをめぐる情報の非対称性が存在する以上，それに起因するコストは社会の中で負担するしかない．

1) 医療保険の経済学的な説明としては，西村（2000），橋本・泉田編（2011），小塩（2013）などを参照．

6章
医療保険制度と改革

1──医療保険とは何か

　日本ではすべての国民が，国民健康保険や協会けんぽ，健康保険組合など，なんらかの保険に加入している．その仕組みは，元気な時も，病気の時も保険料を支払い，病気の時はかかった医療費の一部を患者である個人が払い，その残りは加入している保険から支払われることになっている．そうした仕組みは当たり前のように思えるかもしれないが，健康で病院に行く必要がないからとか，保険料が高いからという理由で保険料の支払いを拒否することはできない．医療保険は国民全員が強制的に加入しなければならない保険，すなわち皆保険となっている．

　病気になったときに病院に行って医師と一対一となり，診断を受ける時に緊張した覚えのない人はいないであろう．これは，個人と医師との間には病気に関して圧倒的に知識（情報）が偏っていて，多くの場合，個人は医師の判断を求めるしか，自分の病気について知るすべがないからである．また，ほとんどの場合，個人には治療や薬の価格が適正なのかという知識もない．そうした個人と医師との間に立って，医師が適切な診断や治療を行っているのか，またきちんとした健康管理とは何かなど，個人の側に立った代理人として，治療の監視や健康管理に関する情報提供を行うのが保険者である．日本で言えば，上にあげた国民健康保険を運営する市町村，協会けんぽや健康保険組合などがこれにあたる．

　このように医療保険の特徴として，皆保険となっていること，そして個人の

代理人として医療機関との間に立つ保険者が重要な役割を果たしていることをあげることができる．この章では，医療保険のこの2つの特徴を軸に据えて，なぜ皆保険でなければならないのか，保険者が個人（患者）の代理人としてしっかりとした役割を果たすためには医療保険はどのような仕組みでなければならないのかについて考える．そうした知識をもとに日本の医療保険の現状を示し，改革に当たっての課題について考えていくことにする．

2 ── なぜ皆保険なのか

■ 保険のメカニズム

ここでは第5章で学んだ保険の理論の実践版として，医療保険のメカニズムについて検討し，その結果なぜ皆保険でなければならないのかについてみていく．この検討を通じて，完全な保険，保険市場の失敗，そして，失敗を是正する仕組みとして皆保険が登場する．こうした保険は市場に委ねられた場合の保険とは異なることに着目して，社会保険と呼ばれているが，そこでは所得の低い人たちも保険加入が可能となるような配慮も求められる．

以下では，図6-1に示された簡単な数値例を使って説明を行っていくことにする．社会には数多くの同一の個人がいて，健康と病気という2つの状態に直面している．健康な時の所得は200であり，その確率は90％であるとする．一方，病気になる確率は10％で，その時所得は100となる．期待所得（健康と病気の時の平均的な所得）は，200の所得を得る確率が90％，100の所得を得る確率が10％なので，190となる．このような状態でもし，誰かが現れて，「健康な時も，病気の時も190の所得を保証しましょう．しかし，健康な時も病気の時も10を払って下さい，その代り病気の時は100を払います」という提案をしたらどうであろうか．

この個人は，次のように考えるのではないか．かりに健康ならば，200の所得から10負担して，所得は190となる．病気になれば，100の所得から10を払って，100の保証を得られるのだから，所得は190となる．つまり，この提案を受け入れれば，健康と病気という状態にかかわらず同一の190という所得を得ることができる．そして，この190という所得は期待所得と同額である．

```
状態
  健康な時，所得＝200，確率＝90%
  病気の時，所得＝100，確率＝10%
期待所得（健康な時と病気の時の平均的な所得）
  190＝200×0.9＋100×0.1
保険契約
  保険金＝100＝200－100　（病気になった時に失う所得）
  保険料＝10＝100×0.1　（保険金に病気となる確率をかけたもの）
保険に入った後の状態
  健康な時，所得＝190＝200－10
  病気の時，所得＝190＝100－10＋100
```

図 6-1　保険の仕組み

　おそらく病気になって所得の減ることを心配する普通の個人であれば，健康状態にかかわらず期待所得，すなわち状態を通じて平均的な所得を得ることができるという提案は，「うまい話」と思うであろう．

　じつはこの提案こそが完全な保険なのである．まずそれが保険であることは，提案中の病気になったら払ってくれる100を保険金，状態を問わず払い込む10を保険料と読み替えれば，保険の仕組みとなっていることは明らかであろう．次に完全な保険であるというのは，病気になった時に失う所得を全額保証する保険であり，ひとたび保険に入ると健康状態によらず同じ所得（期待所得）を得ることができるからである．つまり，この保険に入ることで病気というリスクから完全にフリーになることができる．そういう意味で完全なのである．

　残る問題は，そのような提案を行う保険者がいるのだろうかという点である．この提案をした場合，保険者は病気の場合に100の支払いを行わなければならない．しかし，ここでは同一の数多くの人たちがいることを仮定しているので，保険者が保険金を支払う確率は病気の確率である10%である．つまり，保険料は平均的にみれば10となるはずである．ここでもし，保険者もたくさんいて競争をしているような状態であれば，100の保険金に対して10の保険料でも，この保険を引き受ける保険者はいるであろう．このように考えると，完全な保険，ないしそれに近い保険が市場を通じて提供される可能性はある．

■ **保険市場の失敗と皆保険の必要性**

　以上が完全な保険である．しかし，うまい話はいつも成立するわけではない．これは保険についても同じである．完全な保険を失敗させるさまざまな原因があるが，ここでは次の3つを指摘することにする．そのうち2つは個人側（保険の購入者サイド）が原因で，1つは保険者側（保険の販売サイド）が原因である．

　保険に入った個人について考えることから始める．考えられるのは，保険に入る前と後では，「人が違っているかもしれない」ということである．正確に言えば人ではなく，行動がであるが，保険に入ると安心して，入っていない時と比べて注意力が散漫になったりする．その結果，リスクが高くなる．上の例を続ければ，病気になる確率が10%から20%となるような場合である．その時，個人は完全な保険と思っているが，保険者のほうでは大きな損失を被ることになる．それは，100の保険金を支払う確率が，10%から20%へと跳ね上がるため，必要な保険料は20となる．しかし，契約上の保険料は10でしかないので，その結果保険者は大損をしてしまう．

　このように個人の行動の変化によってリスク（ここでは病気となるリスク）が高まることを「隠れた行動（hidden action）」というが，同じことはより直接的，イメージ豊かに「モラル・ハザード」とも呼ばれている．ここでのポイントは，モラルの部分ではなく，保険加入の前後で行動が変わり，それにより保険は失敗する可能性があるということである．これが保険市場の失敗の第1の原因である．

　第2の原因は，保険者は保険購入を希望する個々の人たちのリスクを知らないということである．保険者が個人を知らないということは，モラル・ハザードの場合と同じであるが，今度は保険加入後の個人の行動の変化ではなく，そもそもリスクを正確には知らないという意味である．上の数値例では「数多くの同一の個人」を想定していたが，実際の社会では「リスクに関してさまざまな個人」がいる．その結果，保険者がこれでよいと思って設定した保険料に対して，高すぎると感じる個人も，安いという個人も混在する．高すぎると思う個人の多くは，自分のリスクは保険会社の想定するリスクよりずっと低いと思っているからであり，それならば保険を買うのをやめてしまうであろう．その

結果，保険市場からリスクの低い人たちが逃げ出し，高いリスクの人たちが市場に残る．

　数値例を続ければ，保険者は病気のリスクを 10% と想定して保険料を決めるが，それよりリスクがずっと低いと思う人たちは保険料が高すぎると思って保険を購入しないであろう．その結果，保険市場に残る人たちのリスクは上がるので保険料はさらに上がり，保険市場の縮小が続き，市場は失敗する．これは「隠れた情報（hidden information）」の結果であるが，これもまた，よりイメージ豊かに「アドバース・セレクション（逆選択）」と呼ばれている．

　以上が個人側を原因とする市場の失敗であるが，いずれも保険者の持つ個人リスク情報が完全ではないために生じた問題である．しかし失敗は，保険者側を原因に起こることもある．医療保険で「保険にかかる以前の状態（preconditions）」という言葉がよく使わるが，これは，個人の病歴によって高い保険料が課される結果，多くの人々が保険に入れないという状態を指している．これだけなら保険者の受け身的な対応の面とも考えられるが，保険者はもっと積極的にリスクの低い人たちを選別して保険加入を勧め，そうでない人たちの保険加入を結果的に困難にするような行動をするかもしれない．

　医学が進んで，血液や DNA 検査によってこれまでわからなかった疾病に関するリスクが判明すれば，それによって「保険にかかる以前の状態」の範囲が拡大し，保険者による個人の選別も進む可能性がある．その結果，保険に入りたいのに入れない状態，すなわち保険市場が失敗する可能性がますます現実的となる．これは，「（保険者の）リスク・セレクション」による失敗と呼ばれているが，医療保険ではとくに注意を要する問題の 1 つである．

　以上，**モラル・ハザード**，**アドバース・セレクションやリスク・セレクション**によって，**医療保険が失敗にさらされ**，**完全な保険が成立することが困難である**ことを指摘した．その結果，保険市場が縮小して，低リスクの人たちには保険が提供されなかったり，提供されても不完全なものとなるかもしれない．さらに進んで，保険市場には高リスクの人たちが残されることによって，究極的には保険市場が成立しないこともあり得る．それとは逆に，高リスクの人や高リスクと認定された人々への保険料が高騰する結果，これらの人々が保険に入ることができないという可能性もある．

このように医療保険の失敗のリスクが非常に高く，そのすべてを市場に委ねるわけにはいかない．そこで，**さまざまな疾病リスクを抱えた人々を受け入れる器としての保険が必要であり，そのための解決策の1つが，国民に加入を義務付けた皆保険である．これが医療保険の重要な特徴である．**

　しかしこれからまた，新たな問題が生じる．それは，加入の義務付けによってさまざまな所得階層の人々が保険に入ることになるため，国民全員の加入を可能にするための負担面でも工夫が必要となるからである．それに対する1つの考え方は，国民が全員加入するのであれば，保険料という形で負担を求めるのではなく，税金から医療費を払うというものである．実際，イギリスや北欧諸国ではそうした形で医療制度が運用されている．

　他方，保険料による場合であっても，低所得者への配慮を欠かすことはできない．そのため，多くの国では所得や賃金をベースにして，それに（一定の上限を設けたうえ）定率の保険料を課している．その結果，高所得の人や，疾病リスクの低い人たちが相対的に高い保険料を払うことによって負担を分担している．このように医療保険では個々人の払う保険料が，その疾病リスクを反映していないことから，（私的保険に対するという意味で）社会保険という用語が用いられている．ドイツ，フランス，オランダやスイスなど多くの国がこうした社会保険方式を採用しているが，日本もそうした国の1つである．また，医療の財源として税と保険料どちらかを中心にするにしても，上でみてきた医療保険で生じる失敗は共通の問題であり，各国がそれぞれの財政方式のもとで制度の改革を試みている．

3──保険者の役割

　医療保険の大切な特徴の1つが皆保険であることをみてきた．次に大切なことは，保険者が個人（患者）の代理人となって，病院・医師など医療機関との折衝にあたることである．過剰の場合であれ，過小の場合であれ，診断や治療が適切であったか．患者と医師の間のコミュニケーションはきちんとなされていたか．治療費は適切であったか，支払方式の改善ができないかなど，患者の代理人として保険者が行うことはたくさんある．また，増加する医療費の原因

が生活習慣病にあるような場合には，保険者による加入者への健康指導が必要となる．

このように保険者には，保険加入者の立場に立ちつつも，時に加入者にも目を光らせ，その財政の健全化に努めることが求められている．また，大切なことは，そうした保険者は国，自治体や非営利法人である必要はないということである．営利会社が保険者となって，保険者の役割を果たしつつ利潤を上げることに問題はない．実際，社会保険方式の国であるオランダやスイスでは，民間保険会社に医療保険者の門戸が完全に開かれている．それだけではなく，個人は保険者を選択することができ，また一定の期間を経たのち保険者を変えることができる．こうした選択の自由のもとに保険者間の競争が促され，保険者がより個人に顔を向けたサービスを行うことが期待されている．

保険者競争にはこうしたポジティブな面もあるが，心配される問題もある．それは，サービスを競いあうことは望ましいとしても，保険者は疾病リスクの高い人々を自らの保険に入らないようにして，利潤を増やそうとするのではないかという懸念である．前節の言葉を使えば，リスク・セレクションを通じた保険者の個人選択の可能性があるということである．そこで，**医療保険を民間保険会社に開放しつつ，個人が保険者から排除されない皆保険の仕組み**が必要となる．そのためのアイデアの1つが「管理された競争（managed competition）」であり，ドイツ，オランダやスイスの医療保険はそうした考え方に基づいて運営されている．以下，図 6-2 に示された保険者（A）と保険者（B）を例に，管理された競争について述べる．

疾病に関して高リスクと低リスクの2つのタイプの個人がいるとする．高リスクの場合，治療にかかる標準的な医療費は 60 万円，低リスクの場合には 30 万円であるとする．標準的な医療費とは，治療後に明らかとなる実際にかかった費用ではなく，事前に予想される医療費のことで，いわば医療予算である．保険者には，これからみるように，この事前に見積もられた費用（リスク調整された費用）をもとに医療費が支払われることになる．

さて，保険者（A）の高リスクと低リスクの加入者の割合は 80：20 であるとする．保険者（B）の加入者は，それに比べるとはるかに低リスク者が多く，この比率は 20：80 であるとする．したがって，保険者（A）と（B）の1人

	保険者（A）		保険者（B）	
保険加入者構成	高リスク 80%	低リスク 20%	高リスク 20%	低リスク 80%
加入者1人当たり標準医療費	$54=0.8\times60+0.2\times30$		$36=0.2\times60+0.8\times30$	
保険者への事前支払額 （リスク調整費用）	NA: 保険者（A）の加入者数 $54\times NA$		NB: 保険者（B）の加入者数 $36\times NB$	
保険料（定額）	$(54\times NA+36\times NB)/(NA+NB)$ 例：NA=NBの時，定額保険料は，45万円			

図 6-2 リスク構造調整の仕組み

当たり標準医療費は，図に示されているようにそれぞれ，54万円と36万円となる．ここで保険者（A）の加入者数をNA，保険者（B）の加入者数をNBとすると，保険者（A）の標準医療費総額は $54\times NA$ となり，保険者（B）では $36\times NB$ となる．

管理された競争では，この標準医療費総額が各保険者に事前に支払われる．したがって，高リスクの加入者を多く抱えている保険者に支払われる医療費は，相対的に高く評価される．それによって保険者から高リスクの個人を排除するインセンティブを取り除き，個人が希望するどの保険者にも加入できるようにしつつ，保険者競争のもとでも皆保険を実現する．保険料を定額とした場合，そのために必要となる保険料は，保険者（A）と（B）にかかる標準医療費の合計を，2つの保険の加入者数合計で割った額となる．かりに，保険者（A）と（B）の加入者数が同数であれば，1人当たり（定額）保険料は45万円となる．

以上を保険制度として表現すれば，医療保険制度全体の管理費用として45万円の保険料を国民から徴収し，それをもとに保険者（A）と保険者（B）に，保険加入者のリスクを反映させた標準医療費を支払う．保険者はこの医療費をあたかも予算と見立てて，加入者の代理人としてのサービスを提供し，その質を巡って保険者間で競争を行う．個人は保険者を選択できるので，保険者は営利本位だけでは，競争を勝ち抜くことはできない．これが皆保険を前提としたうえで，保険者の役割を可能な限り発揮させようとする管理競争の考え方とその仕組みである．もちろん管理競争に関するここでの説明は，皆保険の下で保険者の役割をどのようにして発揮させることができるかについてのアイデアを

示すことが目的で，管理競争の要の1つとなる保険者ごとにリスク調整に基づいた医療費をどのように推計するかなどについては触れていない．また，オランダなどで実施されている実際の仕組みにはもっと工夫がなされている．こうした点については，バン・クリーフ（2012）の論文が参考となる．この論文では，リスク調整の最近の取り組みについても論じられている．

4 ── 日本の医療制度の仕組みと特徴

　以上，医療保険は国民全員を加入者とする皆保険でなければならないこと，そして皆保険を実現するために低所得者の保険料を国民全員で分担する必要のあることを指摘した．そうした保険は，保険料が個人のリスクを反映した私的保険と対比して，社会保険と呼ばれているということも述べた．次に，医療保険の加入者にとっては，その代理人となって医療機関との折衝に当たり，診察や治療が適切であることを監視する保険者が大切な役割を演じることを指摘した．その上で，皆保険制度を前提として，保険者に加入者選択（リスク・セレクション）を行わせることなく，保険者機能を発揮させる仕組みとして管理された競争の考え方と仕組みの骨格を説明した．

　こうした国民にとって望ましい医療保険とは何かという観点から，ここでは日本の医療制度の現実に向かうことにする．まず，日本の医療費に係る基本的な事実を示す．続いて，保険者の役割の発揮される望ましい仕組みと比較することで見えてくる日本の問題を検討することにする．

　表 6-1 は，「国民医療費」（厚生労働省）に基づいて，日本の医療費と財源の2000年度以降の推移を示したものである．表から明らかなように国民医療費の総額は2011年度に38.5兆円に達している．国民医療費は毎年1兆円近く増加していることを考えると，2013年度には，その額は40兆円を超えているものと推測できる．その背後には高齢者，とくに75歳以上の人々の医療費の増加があると思われるが，その費用は2000年度の7.5兆円から2011年度には13.1兆円と大きく増加している．

　また，医療費が増加する一方，国内総生産（GDP）が低迷を続ける結果，医療費の国内総生産にしめる割合は，2000年度から一貫して増加を続けてい

表6-1 日本の医療費と財源の推移　　　　（単位：10億円，％）

年度	国内総生産(GDP)	国民医療費	75歳以上の医療費	医療費のGDPにしめる割合	75歳以上医療費の割合	公費の医療費にしめる割合	保険料の医療費にしめる割合
2000	510,834	30,142	7,553	5.9	25.1	33.2	53.4
2005	505,340	33,129	9,752	6.6	29.4	36.6	49.0
2006	509,106	33,128	10,000	6.5	30.2	36.8	48.8
2007	513,023	34,136	10,548	6.7	30.9	36.8	49.0
2008	489,520	34,808	10,971	7.1	31.5	37.1	48.8
2009	473,933	36,007	11,734	7.6	32.6	37.5	48.6
2010	480,096	37,420	12,469	7.8	33.3	38.1	48.5
2011	473,216	38,585	13,123	8.2	34.0	38.4	48.6

出所：厚生労働省『国民医療費』（各年度版）などから筆者作成．

る．同時に75歳以上の医療費が総医療費にしめる割合も増加を続け，2011年度には総医療費の34％に達している．こうした医療費を支える財源構成にも大きな変化がみられる．表では医療費の財源として公費，すなわち国や地方の税金による医療費負担，と保険料収入が医療費にしめる割合を示しているが，公費の割合が一貫して増加しているのに対して，保険としての本来の財源である保険料収入が低下している．表からは，保険料収入の不足部分をちょうど公費が補って増加している様子がうかがえる．表中の直近の年度である2011年度では，医療費総額の40％近くを公費に依存しているが，それが本書第2章で示されているように国と地方の大きな財政負担となって，赤字公債発行の主たる原因の1つとなっている．

このように日本の医療財政の厳しさは増しているが，望ましい医療保険を支える保険者の機能は発揮されているのだろうか．以下，「管理された競争」との比較を通じて，日本の保険者についてみていくことにする．

第1に指摘すべきことは，日本では国民がどの保険に入るかは職種と年齢によって決定され，国民の選択の余地は一切認められていないということである．図6-3は，保険者の構成を示したものである．皆保険が実現しているので，国民はここで示されている保険のどこかに属することになる（正確には生活保護世帯は，医療は現物給付，すなわち無料で医療サービスを受けることとされ，どの保険にも加入しないことになっている）．

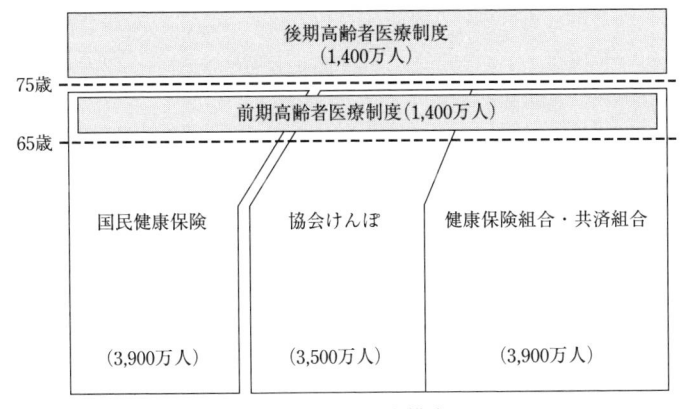

図 6-3　医療保険の保険者構成（2012 年）

```
                後期高齢者医療制度
                  （1,400万人）
75歳 ─────────────────────────────
          前期高齢者医療制度（1,400万人）
65歳 ─────────────────────────────

  国民健康保険      協会けんぽ     健康保険組合・共済組合

  （3,900万人）   （3,500万人）      （3,900万人）
```

注：1) 括弧内の数字は 2012 年 3 月末時点の加入者数を表している（ただし，共済組合は 2011 年末時点）．
　　2) 国民健康保険は，市町村が運営する国民健康保険と国民健康保険組合の合計．
　　3) ここでは，制度の簡略化のために，前期高齢者医療制度の創設（2008 年 4 月）において経過的に残された退職者医療制度を図示していない．
出所：厚生労働省ホームページ「我が国の医療制度の概要」より筆者作成．

　しかし，どの保険に入るかは，現役の 65 歳未満の世代では，職種によって決定される．会社や役所などで働いているサラリーマンであれば，中小企業の保険である協会けんぽか大企業の保険である健康保険組合，あるいは公務員の保険である共済組合に所属する．そのほかの仕事についていたり，会社などで働いていても非正規雇用の場合，および退職者を含む無職の人々は，国民健康保険に加入する．図には示していないが，開業医や歯科医，弁護士や一部の建築業者などは，それぞれの職種ごとの国民健康保険組合に加入している．

　以上が縦割りの保険であれば，年齢による輪切りとなった保険もある．前期高齢者医療制度とは，65 歳から 74 歳までの人を対象にした保険で，その費用は縦割り保険の加入者数にしたがって負担される仕組みとなっている．さらに年齢が上がり 75 歳以上となると，後期高齢者医療制度に属することになる．しかし，前期高齢者医療制度も，後期高齢者医療制度も厳密には保険ではない．すなわち，前期高齢者医療制度の対象者は国民健康保険に属しつつ，その医療費は上に述べた仕組みで支払われることになっている．それに対して，後期高齢者医療制度は独自の加入者を持つ保険であるが，肝心の保険者は存在せず，

各都道府県におかれた広域連合がその運営を行う一方,保険料の徴収は高齢者が住む市町村が行っている.また,前期高齢者医療制度と後期高齢者医療制度は,その医療費の多くを若年世代に負っている.

このように日本では個人には保険者の選択の余地は一切ない.また,ひとたびどこかの保険に入った後,医療費を払う時の自己負担を高くすることで保険料を安くするといった,保険内容の選択も認められていない.若くて健康な人の望む保険と高齢者の望む保険とは相違があるはずであるが,そうした選択もまた生かされていない.以上より明らかなように,日本の医療保険は,保険者も保険のメニューの選択もできない,個人にとってはお仕着せの保険となっている.

日本の医療保険の第2の特徴は,公的保険はすべて非営利の公的組織が運営しており,民間保険者(事業者)の参入が認められていないことである.保険者となっているのは,市町村,職域組合,公法人の全国健康保険協会(協会けんぽ),健康保険組合や共済組合である.これらの組織にはビジネスとして公的保険を経営していこうとする誘因はなく,その結果保険者間の競争が生まれる素地もない.日本の医療保険はお仕着せの保険であることを指摘したが,それだけではなく,民間からの参入が阻止されているため,サービス改善をなかから促すメカニズムはない.**個人の代理人としてその権利を守り,医療機関と交渉を重ねるという保険者本来の姿から程遠い存在**となっている.

日本の医療保険の第3の特徴は,保険者間の事前のリスク調整を行っていないことである.一般に高齢者や低所得者層の人々の疾病リスクは高い.日本では,保険加入者の構成比率からみて,国民健康保険や高齢者医療制度がそうした高リスクの人たちを多く抱えている.その結果,他の現役サラリーマンの保険から,この2つの保険への財源移転が必要となる.それ自身は,保険者間のリスクが大きく偏っている現在の保険制度を前提とすれば避けることのできないものであるが,問題となるのはリスク調整が予算,すなわち事前のルールに基づいた財源調整となっていないことである.その結果,事後的にかかった費用の保険者間の押し付け合いとなり,さらに,そうした保険者間の調整では財源不足となる分は,税金から支払われる公費にしわ寄せをするということになる.

このように医療費が予算化されないまま，財源が不足すれば，最後は国が面倒をみてくれる，あるいは国に支払わせればいいという仕組みになっている．これは公的医療保険という巨大な国営企業があって，赤字になったら国が面倒をみてくれると思って経営改善を先延ばしにしているのと同じである．**医療費を内部からコントロールするメカニズムが欠如している**のである．そうした国営企業の予算をソフトバジェットと呼んでいるが，日本の公的医療制度も同様の問題を抱えているといってよいであろう．

　この点を各保険者の財源構成を通じて，具体的にみていくことにする．表6-2は，保険者別の医療費と財源構成を示したものである．表には医療費合計も示した．上段は費用と財源額，下段は1人当たり額である．被用者保険の合計からみていくことにする．医療費は11兆円かかっているのに対して，患者負担は2.5兆円，保険料は14.5兆円である．患者負担と保険料の合計は17兆円であり，これが被用者保険の負担額である．それに対してかかった医療費は11兆円なので，ほぼ6兆円，その他の保険に財源を移転したことになる．表から明らかなように実際は，公費（この場合には国からの被用者保険への補助金）を1.1兆円受け取っているが，その分は移転額の上乗せとなり，移転額は7兆円となっている．その内訳は，前期高齢者医療制度に3.3兆円，後期高齢者医療制度に3.7兆円となっている．

　それに対して国民健康保険では，11.5兆円の医療費に対して，患者負担（2.2兆円）と保険料（3.5兆円）の合計額は，5.7兆円であるので，5.8兆円の財源を受け取ったことになる．後期高齢者医療制度では，他保険からの財源移転と公費への依存はさらに大きい．医療費13.3兆円に対して，患者負担は1.1兆円，保険料は0.9兆円であるので，その差額の11.3兆円は他保険からの5.2兆円と公費の6.1兆円によって埋め合わされている．

　以上の保険者間のやり取りを相殺した医療費合計では，総医療費が約36兆円であり，それは患者負担の5.7兆円，公費負担の11.4兆円および保険収入の18.8兆円で賄われている．すでに表6-1で指摘したように，日本の医療は保険を原則としていると言われているが，全体でみると，患者負担と保険料でかかった医療費の70%弱しか負担しておらず，残りは公費によっている．なお表6-1では公費負担の率が38.4%と表6-2の31.7%よりも大きくなっているが，

表 6-2 医療保険の財源構成（2011 年度）

1. 保険者別合計額 (単位：10 億円)

	被用者保険計	国民健康保険	後期高齢者	医療保険計
医療費	11,086	11,565	13,299	35,951
患者負担額（保険加入者負担額）	2,492	2,156	1,091	5,739
他制度からの移転（前期高齢者）	−3,259	3,278		
他制度からの移転（後期高齢者）	−3,715	−1,499	5,194	
公費負担	1,112	4,166	6,125	11,403
保険料	14,457	3,463	889	18,809

2. 加入者1人当たりの額 (単位：1,000 円)

	被用者保険計	国民健康保険	後期高齢者	医療保険計
医療費	151	298	918	283
患者負担額（保険加入者負担額）	34	56	75	45
他制度からの移転（前期高齢者）	−44	85		
他制度からの移転（後期高齢者）	−50	−39	359	
公費負担	15	108	423	90
保険料	196	89	61	148

注：1）他制度からの移転（前期高齢者）とは，新たな医療保険制度の創設（2008 年 4 月）にともない，65 歳から 74 歳の前期高齢者医療費のうち被用者保険が分担する財政調整額のことであり，ここでは国民健康保険への移転額として表している．なお，経過的に存続する退職者医療制度による被用者保険から国民健康保険への財政調整金も含めた．
2）他制度からの移転（後期高齢者）とは，後期高齢者医療制度によって定められた，被用者保険から後期高齢者医療制度に支払われる支援金のことである．
出所：厚生労働省保険局調査課『医療保険に関する基礎資料：平成 23 年度の医療費等の状況』（2013）．同報告書「医療保険制度の財政構造：平成 23 年度」p. 91 により筆者計算．

これは表 6-1 では，保険医療のほかに，生活保護世帯への医療費扶助などのように公費が全額負担する医療も含まれているからである．

　以上を1人当たり額でみると，被用者保険では，医療費が 15.1 万円であるのに対して，患者負担は 3.4 万円，保険料負担は 19.6 万円である．公費は 1.5 万円であり，それを合わせた収入から前期高齢者と後期高齢者にそれぞれ 4.4 万円と 5 万円の財源移転を行っている．それに対して，国民健康保険では 1 人当たり医療費が 29.8 万円，後期高齢者医療制度では 91.8 万円と被用者保険の 1 人当たり医療費よりもはるかに大きな額となっている．そして，国民健康保険と後期高齢者医療制度は，その医療費の多くを他保険からの移転と公費によって賄っていることがわかる．とくに後期高齢者医療制度では，1 人当たり

42.3万円の公費を受け取っている.

5 ── まとめ:必要な改革

　以上,日本の医療費と財源の現状,および医療保険の特徴をみてきた.医療費総額の面からは,医療にかかる費用がたんに国内総生産より高い率で増加しているだけではなく,患者負担や保険料では足りない財源が,公費(税金)にしわ寄せにされ,医療にしめる公費の割合が40%近くにもなっていることがわかった.

　一方,管理競争を参考にしつつ,個人の側に立った保険者の機能がどれだけ生かされているかという視点から日本の保険の特徴を考えた.そこでは,3つの特徴が明らかとなった.第1に,日本の医療保険は職種による縦割りと年齢による横割りによって分断されていて,**個人には保険者選択はいっさい認められていない**ということである.第2に**公的医療の保険者はすべて公的機関であり,民間からの参入が認められていない**.第1と第2の特徴のもたらすことは,日本には保険者の競争の素地がないということである.これでは,個人の代理人として医療機関と交渉にあたるという誘因(やる気)を保険者に持たせることは不可能であろう.第3の特徴は,**保険者がその加入者構成から抱えるリスクが事前に調整されておらず,事後的に保険者間で負担しあっていること**,およびそれでは足りない分は,負担に関する責任を明らかにすることなく,医療費総額のところでみたように,公費につけを回していることである.

　以上を踏まえて,日本の医療制度に必要な改革について考える.**表6-2**からわかったもっとも重要なことの1つは,国民健康保険と高齢者医療制度は,被用者保険と比べて疾病に関してはるかに高リスクの加入者を抱えているということである.これは,個人による保険者選択がないまま,保険が職種と年齢で分断されている結果,高リスクの人々が特定の保険に集中しているためである.

　被用者保険からみると,支払っている保険料はかかった医療費よりもずっと大きく,過剰負担,「不平等」だという主張となる.しかし,医療保険は皆保険であり,その費用を国民全員で負担しなければならない以上,現在の日本の制度のもとでは,事後的なリスク調整として保険者間の負担は避けられない.

むしろ，問題なのは，足りない財源は公費として，その負担を将来世代に先送っていることにある．

　このようにみてくると，日本の医療制度にもっとも必要な改革は，保険者のリスクが事前に調整されていない結果，かかった医療費を保険者間で押し付けあい，足りない分は公費に依存している現状をどう改善するかということである．保険者のリスクを事前に調整するという観点にたてば，高リスクの加入者を他の保険者より多く抱えている保険者に配分される医療予算は，リスクを反映した分だけ他の保険者よりも大きく算定される．そして，必要となる医療費の総予算額は，国民全員が個人の負担能力に配慮しつつ支払う．

　このような改革はまた，縦と横に分断された日本の医療保険のあり方に，重要な改善の可能性があることを意味している．とくに年齢で分断されている現在の仕組みを根本から考え直す必要がある．なぜ，日本では会社を辞める時に，それまで加入していた被用者保険の加入を続けることができないのかという疑問をこれまで多くの被用者が持ってきたと思われる．現役時代何十年も加入してきた医療保険であっても，ひとたび退職すれば，もう縁のない存在となってしまう．それでは医療費が本格的にかかる退職後に備えて，被用者保険に加入していた期間の健康管理が不徹底となってしまう．これまで本章では，保険者は個人の代理人であり，個人側に立ってその健康促進を図ることを使命としていると述べてきたが，日本の現状は保険者のそうした任務が果たされぬままとなっていると言っても過言ではない．

　このように考えると，個人の選択を生かし，保険者機能を発揮させる医療保険のあるべき姿として，年齢で輪切りとなっている日本の医療制度を抜本的に改革する必要性がある．被用者保険がその加入者に退職後も保険加入の選択を認め，現役時代の医療，生活習慣情報を活用して，退職後の健康管理を行う．一方，被用者保険が退職後の（医療費からみれば）高リスクの加入者を抱えることによるリスクを事前にきちんと算定して，被用者保険に適切な医療費を配分する．日本の医療保険はこれまでみてきたように多くの問題を抱えているが，今後も進む高齢化を前にして，個人の保険選択と保険者機能の強化を目指した保険制度の改革が求められている．また，社会保険に立脚して医療制度を構築し，運営しているドイツ，オランダやスイスなどでは，どの国においても年齢

で輪切りをする日本の後期高齢者医療制度のような仕組みを採用している国はない．

　国民健康保険や高齢者医療制度は，高リスクの加入者を多く抱え，加入者の所得も低い．日本ではこの2つの保険の現状を前提にして，それらを他の保険と公費でどう支えればいいのかという，財源論に終始しているだけで，医療保険の本質である，個人の生涯にわたる健康を保険者が個人の代理人として見守るという視点が欠如している．その結果日本では，保険者の機能が発揮されないまま，保険者は保険料を集めて，医療機関に支払いをするという，医療における資金の流れのたんなる「導管」に過ぎない存在となっている．高齢化の進行によって保険者財政はますます厳しくなる．そうした中，財源論だけでは日本の医療制度を持続可能なものとすることは困難である．本章では，個人を第一に置くことから始めて，保険者の視点に立った医療制度を考えてきた．こうした考えが改革に生かされていくことが重要である．

7章
介護保険制度の現状と課題

1──介護保険の設立背景

　介護保険は2000年4月から開始された．介護保険は3年を1期として，給付内容やその価格である介護報酬が見直され，それをもとに保険者である市町村は事業計画を立て，運営にあたっている．また，介護保険料は各期間中の財政が均衡するように設定されている．制度発足から10年以上経過し，介護保険は年金，医療保険と並んで，高齢者の生活を支える重要な社会保障の仕組みとして人々の生活に定着してきた．

　ここではまず，介護保険の発足時に遡り，なぜ介護保険が必要とされ，その果たす役割はどのように考えられていたのかを振り返る．次に介護保険の仕組みを説明し，制度発足以来の利用の実態についてみていくことにする．高齢化の進展を背景として，介護保険制度が国民の中に浸透するのにともない，その利用が増大し，介護費用は予想以上に増加することになる．また，認知症による要介護者の対応も重要な問題となってきた．こうした新たな事態への対処として，介護保険は改正を迫られることになるが，ここでは主要な改正を取り上げ，そのねらいと効果について述べる．最後にわが国の介護保険の抱えている課題について考える．

　介護保険の導入前夜，厚生労働省は「介護保険制度Q＆A」というホームページを立ち上げ，国民にできるだけわかりやすくその説明を図っている．そこでは，「いま，なぜ介護保険制度が必要なのですか」という問いを設定し，その答えとしてつぎのような説明を行っている．第1に「介護問題は老後生活

最大の不安要因」であるとして，家族介護では十分な対応が困難となってきていることを指摘している．第2に「現行制度は医療と福祉の縦割り」であるとして，サービスが自由に選択できないこと，サービス利用時の負担に不公平が生じていて，「介護を理由とする長期入院（いわゆる社会的入院）等医療サービスが不適切に利用されている」と指摘している．第3に「急速に増加する介護費用への対応」をあげ，「今後，急速に増大することが見込まれる介護費用を将来にわたって国民全体で公平に賄う仕組みの確立」が必要であるとしている．

このように老後の生活面，サービス提供面と費用面とからなる3つの理由によって介護保険が必要となるとしている．このうち第2の介護保険以前のサービス提供面の問題とは，市町村が提供していた介護福祉サービスの基盤整備が不十分であるだけではなく，中高所得者にとって，福祉施設の利用者負担が一般病院における入院にかかる費用よりも高いことによって，高齢者が介護施設ではなく，病院を利用するという社会的入院が発生していることを指している．

厚生労働省の「介護保険制度 Q＆A」は，高齢者介護を巡るこうした問題を踏まえて，次に「介護保険制度の創設によって何がどう良くなりますか」という問いを設けている．この問いに対しては，「利用しやすく公平で効率的な社会支援システム」が実現することによって，次のような改善がなされるとしている．

・利用者本位の制度として，自らの選択に基づいたサービス利用が可能となる
・高齢者介護に関する福祉と医療サービスの総合化・一体的提供が可能となる
・公的機関のほか，多様な民間事業者の参入促進により，効率的で良質のサービスが期待できる
・社会的入院の是正などにより，医療費のムダが解消される

以上はおおむね，上に指摘した介護保険以前の問題が改善されることを意味している．そのなかで，その後の介護保険の展開からみると，福祉と医療サービスの総合化・一体化とは何を意味していたのかについては，さらに注意しておくべきであると思われる．具体的には，介護保険以前に福祉分野にあった施

設ケアである特別養護老人ホーム，在宅ケアであるホームヘルプ，ショートステイ，デイサービスや福祉用具の給付・貸与を介護保険に含める．老人保健制度，すなわち高齢者医療においては，施設では老人保健施設と療養型病床群，在宅では老人訪問看護などが介護保険に含まれることになった．

このうち市町村がその行政（措置）の一環として行ってきた福祉サービスを介護保険に移行させ，人々に選択の道を開くことはよく理解できる．しかし，新たに導入される介護保険において，病気の治療ではなく介護ケアが必要となる要介護状態の高齢者への医療をどのように位置づけるかは，制度を考えるうえでもっとも重要な問題の1つであった．この点，老人保健施設は急性期の入院から在宅介護に移るまでに状態を安定化させるための中間的な医療施設として介護保険に含めることは1つの考えとして理解できる．しかし，社会的入院の是正が介護保険導入の重要な理由とされているなかで，なぜ継続的な医療サービスを必要とする療養型病床群を介護保険に含めるべきなのかは明らかではない．

高齢者の長期に及ぶ入院については，医療のあり方と必要性を含めて，医療制度のなかで解決すべき問題である．この点をあいまいなままにして，要介護高齢者のケアを目的とする介護保険に医療を目的とする病床を持ち込むことは，介護保険創設の観点からすると本末転倒である．さらに問題を複雑としたのは，（看護師と介護士の人的配置を医療型には多少手厚くしただけで）療養型病床群を医療保険と介護保険の両方に設置したことである．これによって介護保険は，その目的を明確にすることができぬまま出発することになった．

厚生労働省の「介護保険制度Q＆A」は，続いて介護保険の仕組みについて説明をしているが，本章ではこれは後述する．ここでは，将来費用と国民負担について「介護保険制度Q＆A」がどのような説明をしているかについて述べる．「将来の費用負担はどうなるのですか」という問いに対して，要介護者の増加，サービスの充実や利用率の上昇によって介護費用の増大は不可避であるとして，その見通しを示している．それによると，2000，2005，2010の各年度において，総費用は4.2兆円，5.5兆円，6.9兆円，要介護高齢者の数は，280万人，340万人，400万人と推定されている．これを介護保険導入後の実績値と比較すると，介護費用はそれぞれ3.6兆円，6.4兆円，および7.8兆円，

要介護者数は，218万人，411万人，487万人である．したがって，制度が導入された2000年度を除き，それ以降は総費用も要介護者数も厚生労働省が当初予測した水準をはるかに上回ることとなった．

「介護保険制度Q&A」は負担に関してさらに次の設問をしている．「今後，高齢化が一層進む中，国民にとって過重な負担となることはないのですか」．この問いに対しては，「介護保険制度の創設に伴い老人保健制度（医療保険）から介護保険に移った費用相当分については，別に医療保険の負担が減少することになります」，「介護保険が創設されれば，要介護者とその家族の家計の過大な負担が軽減されます」，「介護保険制度の導入に伴い，社会的入院の是正，多様な民間事業者の参入促進により，現行制度に比べて費用の効率化が期待されます．また，……保険料負担が過度に上昇することのないように配慮することとしています」と回答がなされている．

その後の実績値をみると，総費用と要介護者数と同じく，制度発足時の厚生労働省の説明は実際を大幅に下回るものであった．介護保険制度の導入以降，日本の医療費は介護保険の導入直後の一時期を除き増加の一途をたどり，そのなかで介護をとくに必要とする75歳以上の高齢者の医療費も増大している．介護保険導入時には，厚生労働省の指摘するような医療費から介護費へのつけかえの効果はあったと思われるが，介護需要が増大することでそうした代替効果を上回る費用が発生したとみてよいであろう．介護保険によって介護に携わる家族の負担は，軽減された面もあるが，それが費用の面にどれほど反映されたのかは明らかではない．また，65歳以上の高齢者の介護保険料については，全国平均で2000-2002年度の第1期の月額2911円から上がり続け，2012-2014年度の第5期には4972円となっている．このように介護保険成立後の総費用や要介護者数，介護保険による医療費代替効果，介護保険料の推移のいずれにおいても，制度発足時の厚労省の説明は，その後の現実を正しく見通したものとはいえず，その結果，今後の制度のあり方について国民の不安は増大しているといってよいであろう．

2 ──介護保険の仕組み

■保険者,被保険者と保険料など

　介護保険の設立前夜の検討の様子に続いて,その仕組みについて述べる.制度の解説のための資料としてここでは,厚生労働省老健局総務課「公的介護保険制度の現状と今後の役割」および『厚生労働白書』(各年度版)の介護保険に係る本編および資料編部分を主として用いる.以下では,介護保険の仕組みとして,保険者,被保険者,保険料,自己負担,保険給付内容と保険を支える財政制度についてみていくことにする.

　図7-1を参考にしながら介護保険制度の仕組みを説明する.図の左上に示されているように介護保険の保険者(運営主体)は市町村である.市町村の中には人口も経済規模も小さく,そのため高齢化が進展すると住民の要介護リスクを担いきれない可能性のあるところもある.本章では,制度の詳細にまで触れることはできないが,そうした自治体への財政支援や自治体が広域連合を作って,より大きな規模でリスク分担をする仕組みが用意されている.

　被保険者,すなわち保険の加入者は40歳以上の人々で,強制的な加入が求められている.被保険者はさらに,65歳以上の第1号被保険者と,40歳から64歳までの第2号被保険者に分けられている.この2つのグループの保険料と介護サービスの受給要件は異なっている.第1号被保険者は,居住する自治体に毎月定額の保険料を納める.第1号被保険者のうち9割近い人々は年金からの天引きによって保険料を支払っている(特別徴収).それに対して,第2号被保険者の介護保険料は,健康保険の保険料に上乗せする形となっている.

　このようにして第1号および第2号被保険者によって支払われる保険料であるが,その額や率は次のようにして決定される.第1号被保険者は原則として利用する介護サービスの費用の1割,および施設での介護の場合にはそれに加えて,食費と居住費を負担する.こうしたサービスや施設利用にともなう自己負担を介護費用から除いた額を介護給付費と呼んでいるが,その負担の仕方は図の左上の市町村(保険者)のところのボックスのなかに示されている.すなわち,給付費の50%を税金,残り50%を保険料によって賄われている.ここ

図 7-1　介護保険制度の仕組み

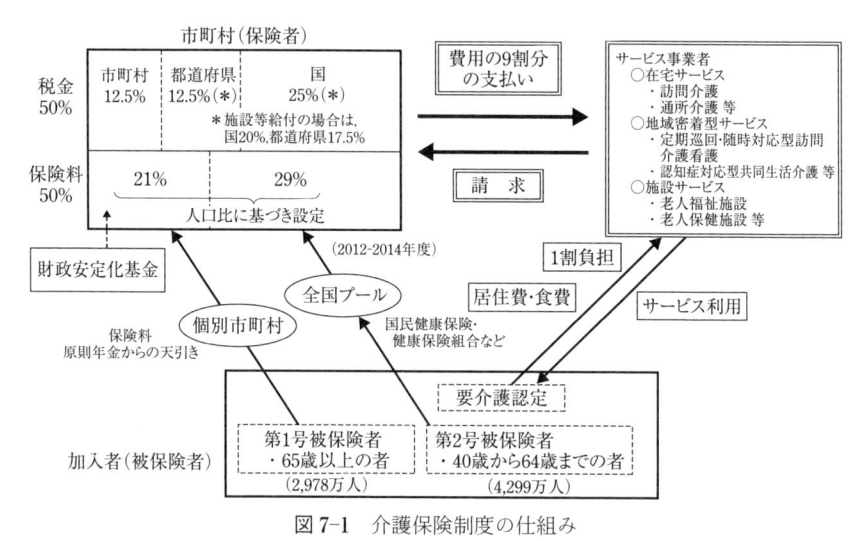

注：1）第 1 号被保険者の数は，「平成 23 年度介護保険事業状況報告年報」によるものであり，2011 年度末現在の数である．
　　2）第 2 号被保険者の数は，社会保険診療報酬支払基金が介護給付費納付金額を確定するために医療保険者からの報告によるものであり，2011 年度内の月平均値である．
出所：厚生労働省老健局総務課「公的介護保険制度の現状と今後の役割」(2013) p. 8.

　では保険料部分に着目する．保険料で支払われる給付費の半分のうち，21 対 29 の割合で第 1 号被保険者と第 2 号被保険者が負担をする．この比率は，全国規模でみた 40 歳以上の人口のうち，65 歳以上人口と 40 歳から 64 歳人口の割合であり，介護保険第 1 期（2000-2003 年度）には 17 対 33 であったが，その後 65 歳以上人口が増え，第 5 期（2012-2014 年度）には図に示されているように 21 対 29 となっている．

　このようにして第 1 号被保険者と第 2 号被保険者の保険料による負担ルールを決定したのち，第 1 号被保険者はその居住する市町村の介護給付費の所定割合（すなわち，給付費の 21%）を毎月定額で保険者である市町村に支払う．その額は第 1 節で述べたように，全国の保険者の平均で第 1 期では 2911 円，その後 3 年ごとの第 2 期から第 5 期ではそれぞれ，3293 円，4090 円，4150 円および 4972 円となっており，大きく上昇している．詳細は省くが，各市町村は第 1 号被保険者の支払い能力に配慮して保険料を（標準では）6 段階にわけて課している．その結果，最小の負担となっている第 1 段階と最大の負担とな

っている第6段階とでは，2.5倍の格差が設定されている．

　一方，第2号被保険者は居住する市町村とはかかわりなく，全国の介護総給付額の所定割合（第5期では29%）を保険料で支払うことになる．まず，全国ベースで計算した第2号被保険者1人当たり必要となる保険料の額を計算して，その後，各医療保険の加入者数にしたがって負担を按分する．それに基づき各保険者は保険料を決定する．主として中小企業の被用者からなる協会けんぽの場合，介護保険に係る保険料率は2013年度において1.55%であり，その分医療保険料に上乗せされる．介護保険料率の比較可能な2003年度以降をみると，2003，2008，2010年度ではそれぞれ0.89%，1.13%および1.5%であり，第1号被保険者の場合と同じく，大幅に増大していることがわかる．

　介護サービスに関する自己負担については原則1割であると述べたが，医療保険の場合と同様に高額介護サービス費という仕組みがあり，自己負担の上限額が定められている．上限額は所得区分に応じて決まるが，もっとも低い第1段階の世帯で1万5000円，もっとも高い第4段階では3万7200円となっている．原則自己負担とされている介護施設の食費と居住費については「補足給付」によって負担軽減が行われている．その仕組みは利用者の所得段階にしたがって負担限度額が定められ，標準的な費用の額と負担限度額の差額を介護保険から（特定入所介護サービス費として）支払うことになっている．食費の場合，標準的な費用の額は月額4.2万円であり，負担限度額は所得に応じて月額0.9万円，1.2万円および2万円となっている．この差額が介護保険から支払われる．居住費への補足給付は居住する部屋や利用者の所得段階などで異なり，多床室か個室，3段階の所得区分にしたがって設定されている．

■ 保険給付内容と財政制度

　介護保険の被保険者は65歳以上の第1号被保険者と40歳から64歳までの第2号被保険者とからなっていることを述べた．ここでは給付内容と介護保険財政についてみていくことにする．介護保険の給付内容を知るには，給付を受けるための仕組みを知る必要がある．医療保険では体の具合が悪ければ個人の判断で受診して，医療サービスを受けることができる．しかし，介護保険ではサービスを受けるための必要性の認定（要介護認定）が必要であり，さらに介

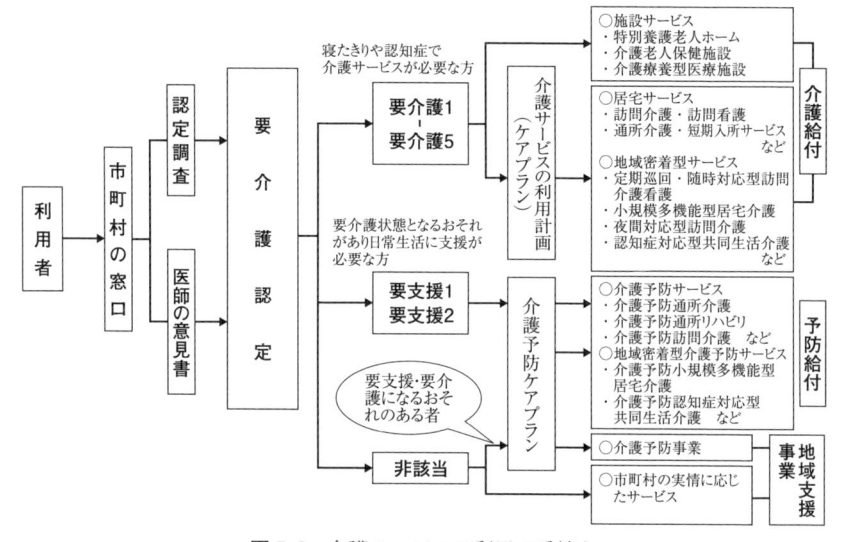

図7-2 介護サービスの利用の手続き
出所：厚生労働省老健局総務課「公的介護保険制度の現状と今後の役割」(2013) p. 18.

護認定を受けた場合でも，受給するサービス内容は，ケアマネジャーの作成するケアプランに基づくことになっている．図7-2は介護保険のこうした利用の手続きを示したものである．

　サービス受給のサイドからみた日本の介護保険のもう1つの特徴は，介護保険では原則として加齢にともなって要介護状態となった時にサービスを受けることができるということである．具体的には，第1号被保険者であればすでに高齢者であることにより，要介護となった原因が何であれ，要介護認定されれば給付を受けることができる．しかし，第2号被保険者の場合には，末期がんや関節リュウマチなどの加齢に起因する疾病（指定された16の特定疾病）が原因で要介護状態となった場合にのみ，介護保険の給付を受けることができる．この点ドイツの介護保険では，被保険者は健康保険の加入者全員であり，介護認定されれば年齢にかかわらず給付を受けることができる．これに対して日本の介護保険は，これまでみてきたように被保険者を40歳以上として，高齢者介護を主たる目的に作られたものであるという特徴を持っている．

　図7-2に戻って要介護認定と保険の給付内容についてみていくことにする．

表 7-1 要介護度別状態像の目安

要介護度	状態像の目安
要支援 1	日常生活の能力は基本的にあるが，入浴などに一部介助が必要
要支援 2	立ち上がりや歩行が不安定．排泄，入浴などで一部介助が必要であるが，「適切なサービス利用により，明らかな要介護状態に移行することを防ぐことができる可能性がある」
要介護度 1	立ち上がりや歩行が不安定．排泄，入浴などで一部介助が必要
要介護度 2	起き上がりが自力では困難．排泄，入浴などで一部または全介助が必要
要介護度 3	起き上がり，寝返りが自力ではできない．排泄，入浴，衣服の着脱などで全介助が必要
要介護度 4	排泄，入浴，衣服の着脱など多くの行為で全面的介助が必要
要介護度 5	生活全般について全面的介助が必要

出所：保険者（大阪府堺市，山梨県昭和町など）による介護保険の説明資料による．

　介護保険を利用するためには先に述べたように要介護認定される必要がある．そのために利用希望者は保険者である市町村に利用申請を行う．それを受けて市町村の調査員の聞き取り訪問調査やコンピュータによる第 1 次判定がなされる．その結果に基づいて，介護認定審査会において第 1 次判定や主治医意見書に基づく第 2 次判定が行われ，要介護認定がなされる．

　要介護認定は図 7-2 に示されているように，非該当，要支援 1 と 2，要介護 1 から 5 までとなっている．要支援 1 から要介護 5 までの状態は，法律上では専門的に規定された介護サービスの必要時間で識別されているが，その大まかな目安は表 7-1 に記された通りである．そこに示されているように，要支援の状態とは予防的なサービスを利用することで要介護状態となることを防ぐことのできる状態である．要介護と認定された場合，要介護 1 から 2 までは軽度ないし中程度の介助を必要とする状態であり，要介護 3 以上は，重度から最重度の介助を必要とする状態である．

　介護サービスの内容の概略は図 7-2 に示されている．まず，要介護認定が非該当の場合においても，要支援・要介護になるおそれのある人々（特定高齢者）に対して，市町村は地域支援事業を通じて健康管理などのサービスを提供する．要支援者と要介護者にはそれぞれ「予防給付」と「介護給付」が提供される．その内容をさらに詳しく示したものが表 7-2 である．

　この表の右欄に示された「介護給付におけるサービス」からみていくことに

表7-2 介護サービスの内容

	予防給付におけるサービス	介護給付におけるサービス
都道府県が指定・監督を行うサービス	◎介護予防サービス 介護予防訪問介護 介護予防訪問入浴介護 介護予防訪問看護 介護予防訪問リハビリテーション 介護予防居宅療養管理指導 介護予防通所介護 介護予防通所リハビリテーション 介護予防短期入所生活介護 介護予防短期入所療養介護 介護予防特定施設入居者生活介護 介護予防福祉用具貸与 特定介護予防福祉用具販売	◎居宅サービス 訪問介護 訪問入浴介護 訪問看護 訪問リハビリテーション 居宅療養管理指導 通所介護 通所リハビリテーション 短期入所生活介護 短期入所療養介護 特定施設入居者生活介護 福祉用具貸与 特定福祉用具販売 ◎居宅介護支援 ◎施設サービス 介護老人福祉施設 介護老人保健施設 介護療養型医療施設
市町村が指定・監督を行うサービス	◎介護予防支援 ◎地域密着型介護予防サービス 介護予防認知症対応型通所介護 介護予防小規模多機能型居宅介護 介護予防認知症対応型共同生活介護	◎地域密着型サービス 定期巡回・随時対応型訪問介護看護 夜間対応型訪問介護 認知症対応型通所介護 小規模多機能型居宅介護 認知症対応型共同生活介護 地域密着型特定施設入居者生活介護 地域密着型介護老人福祉施設入所者生活介護 複合型サービス
その他	◎住宅改修	◎住宅改修

出所:厚生労働省『厚生労働白書』(平成25年度版)資料編「⑩高齢者保健福祉」.

する．サービス内容は，居宅サービス，居宅介護支援（ケアプランの作成），施設サービスと地域密着型サービスからなっていて，このうち居宅サービス，居宅介護支援（ケアプランの作成），施設サービスは都道府県が事業者の指定・管理を行うこととされ，地域密着型サービスは介護サービスの利用者の居住する市町村が指定・管理を行う．ケアプランの作成である居宅介護支援を除くと，要介護状態となった時のサービスは，居宅，施設と地域密着の3つのサービスからなることがわかる．

各サービス内容の詳細は省略するが，居宅サービスは訪問介護，訪問看護，訪問リハビリテーションや通所介護（デイサービス），通所訪問リハビリテーション（デイケア）などからなる．ややわかりにくいが，有料老人ホームでの介護サービスは特定施設入居者生活介護に対応している．これに対して，介護保険における施設サービスとは介護老人福祉施設（特別養護老人ホーム），介護老人保健施設と介護療養型医療施設からなっている．地域密着型サービスは，市町村が施設などの設置や介護業者の許認可を含め独自の管理・運営を行うもので，認知症対応型共同生活施設（グループホーム）などから始まったものであるが，その後さらに内容が拡大して，地域の24時間介護を目指して定期巡回・随時対応型訪問介護看護，夜間対応型訪問介護なども提供されるようになった．以上は介護保険上のサービス分類であり，利用者からすると有料老人ホームもグループホームも在宅ケアではなく，施設におけるケアであるが，これらは正式な名称ではないが「居住系サービス」と呼ばれている．

　要支援者に提供される予防給付は表7-2の中央欄「予防給付におけるサービス」に示されている介護予防サービス，介護予防支援，地域密着型介護予防サービスからなり，このうち介護予防サービスと地域密着型介護予防サービスの内容は法律で定められているが，介護予防支援は各自治体の判断で行われるものである．ここには示されていないが，要支援者のケアはほぼ中学校区域ごとに置かれている地域包括支援センターが中心となって，介護予防のケアプランの作成，介護指導などを行っている．

　以上が介護サービスの概要であるが，介護保険では要介護度別に支給限度額が定められていて，それを超える給付は全額自己負担となっている．居宅サービスの場合2014年度において，支給限度月額は要支援1と2で各5万30円，10万4730円，要介護度1から5で各16万6920円，19万6160円，26万9310円，30万8060円，36万650円となっている．

　次に，財政制度について述べる．大まかな内容は図7-1の左上の介護給付費の負担割合で示されている．すでに介護サービスの利用にあたって原則1割の自己負担，および施設利用の時にはそれに加えて食費と居住費がかかることを述べた．介護総費用からこれらの負担を除いた額を介護給付費と呼んでいることも述べたが，ここでは介護給付費がどのようにして賄われているかについて

みていくことにする．介護給付費の半分は第1号および第2号被保険者の保険料で支払われるが，残りの半分は税金によって支払われることになっている．税金分はさらに，その半分（給付費全体の25%）を国が，残りを市町村と都道府県が半分ずつ（全体の各12.5%）負担することになっている．ただし，施設等の給付では，国の負担は20%，都道府県の負担は17.5%となっている．

このように介護保険は「保険」であるとされているが，その給付費の半分は税金によって賄われている．75歳以上の高齢者を対象とした後期高齢者医療制度と財政的には同様の仕組みとなっているが，制度的には介護保険制度が先に作られ，後期高齢者医療制度の財政制度はそれを参考にして作られた．このように財政の観点から介護保険（同様に後期高齢者医療制度）は，税金部分が多いという特徴を持っているが，このことは介護保険給付費が増大するのにともない税負担も自動的に増大していくことを意味している．実際，国だけでみても，2012年度介護保険負担は2.3兆円となっている．この年度の医療に係る国の負担が10.2兆円であること，また今後医療費よりも介護費用の増加率の方が大きいことを考えると，今後介護保険が国や地方にとって大きな財政負担となることは明らかである．

財政の観点から介護保険のその他の特徴として指摘すべきことは，同じく市町村が保険者となっている国民健康保険と比べると，**介護保険では市町村の税財源の投入方法が明確になっている**ということである．国民健康保険では，給付額に見合った保険料（ないし国民健康保険税）が徴収されない場合，財源不足分の一部は市町村の一般財源からの繰出金によって賄われている．それが多くの市町村にとって重い財政負担となっているが，介護保険では，市町村の財政責任は介護給付費の12.5%と明記されており，それ以外の負担を求められることはない．また，介護保険の市町村負担分は国から市町村に対して支払われる地方交付税の一部として算定されるので，財政力の弱い市町村にとっては，この面からも負担が大幅に軽減される．こうした理由から市町村が介護保険の保険者となることを受け入れたという背景もあった．また，上に述べたようにこの財政の仕組みは後期高齢者医療制度にも適用されることになった．

3 ── 利用の実態と制度改正

■ 利用の実態

　第1節では介護保険の総費用も要介護者数も設立当時の予想を大幅に上回って増加したことを指摘した．ここでは，介護保険の利用実態をみていくことにする．表7-3は，2000年度の制度発足以来の第1号被保険者数（65歳以上人口数），要介護認定者数，介護サービス受給者数および介護総費用を示したものである．そのうち(1)は実数と実額であり，(2)はそれらを指数などで表したものである．

　第1号被保険者数は，2012年で約3000万人，日本の人口の23%程度を占めている．同年において要介護者数は533万人，介護サービスの受給者数は445万人であり，介護保険が日本の社会保険において重要な役割を果たすようになってきたことがわかる．総費用は9兆円に達する額となっており，今後も高い率で増加することが予想されている．以上を2000年を100として指数化したものが，表7-3の(2)の左から4つの欄である．

　これから興味深いことを読み取ることができる．第1号被保険者は，団塊の世代が65歳以上となっていくのを背景として大きく増加している．2012年には2000年と比べて38%も増加した．しかし，要介護認定者はそれをはるかに上回る率で増加し，2012年の指数は244.4となっている．じつに，2000年と比べて約2.5倍も増加したことになる．さらに興味深いのは，介護サービスの受給者はさらに大きく増加し，2012年には2000年と比べて3倍となったことである．

　そうした動向を説明しているのが，表の右2欄に示された認定率と受給率である．認定率とは，要介護者数を第1号被保険者数で割ったものであるが，この率が2000年の10.1%から2012年の17.9%と大幅に増加している．それだけではない，介護認定された人のうち，実際に介護サービスを受給する人の割合（受給率）も増加している．その割合は，2012年には83.6%となっている．またここには示していないが，2012年において第1号被保険者の認定率は，65-69歳，70-74歳ではそれぞれ3%と6%であるが，75-79歳では14%，80-

表7-3 介護保険の利用の推移

(1)利用人数と金額 (単位:千人, 億円)

年	第1号被保険者数	要介護認定者数	介護サービス受給者数	介護総費用
2000	21,654	2,181	1,489	36,273
2001	22,473	2,582	2,069	45,919
2002	23,223	3,029	2,412	51,929
2003	23,981	3,484	2,736	56,891
2004	24,528	3,874	3,072	62,025
2005	25,160	4,108	3,286	63,957
2006	25,935	4,348	3,476	63,615
2007	26,822	4,408	3,562	66,719
2008	27,566	4,548	3,715	69,497
2009	28,384	4,689	3,835	74,306
2010	28,945	4,870	4,033	78,204
2011	29,069	5,075	4,231	82,253
2012	29,855	5,330	4,456	89,217

(2)利用の変化

年	2000年を100とした各年の利用実態				認定率と受給率	
	第1号被保険者数	要介護認定者数	介護サービス受給者数	介護総費用	認定率(要介護認定者数/第1号被保険者数)%	受給率(受給者数/要介護認定者数)%
2000	100.0	100.0	100.0	100.0	10.1	68.3
2001	103.8	118.4	139.0	126.6	11.5	80.1
2002	107.2	138.9	162.0	143.2	13.0	79.6
2003	110.7	159.7	183.7	156.8	14.5	78.5
2004	113.3	177.6	206.3	171.0	15.8	79.3
2005	116.2	188.4	220.7	176.3	16.3	80.0
2006	119.8	199.4	233.4	175.4	16.8	79.9
2007	123.9	202.1	239.2	183.9	16.4	80.8
2008	127.3	208.5	249.5	191.6	16.5	81.7
2009	131.1	215.0	257.6	204.9	16.5	81.8
2010	133.7	223.3	270.9	215.6	16.8	82.8
2011	134.2	232.7	284.2	226.8	17.5	83.4
2012	137.9	244.4	299.3	246.0	17.9	83.6

注:第1号被保険者数,要介護認定者数,介護サービス受給者数はそれぞれ,各年4月末時点の数.介護の総費用は,各年度の額である.
出所:厚生労働省『厚生労働白書』(平成25年度版)資料編のデータから筆者作成.

84歳，85-89歳では29％，50％と後期高齢者となるあたりから大きく増加する．したがって，今後団塊の世代が高齢化するのにともなって，認定率はさらに増加していく．受給率もさらに高い水準となることが考えられ，介護費用は今後も大きく増大していくことがうかがえる．厚労省の推計では2025年には20兆円程度になるとされている．

■ 制度改正の内容

　このように設立当初の予想を超えて介護サービスの利用は増加し，それにともなって介護費用も増大した．こうした事態を前にして介護保険制度の改正が行われている．改正には，本章で検討をしている介護サービスのあり方だけでなく，介護サービス事業者の不正請求や事業所の運営基準違反に対する法令順守の強化や，介護従事者の人材確保のための待遇改善を目的とした報酬の引き上げなども含まれるが，ここでは介護サービス内容と提供体制がどのように改正されたかをみていくことにする．なお，第2節の介護保険制度の仕組みの説明は，説明を簡略化するために2014年時点での制度に基づいているが，この制度はすでに改正内容を反映したものとなっている．以下では，制度発足時の制度に遡って改正内容について述べる．

　改正は2005年，2011年に行われ，その後も社会保障と税の一体改革を踏まえて制度の見直しが図られている．このうち2005年の改正は内容からみてもっとも重要であり，その後の改正を方向付けている．介護保険発足後わずか5年であるが，厚生労働省は2005年改正の背景として，「制度の定着とともに，介護保険の総費用は急速に増大しています．現行制度のままでは，保険料の大幅な上昇が見込まれ，『制度の持続可能性』が課題となっています」と指摘し（厚生労働省，2006），間接的ではあるが，介護費用の増加が予想を超えていたことを認めている．そして，将来展望として，「2015年には『ベビーブーマー世代』が高齢期に到達し，2025年には，さらに後期高齢期を迎え，我が国の高齢化はピークを迎えます．また，認知症や一人暮らしの高齢者の方も増加すると見込まれており，こうした新たな課題への対応も必要です」としている．

　介護保険制度の定着，財政状況と将来展望を踏まえて，介護保険サービスと提供体制の面で2005年改正は，「予防重視型システムの確立」，「施設給付の見

直し」，および「新たなサービス体系の確立」を目指すとしている．この3つの見直しすべてが，その後の介護保険の改正と深く関連付けられていくことになる．以下，改正内容のポイントをみていくことにする．

改正の第1のねらいである「予防重視型システムの確立」であるが，その発端となったのは，介護保険制度発足後の（要介護状態）軽度者の認定者数の大幅な増大であった．とくに介護1以下の認定者数の増加は著しく，2000年から2005年までの間に138%増大した．これは要介護認定者数全体の増加率（88%）をはるかに上回るものであった．そこで軽度者がより重度の要介護状態とならないための予防的な施策が導入された．そのためにまず，予防対象者の範囲を定めた．具体的には，要介護1の認定者のうち，状態を維持ないし改善できる可能性の高い人を要介護のグループから切り離して，新たな分類である要支援2とした．これにともない，改正前の要支援は要支援1と呼ばれることになった．次に，新たに定義された要支援者（要支援1と2）に対する給付は，介護給付とは別に新予防給付とし，状態の悪化を防ぐことに重点を置くこととされた．そのほか要支援・要介護認定はされていないが，そうした状態となるおそれのある人に対しては，介護予防の観点から，地域支援事業を通じて介護予防サービスを行うこととした．市町村が行うこの事業の費用は，介護保険給付費の3%以内とされた．

「施設給付の見直し」は居住費と食費を介護保険給付の対象外として，介護施設を利用した場合，在宅の場合と同じようにこれらの費用負担を求めるものである．この改正の必要性として厚生労働省は，介護保険と年金の調整，すなわち介護保険給付と年金の重複を避けるためにも，居住費と食費のような基礎的生活費用は年金から負担するべきであるとしている．ただし，介護保険制度の仕組みですでに述べたように，低所得者には介護保険から負担の軽減措置（補足給付）を行うこととされた．

「新たなサービス体系の確立」では，環境変化への適応力の弱い認知症高齢者や一人暮らし高齢者が増加していることを踏まえて，住み慣れた地域での生活を続けることができるように，市町村で新たに「地域密着型サービス」を提供できるようにした．具体的には，認知症高齢者のグループホームや小規模多機能型居宅介護（訪問・通所介護やショートステイなどを1カ所で提供するサ

ービス）などである．改正前は，介護事業者の指定や指導監督の権限は，都道府県に属することとされていたが，地域密着型サービスは，その必要整備量の計画をはじめ地域住民に近い市町村に移譲された．

　地域中心の介護を強化するために，介護予防マネジメント，総合的な相談窓口機能，高齢者の権利擁護，および包括的・継続的マネジメントの支援を目的とした「地域包括支援センター」が創設された．このセンターは保健師（あるいは地域ケアに経験のある看護師），主任ケアマネジャー，社会福祉士（ケースワーカー）がチームを組んで運営し，市町村が設定する区域ごとに設置されることとされた．

　このように急速に増大する要介護認定者と介護費用を前にして，2005年改正は，「介護から予防重視へ」を旗印にして，軽度要介護者を要支援に分類しなおす一方，市町村の権限強化を通じて地域介護の充実を図った．負担面では，施設利用者に居住費と食費を求める体制を整えた．厚生労働省はこの改正によって，2015年度の介護費用は改正のなかった場合の約10.6兆円から約8.7兆円に，第1号被保険者保険料は約6000円から約4900円へと抑えることができると試算した（厚生労働省『厚生労働白書』2005年度版）．しかし，その後の実績値と比較すると2013年度の介護費用はすでに9兆円を超え，第1号被保険者の保険料も第5期（2012–14年度）においてほぼ5000円であることから，改正後も介護費用は厚生労働省の予測を超えて増大を続けることになる．

　以上述べた改正は，第3期（2006年度）から実施に移された．しかしその後，医療ニーズの高い人や重度の要介護高齢者を地域で支えきれていないこと，それを反映して特別養護老人ホームへの待機者数が増加していることが指摘された．そこで厚生労働省は，地域ケアを充実させ「地域包括ケアシステム」を推進することを目標に掲げた．「地域包括ケアシステム」とは，「重度な要介護状態になっても，住み慣れた地域で自分らしい暮らしを人生の最後まで続けることができるよう，中学校区などの日常生活域内において，医療，介護，予防，住まい，生活支援サービスが切れ目なく，有機的かつ一体的に提供される体制のことをいう」（厚生労働省『厚生労働白書』2012年度版）．ここから地域包括ケアシステムの具体像を思い描くことは容易ではないが，地域をキーワードとして，介護にかかわるあらゆるサービスを連携しようという試みであると考

えることができる.

「地域包括ケアシステム」を推進することが2011年改正に盛り込まれた. 改正では, 医療と介護の連携の強化等として, 保険者である市町村が日常生活圏域ごとに地域ニーズや課題の把握を踏まえた介護事業計画を策定することとされた. また, 保険者の判断による予防給付と生活支援サービスの総合的な実施を可能とするとし, 国や県の指示に従うだけではなく, 市町村独自の取り組みを促している. そして, 地域密着型サービスでは, 「重度者をはじめとする要介護者の在宅生活を支えるため, 日中・夜間を通じて, 訪問介護と訪問看護を一体的にまたはそれぞれが密接に連携しながら, 定期巡回訪問と随時の対応を行う『定期巡回・随時対応型訪問介護看護』を創設」するとしている (厚生労働省『厚生労働白書』2012年度版).

以上の改正は, 介護保険第5期 (2012年度) から実施されている. その後, 本書第2章「社会保障と財政」でみてきたように, 社会保障と税の一体改革が進み, 2013年8月には社会保障改革国民会議の報告書が提出された. これをもとに介護保険においてもさらに改正法案が提出されている. 改正は「地域包括ケアシステムの構築と費用負担の公平化」を目的として, 次のような内容からなっている.

・予防給付の見直しと地域支援事業の充実：予防給付のうち訪問介護・通所介護を市町村が地域の実情に応じた取り組みができる地域支援事業に移行させる. 既存の介護事業所に加えて, NPO, 民間企業, ボランティアなどを活用する
・特別養護老人ホームの重点化：新規入所者を原則要介護度3以上の高齢者に限定し, 在宅での生活の困難な中重度の要介護者を支える施設としての機能に重点化する
・一定以上所得者の利用者負担の見直し：1割に据え置いている利用者負担について, 相対的に負担能力のある一定以上の所得者の自己負担割合を2割とする. ただし, 月額上限があるため, 対象者全員の負担が2倍になるわけではない
・補足給付の見直し (資産等の勘案)：補足給付は, 福祉的な性格や経過的な

性格を有する制度であり，預貯金を保有するにもかかわらず，保険料を財源とした給付が行われることは不公平であることから，資産を勘案する．案として，一定以上の預貯金（単身では1000万円，夫婦世帯では2000万円程度）がある場合は，補足給付の対象外とする．世帯分離した時でも，配偶者が課税されている場合は，補足給付の対象外とする

ここで示された改正は，予防重視としてきた（要介護状態）軽度者へのサービスの一層の限定化を図りつつ，施設介護としての特別養護老人ホームの機能を重点化し，あわせて介護費用の負担増を求めるという内容となっている．これまでの改正を振り返れば明らかなように，現在進められようとしている改正のいずれも，2005年改正をさらに純化・推進していると言ってよいであろう．すなわち，団塊の世代が第1号被保険者となり，今後さらに増大していく介護費用を前にして，要介護度1の一部を要支援へと分類しなおしたことに続いて，要支援者への介護サービスの縮小を図る一方，介護保険料や税負担の増加を少しでも緩和するために，利用者負担の増加を求めている．しかし，これまでの改正によって介護費用は予測通りに抑えることができなかった経験を踏まえれば，問題はこうしたその場しのぎ的と思われる改正によって，介護保険の持続可能性についての国民の信頼をいつまでつなぎとめることができるかである．

4 まとめ：今後の課題

ここでは，日本の介護保険の今後の課題を念頭に置いて，これまでの議論をまとめることにする．論点として，高齢者医療と介護の関係，介護給付の範囲，および介護を必要とする高齢者の家とは何かの3点を取り上げる．

日本の介護保険の重大な問題の1つは，制度発足時より現在に至るまで，**医療と介護の関係について納得のいく説明がなされてこなかった**点である．第1節で述べたように介護保険の設立前には，病気治癒を必ずしも目的としない高齢者の長期入院が行われ，高齢者本人にとっても，医療資源の使い方の面からも望ましくない状態が続いていた．介護保険設立時に目指したことは，こうした社会的入院に終止符を打ち，急性期の治療を要さないが，自立した生活が困

難な高齢者に適切な介護サービスを提供することであった.

ところが第1節で述べたように，介護保険創設にあたって，高齢者医療と福祉の統合の一体化を図るなかで，療養型病床群（高齢者の長期入院病床）を廃止し，介護サービスで代替するという改革は行われなかった．それどころか，療養型病床群を医療のなかで存続させるだけではなく，社会的入院の是正を目標としていた介護保険のなかにも配置することになった．日本における高齢者医療と介護のあり方は，介護保険発足時から，介護保険のなかに療養病床を含めるというボタンの掛け違いが生じていたのである．

その後，2006年の医療制度改革において，療養型病床群は再編されることになり，約13万床あった介護保険適用の療養病床を2011年度末までに全廃すること，医療保険適用の療養病床を25万床から15万床へと削減することが決定された．しかし，この改革案は2011年に修正され，介護型療養型病床の廃止は2017年度末まで延期することとされた．介護型療養型病床は，2013年度において7万床あり，今後が注目される．

以上は介護保険発足時からの問題であるが，2005年改正以後も高齢者医療と介護の役割分担が明確になってきたわけではない．この改正以後，日本の介護では地域ケアがキーワードとなってきたことを指摘したが，そのなかで「医療，介護，予防，住まい，生活支援サービスが切れ目なく，有機的かつ一体的に提供される体制」とは何か，とくに**医療と介護の切れ目ない一体化とは何か**について，改正の具体的な方針は示されてこないままである．

以上が高齢者医療と介護についての日本の現状であるが，この問題は世界各国が取り組んできた問題でもある．たとえばスウェーデンなど北欧諸国では，医療は県レベルのサービスとされ，基本的には急性期の治療が行われる．それに対して，介護は市町村の役割とされ，医療的観点から治療が終了しても（medically completed treatment）入院している場合には，入院費を市町村に負担させるという仕組みになっている．これはスウェーデン流の社会的入院を縮減するための対応であるが，ここでのポイントは，高齢者医療と介護の役割分担を明確にして，ひとたび医療処置が終われば速やかな退院が求められ，その後の介護ケアが市町村に義務付けられているということである．そして要介護状態にある高齢者に対しては，専門医療看護師（special medical nurses）

が中心となって，一定程度の医療行為を含むケアを行っている．高齢者医療に資源を投入し続けることをやめる代わりに，24時間の看護などに資源を重点配分している．

この問題はまた，積極的な治療が困難である終末期医療のあり方とも深く関係している．要介護状態にある高齢者が終末期を迎えたとき，自宅であれ，施設であれ，住み慣れた場所で最期を迎えることができる介護体制をどのようにして整えたらよいのだろうか．これは生活環境の変化への対応の困難な認知症高齢者の場合には，なおのこと重要な問題である．今後こうした在宅，介護施設での看取りを実現していくことも含めて，現在，介護保険の改正の方針として掲げられている「地域包括ケアシステム」の構築という掛け声だけではなく，医療と介護の具体的な連携のあり方を国民に示す必要がある．

介護給付の範囲も今後の重要な課題の1つである．これまでの改正では，増加する介護費用の抑制のために，軽度要介護者の範囲の拡大や予防給付の導入（介護給付の縮小），施設利用における居住費と食費の徴収などが図られてきた．今後さらに，予防給付の縮小と介護保険から市町村事業への移管，利用者自己負担の引き上げ，施設利用の補助金である補足給付の適用条件の厳格化などが図られようとしている．

介護費用の増加と，それにともなう保険料や投入される税金の増加を考えると，いずれもやむを得ない見直しであると思われる．また今後，認知症や一人暮らし高齢者の増加が見込まれるなかで，地域ケアの充実という大きな方針も理解できる．この点，「介護保険は『地方分権の試金石』といわれて始まったが，国に依存した"寝たきり自治体"を生み出したという批判もあった」という社会保障審議会・介護保険部会長，山崎泰彦の発言には興味深いものがある（『週刊東洋経済』「介護ショック」2013年12月14日号，p. 58）．

しかし，これまでの見直しは介護保険の部分，部分に関するものであり，かつ利用者負担を少しずつ増大させるものであった．今後の介護保険の全体像が見えない．軽度要介護者を介護保険で今後どう扱っていくのか，社会保障審議会の介護保険部会長が"寝たきり"という自治体がその力をどのようにして発揮するのか，その時の厚生労働省と都道府県の役割とは何か，増大する費用をどのようにして負担するのか，具体的には第1号と第2号保険料，および国と

地方の税負担をどうしていくのかなど,国民にとっては将来の不透明感がぬぐえない.今後の介護保険の全体を見据えた改革の道を示す必要がある.

　もう1つの課題は,**介護を必要とする高齢者の家とは何かを明確にすること**である.介護保険の仕組みで述べたように,介護保険における施設サービスとは,介護老人福祉施設(特別養護老人ホーム),介護老人保健施設と介護療養型医療施設の3施設からなっている.しかし,利用者からみれば,特定施設入居者生活介護(有料老人ホームや軽費老人ホーム),認知症対応型共同生活介護(グループホーム),小規模多機能型居宅介護(そのなかのショートステイなど)なども施設に寝泊まりするという意味では,施設介護である.そのなかで,外部の介護事業者からサービスを受ける有料老人ホームや,サービス付き高齢者向け住宅の数が急速に増加している.このようにさまざまな形の施設介護が行われているにもかかわらず,介護保険ではなぜ上記3施設のみを施設サービスとしているのかは説明ができない.とくに,介護老人保健施設や介護療養型医療施設と違って,医療を目的としない特別養護老人ホームがなぜ施設として扱われ,有料老人ホームは居宅サービスとされているのかは,説明が困難である.

　要介護の高齢者の家族の支え手が少なくなっていることや,認知症高齢者が増えることを考えると,自宅での介護は今後ますます困難となっていく.そうしたなかで,要介護者やその家族の立場になって,自宅に代わる介護の場所をひとくくりにして,(スウェーデンにおける呼び名にならえば)高齢者の「特別な家」として扱っていくべきである.そうすることによって,現在,市町村と社会福祉法人にのみ設立が認められている特別養護老人ホームも他の「特別な家」と同等となり,民間事業者の参入の道も開ける.また,自宅以外の介護施設である「特別な家」の全体がどう構成されているのか,それぞれの介護保険との関連は何か,それが今後どのようになっていくのかなどに関して国民に情報発信していくべきである.それによって,人々は年齢や家族環境に応じた住まいのより広い選択が可能となる.また,「特別な家」の全体像が明らかとなっていくなかで,**上で指摘した高齢者医療と介護のあり方もより具体的な姿となっていく**と思われる.

8章
低所得者支援

1──日本の生活保護制度

■ 生活保護の役割

　社会保障は，私たちが社会生活の中で直面するさまざまなリスクを分散する仕組みである．その社会的リスクの中で最も深刻なものは貧困リスク，とりわけ最低限度の生活を維持できないというリスクであろう．そして，その貧困リスクに対する備えが生活保護という仕組みである．本章では，この生活保護をはじめとする低所得者支援のあり方を考える[1]．

　日本の生活保護は，「日本国憲法第25条に規定する理念に基き，国が生活に困窮するすべての国民に対し，その困窮の程度に応じ，必要な保護を行い，その最低限度の生活を保障するとともに，その自立を助長することを目的とする」（生活保護法第1条）として定義されている．つまり，生活保護は最低限度の生活を保障する，「最後の拠り所」としての仕組みとして位置づけられている．

　生活保護の財源は保険料ではなく，すべて税（公費）で賄われており，公的扶助の仕組みとして分類されている．もちろん，公的年金や医療保険，介護保険など社会保険も社会的なリスクを分散する仕組みである．しかし，社会保険は，保険に加入していない者，あるいは保険料の拠出実績が不十分な者に対しては，十分な支援を行うことができない（排除原理）．そのため，最低限度の生活を保障するためには，社会保険ではなく，拠出実績を問わない公的扶助の仕組みがどうしても必要になる．しかし，社会保険における保険給付が所得状

況などに無関係に行われるのに対して，生活保護の給付には厳格な資格審査が前提となる．その審査が，後述する資力審査（ミーンズ・テスト）である．

生活保護の給付には，生活扶助，教育扶助，住宅扶助，医療扶助（公費負担医療），介護扶助，出産扶助，生業扶助，葬祭扶助という8つの種類がある．その金額は，家族構成や居住地域によってさまざまな調整が行われる．生活扶助について言えば，標準3人世帯（夫33歳，妻29歳，子4歳）の場合，東京都区部では約16.6万円，地方郡部では13.4万円，高齢者単独世帯（68歳以上）では，それぞれ8.2万円，6.5万円となっている（2014年度）．生活扶助のほか，さまざまな扶助を上乗せして計算される生活保護基準額から，収入を差し引いた分が生活保護費として支給される．

なお，生活保護に期待される役割としては，最低限度の生活保障が最も重要であることは言うまでもないが，生活保護法第1条を改めて読むと，社会保障は「自立を助長する仕組み」としても位置づけられていることに気づく．生活保護が自立の助長にどこまで寄与しているかは，実際の制度運営にとってきわめて重要な点である．さらに，「自立を助長する」という目的の追求は，基本的には現役層を念頭に置いていると想定すべきであり，高齢層の生活保障にとっては公的年金が中核的な仕組みとして位置づけられる．しかし，生活保護の受給者はそのかなりの部分が高齢層であり，自立の助長という目的が意味をなしていない場合もあると考えらえる．

■ 最低限度の生活とは

生活保護の制度設計において問題となるのは，最低限度の生活保障という場合の最低生活，つまり，憲法25条が言うところの「健康で文化的な最低限度の生活」の具体的内容である．最低限度の生活を送るために必要な所得水準をどのように設定するかは，きわめて難しい問題である．この点は，憲法も抽象的な記述にとどめており，これまでもたびたび争点になったところである．この生存権規定を具体的にどう解釈するかについては，大きく分けて3つの考え方がある．すなわち，

① プログラム規定説：生存権規定は国の政治的・道義的な義務を表明して

いるに過ぎないという考え方
② 抽象的権利説：この規定に基づいて具体的に立法が行われ，国民に具体的な権利が生まれてはじめて，生存権が具体化し，裁判所はその権利が憲法に適合しているかを審査できるという考え方
③ 具体的権利説：この規定により直接国民は健康で文化的な生活を営むことの具体的な権利が与えられ，具体的な立法がなされていなければ立法不作為の違憲性を問うこともできるという考え方

である．現在の通説は，2番目の抽象的権利説であると考えてよい．

経済学的には，最低生活を維持するのに必要な財貨・サービスの内容やその量を何らかの形で決定し，それを獲得できるだけの生活を保障するという，絶対的な所得水準を念頭に置く考え方が一方にある．それに対して，最低生活費はその社会の平均的な所得水準との比較において設定すべきだという考え方もある．

日本の生活保護制度の歴史を振り返ると，1960年代までは絶対的な定義で最低生活費を決定してきたが，それ以降は一般国民の生活水準の動向を踏まえ，所得格差の拡大を回避するという観点から最低所得水準が算定されるようになっている．とりわけ，最低生活費の中核的な部分である生活扶助費については，これまで次のような考え方で設定されてきたと説明されることが多い．すなわち，

① 標準生計費方式（1946-47年）：当時の経済安定本部が定めた世帯人員別の標準生計費を基に算出し，生活扶助基準とする方式
② マーケットバスケット方式（1948-60年）：最低生活を営むために必要な飲食物費や衣類，家具什器，入浴料といった個々の品目を1つ1つ積み上げて最低生活費を算出する方式
③ エンゲル方式（1961-64年）：栄養審議会の答申に基づく栄養所要量を満たし得る食品を理論的に積み上げて計算し，別に低所得世帯の実態調査から，この飲食物費を支出している世帯のエンゲル係数の理論値を求め，これから逆算して総生活費を算出する方式

④　格差縮小方式（1965-83年）：一般国民の消費水準の伸び率以上に生活扶助基準を引き上げ，結果的に一般国民と被保護世帯との消費水準の格差を縮小させようとする方式
⑤　水準均衡方式（1984年–現在）：当時の生活扶助基準が，一般国民の消費実態との均衡上ほぼ妥当であるとの評価を踏まえ，当該年度に想定される一般国民の消費動向を踏まえると同時に，前年度までの一般国民の消費実態との調整を図るという方式

といった形で，生活扶助費が具体的に算定されてきた．
　このうち，①から③までは，生活扶助費を何らかの方針に基づいて絶対的に決定するというアプローチであるが，④と⑤は生活扶助費を社会全体の平均的な生活水準との比較で決定するアプローチといえる．ただし，現行のアプローチである⑤は，④に比べると一般国民と被保護世帯の間の格差を縮小させるという目的は後退している．

■ **生活保護受給者の増加傾向**
　最近では，この生活保護の受給者が増加傾向にある．図8-1は，最近における保護率（生活保護を受けている世帯・個人の比率）の推移を見たものであるが，世帯・個人のいずれで見ても，1990年代半ばをボトムにして上昇に転じており，とくにここ数年における保護率の上昇はかなり顕著になっている．2011年度の数字を見ると，生活保護を受けているのは150万世帯，207万人と過去最高となり，保護率はそれぞれ全体の3.2%，1.6%となっている．2011年度では約150万世帯のうち42.5%が高齢者世帯，32.6%が疾病・障害者世帯となっている．
　生活保護受給者の動向の中で最も注目されるのは，この約10年間で「その他世帯」が4倍以上も増加し，被保護世帯の増加の4分の1以上を説明している点である．「その他世帯」とは，働くことができるはずの65歳未満の者（稼働年齢層）が世帯主となっている世帯のことである．この世帯がここにきて急増している背景には，長期不況の下で失職したり，勤労収入の大幅な削減を経験したりする層が増えていることが挙げられる．2008年秋のリーマン・ショ

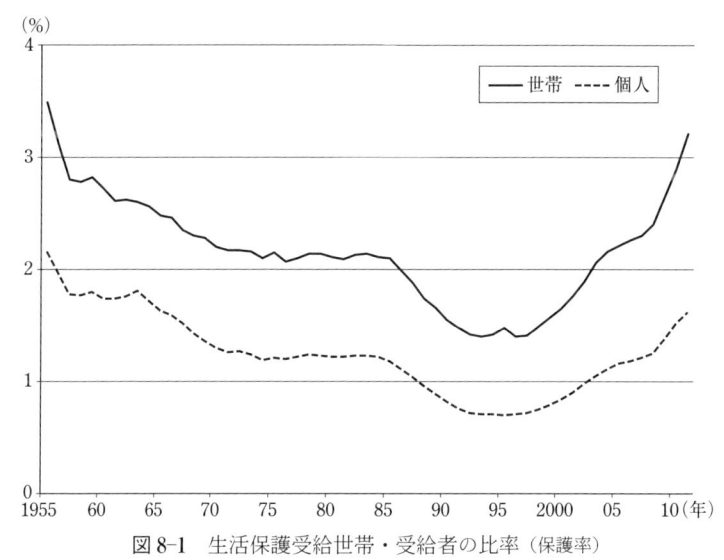

図8-1 生活保護受給世帯・受給者の比率（保護率）
出所：厚生労働省「社会福祉行政業務報告」「国民生活基礎調査」より作成．

ック後，非正規労働者のいわゆる「派遣切り」が社会問題化し，同年の暮れには東京・日比谷公園に「年越し派遣村」ができるなどの状況を受け，生活保護の適用要件が制度の運営面で緩和されたことが，被保護世帯の急増の背景にある可能性もある．

2 ── 生活保護の経済学的特徴

■ 補足性の原則

　経済学から見て，生活保護という制度における最大のポイントは「補足性の原則」をどう解釈するかである．現行制度は，最低生活費と収入を比較して，収入が最低生活費に満たない場合に，最低生活費から収入を差し引いた差額を生活保護費として支給する，という仕組みになっている．この仕組みの背景にある考え方が，補足性の原則である．生活保護法第4条第1項を見ると，「保護は，生活に困窮する者が，その利用し得る資産，能力その他あらゆるものを，その最低限度の生活の維持のために活用することを要件として行われる」と規

定している.

　つまり,現行の生活保護制度は,資産(預貯金・不動産など),能力(稼働能力など)や,他の法律による援助や扶助などその他あらゆるものを生活に活用してもなお,最低生活の維持が不可能な者に対して,収入では最低生活費に足りない部分を補足する形で生活保護費を給付する,という形になっている.そして,生活保護給付を受けるためには,資産や収入があるか,ほかの制度による支援があるか,また,親族などから援助を受けられるか,などが細かく審査される.これが,ミーンズ・テストである.

　たしかに,補足性の原則やミーンズ・テストの実施,最低生活費と収入の差額分のみを生活保護費で補塡するという制度は,生活保護を受けていない世帯との公平性を確保するという観点からは十分正当化できるものである.生活保護が,受給権を保障する社会保険として運営されず,財源をすべて税で賄う点を考えると,なおさらそれが言えるだろう.

　しかし,ここでの最大の問題は,生活保護費の給付が勤労意欲に及ぼす影響が考慮されていない点である.労働時間を長くするなどによって勤労収入を増やそうと思っても,収入の増加分だけ生活保護費が減額されることになると,働こうとする意欲が減殺されてしまう.このような就業抑制効果は,生活保護に期待されている,「自立を助長する」機能を弱めるものと言わざるをえない.

■ 勤労控除と限界税率

　ただし,現行の生活保護においては,勤労収入が増加したとき,その増分だけすべて生活保護費が削減されるわけではない.勤労控除という仕組みがあり,勤労に伴う必要経費を補塡し,勤労意欲を高める工夫がなされている.勤労控除の中核的な仕組みである基礎控除は,勤労収入が一定額までは全額控除,それを上回る場合は収入が高まるにつれて控除額が増加していく形になっている.被保護世帯の可処分所得は,最低生活費に勤労控除を加えた金額となる.

　したがって,勤労収入が一定額に達するまでは働いて得た収入がそのまま手に入り,問題は生じないが,それを超えると勤労控除分として認められた分しか可処分所得は増加していかない.その増加率を1から差し引いた値が限界税率になるが,現行制度では80%を超える.実際には,通勤費や社会保険料な

ど実費の控除もあるので，計算はやや複雑となるが，生活保護の限界税率がかなり高いことは否定できない．

限界税率が高いために就業意欲が弱まるのは，典型的なモラル・ハザードであるが，生活保護が補足性の原則を遵守するかぎり，この問題はどうしても解消できない．そのため，生活保護については，厳格なミーンズ・テストやそれを受けることによる精神的苦痛（スティグマ）のために，捕捉率（被保護世帯が，生活保護基準を満たしていない世帯に占める比率）が低い一方で，いったん受給すると受給期間が長期化するという傾向が知られている．さらに，限界税率の高さは勤労収入を申告しなかったり，過少申告したりする動機にもつながる．実際，生活保護の不正受給件数の6割以上は勤労収入の無申告・過少申告で占められている．

■ 医療給付面におけるモラル・ハザード

生活保護がモラル・ハザードを引き起こしているという可能性は，生活保護に含まれる医療扶助についても指摘されている．生活保護を受給すると，国民健康保険の被保険者から除外され，保険料負担を免除されるとともに，医療費を全額（現物給付）支給される．厚生労働省「生活保護費負担金事業実績報告」によると，医療扶助額は生活保護費全体の約5割を占めている．さらに，入院診療の占める割合が6割近くに上り，市町村国保および後期高齢者の場合の4割程度に比べて高めとなっている．

生活保護の医療扶助と市町村国保および後期高齢者医療制度との間で，1人当たり医療費を比較すると，入院，入院外ともに生活保護のほうが1人当たり医療費は高くなっているが，レセプト1件当たりの医療費は入院では医療給付のほうが低く，入院外では差がない．それに対して，受診率は生活保護のほうが高くなっており，その差は入院の場合において特に顕著になっている．ただし，これは生活保護の医療扶助だけの問題とはいいにくい．医療保険が抱える問題，特に国保における低所得者や高齢者の医療コストの問題が，生活保護にしわ寄せされている面もあると考えられる．

■ 生活保護の見直し

　2013年度には，生活保護の重要な見直しが行われた．まず，生活扶助については，一般的な低所得世帯（年収120万円程度）の消費支出と比較した検証の結果，生活保護受給世帯のほうが，単身より多人数の世帯，高齢者より若者，町村部より都市部においてそれぞれ高くなっていると分析された．こうした逆転現象の解消を目指すとともに，これまで据え置かれていた物価下落分を反映させる形で，扶助基準が見直されている．また，医療扶助については，投薬や検査の重複防止や一般住民同様に医師の判断によるジェネリック医薬品の使用促進も盛り込まれている．

　しかし，残された問題は少なくない．これから深刻化が懸念されている最大の問題は，貧困の高齢化である．貧困の高齢化が進む理由は，いくつかある．第1に，男女ともに雇用の非正規化が進み，公的年金に加入しなかったり，保険料の拠出実績が不十分になったりする確率が高まり，老後に十分な年金を受給できなくなるケースの増大が予想される．かつてニートとかパラサイト・シングルと呼ばれていた人たちは，いまや中年に差しかかっており，親の年金所得への依存度も高いと見られる．彼らは社会保険料の拠出実績に乏しいだけでなく，老後に頼るべき者もいないので，貧困生活に将来陥る危険性が高い．

　第2は，未婚のまま，あるいは結婚しても離婚して老後を迎える女性の増加である．現行の年金制度は，夫婦，さらにいえば，夫だけが定年まで働き，妻は専業主婦で夫を支えるという従来型の夫婦を前提に成り立っている．そのライフスタイルから離れてしまうと，とりわけ女性の場合，年金による老後の生活保障が貧弱になってしまう．正規雇用者として定年まで働き，十分な額の厚生年金や共済年金を老後に受給する女性はまだ少数派である．その一方で，非婚や離婚が増えており，低年金・無年金の高齢女性の貧困化が急速に進む可能性がある．

　第3に，年金制度改革の影響もある．若い人たちの経済力や人口構成の変化を反映して，自動的に年金支給額を調整する，「マクロ経済スライド」という仕組みが2004年の年金改正で導入された．この仕組みは，基礎年金部分にも適用されるので，低成長や高齢化が進むと，基礎年金にしか頼れない低所得高齢者の貧困化が加速することになる．

生活保護を受給している世帯に占める高齢者世帯の比率は，2011年度においてすでに4割を占めており，生活保護は高齢者の貧困対策としての側面が強くなっている．しかし，高齢者は若年者と異なり，経済的な自立を求めることがそもそも難しい．したがって，生活保護を貧困高齢者の支援策として強化しようとすると，受給者の自立支援という本来の目的から外れる可能性が高まることになる．

　このように，**現行の生活保護は，貧困の高齢化を十分に想定した仕組みになっていない**．しかし，公的年金においても，保険料の拠出実績不足による低年金・無年金の問題の深刻化が見込まれる．生活保護を含めた社会保障制度全体を，貧困の高齢化に備えた仕組みに改革していく必要があるだろう．

3 ── 貧困とセーフティー・ネット

■ 所得と社会保険加入・非加入

　低所得者ほど社会的に支援すべき人たちのはずなのだが，実際には，そうした低所得者がセーフティー・ネットの枠外に置かれやすいという状況が見られる．

　図8-2は，厚生労働省「国民生活基礎調査」と国立社会保障・人口問題研究所「社会保障実態調査」（いずれも2007年調査）に基づき，社会保険の加入状況に応じて，本人の年収の平均値がどのように異なるかを男女別に調べたものである（全体の平均値は，男性522.1万円，女性177.5万円）．

　公的年金・医療保険の両方に加入している人に対して，そのうち1つまたは両方に加入していない人の平均年収は，男性では約51％，女性では約42％にとどまっている．また，公的年金・医療保険の両方に加入していない人の年収は，男女ともに，両方に加入している人の年収の3分の1にとどまる．保険料の支払いが所得面の制約を強く受けることが，ここから改めて確認される．なお，公的年金と医療保険の非加入者を比較すると，年収は医療保険の非加入者のほうが幾分低めとなる．

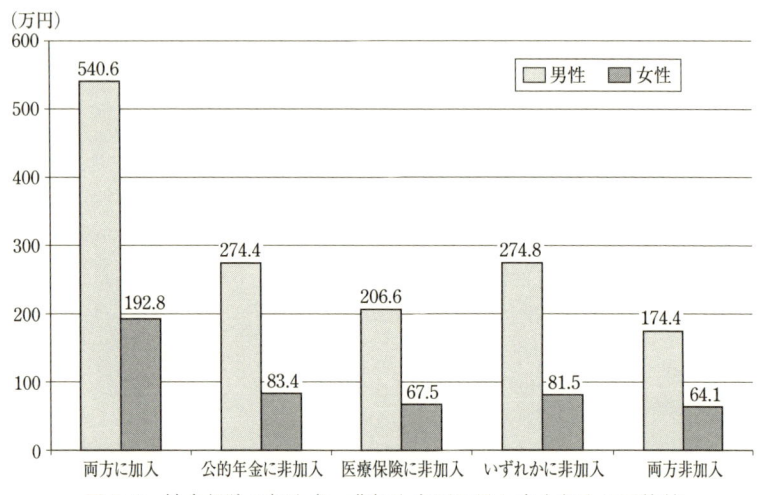

図 8-2 社会保険の加入者・非加入者別に見た本人収入の平均値
出所：国立社会保障・人口問題研究所「社会保障実態調査」（2007 年）より作成．

■ 就業形態と社会保険加入・非加入

それでは，社会保険の加入状況は本人の就業形態とどのような関係にあるだろうか．具体的には，就業形態を，「基礎調査」の世帯票（世帯員の状況）にもとづき，正規雇用者（会社・団体等の役員を含む），非正規雇用者（パート・アルバイト・労働者派遣事業所の派遣社員，契約社員・嘱託），自営業（家族従業者を含む），家事（仕事なしで家事（専業）），その他，失業（仕事なしで収入を伴う仕事をしたいと思っている）に分類してみる．

図 8-3 は，そうして分類された就業形態によって，公的年金と医療保険の非加入率がどのように違ってくるかを比較したものである．この図からも明らかなように，当該個人が正規雇用者であれば公的年金・医療保険の非加入者の比率はそれぞれ 3.6％，2.0％ にとどまるのに対して，非正規雇用者になるとそれぞれ 11.7％，6.5％ へと大幅に高まり，それ以外の就業形態でも正規雇用者に比べるとかなり高めとなる．

■ 保険料負担の逆進性

社会保険の加入状況が就業形態と密接な関係にあるのは，社会保険の支払い

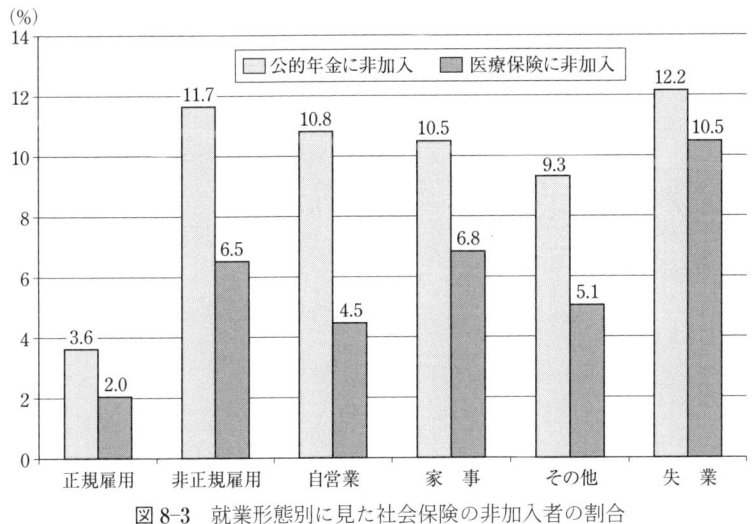

図 8-3　就業形態別に見た社会保険の非加入者の割合
出所：図 8-2 と同じ．

の仕組みを考えれば容易に理解できる．被用者の場合，公的年金は厚生年金や共済組合，医療保険は組合健保や協会けんぽ，共済年金が適用され，それぞれ給与から自動的に支払われる．この仕組みは，正規雇用者の場合はほぼ完全に適用され，そこで社会保険の非加入状況が発生する可能性は低い．

しかし，被用者でも非正規雇用者の場合は，被用者保険が適用されず，自営業者やその被扶養家族と同様，国民年金や国民健康保険（国保）の対象となる．しかも，その場合，被扶養家族の保険料を追加的に負担させられるだけでなく，定額保険料（国民年金の場合）ないし保険料の定額部分（国保の場合）が低所得者にとって相対的に重くなるという逆進性の問題が発生する．もっとも，低所得者には保険料の減免措置が適用されるが，それでも負担の重さは完全には解消されない．

実際，厚生労働省「国民健康保険実態調査」（2011年度）に基づき，健康保険料の所得に対する比率を調べると，全世帯平均では 10.1% になっているが，所得が 100 万円以下の世帯では 12.4% を超えており，特に 30 万円を下回る世帯では 19.4% に達している．そのため，保険料の収納率（調定額〔本来であれば収納される額〕に対する実際の収納額の比率）も所得が低い層ほど低下し

ている．収納率の平均は 89.8% だが，所得が 30-50 万円では 86.9%，30 万円未満では 85.7% となり，所得なしの層では 83.5% にとどまっている．

　このように，**現行の社会保険制度の下では，正規雇用者以外の就業形態にあると，セーフティー・ネットの枠外に置かれる可能性が高まる**ことになる．もっとも，被用者以外，つまり自営業などの就業形態をとる場合には，国民年金や国保などの制度が整備されている．しかし，正規雇用者以外の就業形態をとると，所得がかなり落ち込むこともあり，保険料を支払うことが難しくなる可能性がある．所得水準と就業形態の違いは交絡しながら社会保険の加入・非加入を左右しているものと考えられる．

4───負の所得税

■ 貧困の罠

　生活保護は，「自立を助長する」仕組みとして期待されているものの，実際には，就業意欲を抑制する効果を持っている．とりわけ，生活保護が就業意欲を抑制し，場合によっては貧困から抜け出せない，いわゆる「貧困の罠」に陥る危険性がある．いま，労働時間を l，時間当たり賃金を w，課税最低限を Y_m，最低生活費を Y_0，可処分所得（貯蓄がないとすれば消費支出に一致する）を Y と表記しよう（$Y_m > Y_0$）．そして，課税最低限を上回る労働所得には，限界税率 $t \times 100\%$ の所得税がかかっているとする．労働所得が最低生活費を下回る場合，その差額が生活保護費として給付される．

　ここで，労働時間 l を横軸に，可処分所得 Y を縦軸にとって，この個人の予算制約線を図 8-4 で示すと，$ABCD$ のような折れ線になる．ただし，直線 AB は高さが最低生活費 Y_0 に等しい水平な直線であり，直線 BC，CD の傾きはそれぞれ w，$(1-t)w$ である．直線 AB の部分では，働いても可処分所得がまったく増えず，限界税率が 100% になっている一方，直線 BC，CD の部分の限界税率はそれぞれ 0%，$t \times 100\%$ である．

　さらに，効用が可処分所得の増加関数であり，労働時間の減少関数であると想定すると，この個人の無差別曲線は図に示したような右上がりの曲線で表現でき，左上に行くほど効用が高くなる．また，労働時間が長くなるほど，さら

図 8-4 生活保護と負の所得税

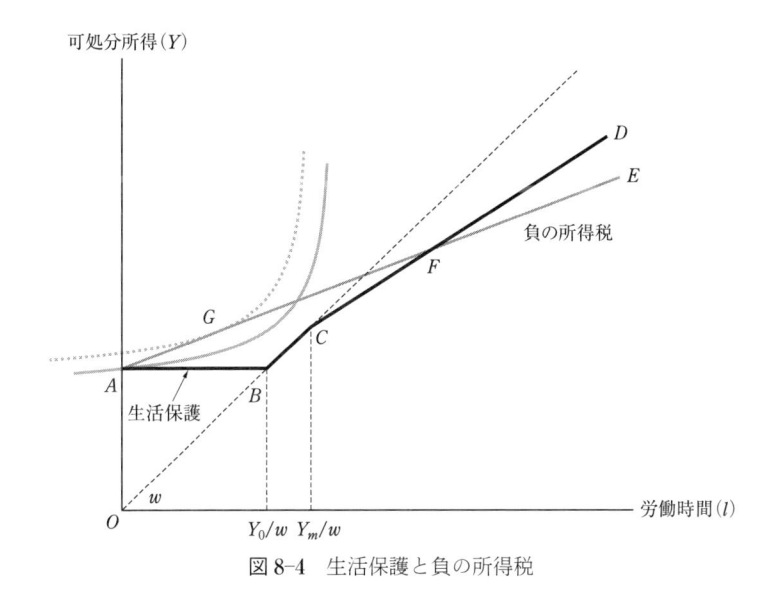

に労働時間を増やそうとしたとき，効用水準を維持するために必要な可処分所得の増加分は増えると想定すると，無差別曲線の傾きは右に行くほど大きくなる．

貧困の罠とは，無差別曲線が点 A を通るときに効用が最大になるような状況である．つまり，個人にとっては労働供給を一切行わず，生活保護を受け続けることが最適な選択となる．しかし，人々がこの状況にとどまることが，社会的に望ましくないことは明らかである．

■ 負の所得税

貧困の罠という状況が生じるのは，生活保護によって限界税率が100%になっていることが大きな原因となっている．したがって，限界税率を100%から引き下げれば，その状況は回避できるはずである．ただし，最低生活費は人々に保障しなければならない．そこで，最低生活費はすべての人々に一律で支給するものの，少しでも労働所得が得られれば税を納めてもらうという新たな税を考えてみる．

それが,「負の所得税」(negative income tax) と呼ばれる税である．この負の所得税を適用すると，予算制約線は直線 AE で示される．直線 AE は右上がりなので，限界税率は 100% を下回っている．このように，負の所得税は，最低生活費を一律に支給し，そのかわりに労働所得に課税する仕組みになっている．この仕組みは，フリードマンをはじめとして多くの経済学者によって主張されてきた．なぜ負の所得税と呼ぶかというと，労働所得が低く，政府から支給される最低生活費を大幅に下回る場合，課税額が最低生活費を下回り，ネットで見ると課税額が負になるからである（課税額が最低生活費を上回ると，ネットの課税額は正になることに注意されたい）．

　なお，改革前に比べると，最低生活費以上の労働所得を得ていた人々にとっては予算制約線の傾きが緩やかになり，限界税率が上昇していることに注目しよう．これは，生活保護の場合と異なり，すべての人々に最低生活費を一律給付するため，大幅な追加的財源が必要になるからである．

■ 負の所得税の効果と問題点

　負の所得税の最大のメリットは，低所得者の就業意欲が高まり，効用も高まることである．前出・図8-4では，個人による労働供給と可処分所得の最適な組み合わせが点 A から点 G にシフトしている．点 G では労働供給がプラスになるだけでなく，無差別曲線が左上にシフトしていることから分かるように，効用水準も高まっている．さらに，労働供給が発生しているので税収も増加している．この点で，負の所得税は生活保護の問題をかなり軽減している．さらに，ミーンズ・テストに必要なコストやそれを受けることによるスティグマが解消するというメリットもある．

　しかし，負の所得税については，次の3点に注意しておく必要がある．第1に，生活保護から負の所得税に移行しても，労働供給を変化させない家計が存在することも十分考えられる．無差別曲線の傾きがかなり急であれば，予算制約線が変化しても，点 A にとどまって労働供給を行わない家計もあり得る．こうした家計に対しては，負の所得税の導入は何の効果ももたらさない．このようなタイプの家計の行動を変化させ，効用を高めるためには，政府が保障する最低限度の所得をむしろ引き下げ（点 A を下に移動させる），その代わりに

限界税率を低く設定する（直線 AE の傾きを高める）という措置のほうが効果的であろう．

　第2に，家計が労働供給を減少させる可能性もある．たとえば，ある家計がもとの予算制約線の線分 BC 上のある点で労働供給を行っていると想定してみよう．この家計は生活保護を受けていないが，負の所得税の導入によって点 G に移動する可能性がある．このとき，この家計の労働供給は減少する．しかし，この家計の無差別曲線は左上の方向にシフトし，効用が高まる点には注意が必要である．

　第3に，より重要な点だが，この負の所得税が社会全体の効率性を高める保証はない．確かに，負の所得税の導入によって，生活保護を受給していた家計が労働供給を増やしたり，あるいは低所得者の効用が高まったりするメリットは存在する．しかし，負の所得税を導入するためには，追加的な税収が必要であり，ここでは所得税の限界税率を引き上げてそれに対応している．そして，限界税率の引き上げは厚生損失を生むから，ネットで見ると，負の所得税の導入によって社会全体の厚生損失がむしろ高まる可能性もある．

　実際，**負の所得税は，古くから提唱されているアイデアであるにも拘わらず，そのままの形ではほとんど実施されていない**．低所得者を支援するメリットは期待できるものの，そのために多くの追加的な財源が必要となり，経済全体の効率性に及ぼす効果がいまひとつ不透明であることが，その一因になっていると思われる．

　なお，生活保護と関連して，最近では「ベーシック・インカム」の導入が提唱されることもある．ベーシック・インカムとは，最低限度の生活を保障するため，国民1人1人に現金を給付するという発想である．生活保護や失業給付，子育て支援などさまざまな個別の所得保障をまとめ，包括的に最低限度の生活を保障することが目指されている．しかし，このベーシック・インカムも，十分な水準を確保するためには大幅な追加的税負担が必要になるという点で，負の所得税と同じような問題を抱えている．さらに，ベーシック・インカムには，低所得者の勤労意欲を高め，彼らを貧困の罠から抜け出させるという効果をあまり期待できないという問題がある．

5 ── 給付付き税額控除

■ 給付付き税額控除の考え方

　本節では，低所得者支援策として近年注目が高まっている給付付き税額控除の考え方を紹介する（詳細は，森信編（2008）参照）．所得税制には，低所得者の税負担をできるだけ軽減するという公平性の観点からの工夫がいろいろな形で行われているが，その代表的なものが所得控除である．個人の属性を考慮して，課税対象となる所得の範囲を狭めていき，税負担を低くするというのがこの所得控除である．低所得者は，この所得控除が適用されれば課税負担がなくなるので，その点では当然ながら支援されている．

　しかし，低所得者をそれ以上に支援するためにはどうか．税負担をゼロにするだけでなく負にしなければならないが，所得控除の仕組みでそれを行うことはできない．さらに，所得控除の充実は課税最低限の引き上げを意味するが，これは，低所得者への支援強化にはならないだけでなく，むしろ，限界税率が高くなっている高所得層の税負担を引き下げる効果をもつ．しかも，所得控除を広げ過ぎると課税対象（タックス・ベース）が過度に縮小し，十分な税収を得られなくなる．そのため，所得控除の充実は税率の上昇につながり，経済全体の効率性を引き下げてしまう．

　こうした問題点が次第に意識されるようになり，近年では，所得控除から税額控除に移行する動きが各国で見られている．税額控除とは，所得ではなく課税額そのものを控除する仕組みである．さらに，本来の税額よりも控除する税額のほうが大きい場合，その差額を納税者に給付する仕組みを「給付付き税額控除」という．所得が低いと税額が負になるので，この仕組みは負の所得税とよく似た性格を持っている．

■ さまざまな税額控除

　この給付付き税額控除にはさまざまなものがあるが，その代表的なものとしては，アメリカのEITC（Earned Income Tax Credit）のように，勤労所得と連動した税額控除の仕組み（勤労税額控除）が挙げられる．EITCの税額控

除額は，勤労収入の増加とともに増加していく（phase-in）逓増段階を経た後，勤労収入が増加しても変化しない定額（plateau）段階，さらに勤労収入が増加すると逓減（phase-out）段階を経た後，最終的にはゼロとなる．いずれの段階においても，可処分所得は勤労収入の増加に伴って増加する．ただし，逓増段階では限界税率が制度導入前より高くなるので，制度導入前に比べて就業抑制効果が働く．イギリスのWTC（Working Tax Credit）は，逓増段階を含んでいないが，労働時間を増やすほど控除が大きくなる仕組みになっており，就業促進を狙っている．このようなタイプの税額控除を導入している国はアメリカ，イギリスのほか，フランス，オランダ，スウェーデン，カナダ，ニュージーランド，韓国など数多い．

給付付き税額控除にはほかにもいろいろなタイプがあるが，特定の政策目的の追求と組み合わせる形で導入されているものもある．その代表的なものが，母子家庭の貧困対策や子育て家庭への経済支援を目的とする児童税額控除である．このタイプの控除では，子供数に応じて税額控除額が決定されることが一般的であり，所得が一定額を超えると逓減される仕組みになっている．イギリスのCTC（Child Tax Credit）がその代表的な例である．

さらに，消費税の逆進性対策として導入された給付付き税額控除として，カナダのGSTC（Goods and Services Tax Credit）が挙げられる．カナダに付加価値税GSTが導入された際，生活必需品にかかるGSTの負担を還付する目的で設定された税額控除である．日本でも消費税率の引き上げが低所得者に及ぼす影響を軽減するために，こうしたタイプの税額控除が提案されることがある．

■ 給付付き税額控除の効果

給付付き税額控除，とりわけ勤労税額控除の重要な目的は，低所得者の就業意欲を高めることである．しかし，日本の場合は，就業を忌避して生活保護費に依存しきった生活を送る人たちは少数派であり，むしろ，就業しつつ低所得を強いられている，いわゆる「ワーキング・プア」層の増加にどう対処するかという問題のほうが現実には重要になる．

図8-5は，EITCのような勤労税額控除を導入する前後で，労働時間と可処

図 8-5　勤労税額控除導入の効果

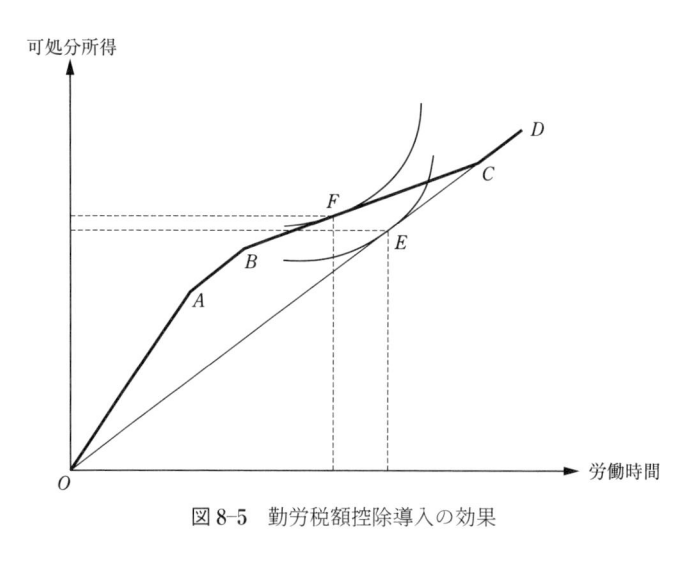

分所得の組み合わせがどのように変化するかを示したものである．ただし，導入前の所得税は所得比例税であり，予算制約線は直線 OD で示されていたとする．そして，この個人にとっての最適な労働時間と可処分所得の組み合わせは点 E で表されていたと想定しよう．この個人は，労働時間はけっして短いわけではないが，勤労税額控除の対象になるほど所得水準が低いという点でワーキング・プアであると想定してみる．

ここで，勤労税額控除を導入すると，労働時間と可処分所得の組み合わせは $OABCD$ で示される．ここで，OA, AB, BC, CD は EITC の逓増，定額，逓減，停止段階にそれぞれ対応する（OA, AB, BC の傾きが OD よりそれぞれ大きく，変わらず，小さくなっており，勤労税額控除の導入によって限界税率がそれぞれ低下，変わらず，上昇していることに注意されたい）．図では，勤労税額控除の導入によって，最適な労働供給と可処分所得の組み合わせが点 E から点 F にシフトしている．この新しい均衡点 F では，労働時間はむしろ減少している．これは，勤労税額控除の導入によって限界税率が上昇したためである（BC の傾きは OD より小さい）．しかし，可処分所得はむしろ増加しており，無差別曲線の左上シフトからもわかるように，効用も上昇していることに注意されたい．以上の状況は，ワーキング・プア層の支援のために勤労税

額控除が効果的に作用する可能性を示唆するものである．

■ **社会保障改革との連動性**

　給付付き税額控除は，社会保障改革と連動させることができる．低所得者の場合，通常の給付付き税額控除であれば，控除された税額が給付されることになるが，給付するのではなく，その分で社会保険料負担を相殺するという方法が可能だからである．この仕組みは，すでにオランダなどで導入されている．

　こうした税額控除を社会保険料と相殺する仕組みは，日本でも導入の可能性を検討すべきである（田近・八塩，2008）．すでに説明したように，非正規労働者など日本の低所得者が支払う保険料負担は定額部分があるために重い負担となっており，保険料の未納・未払い問題が深刻になっている．しかも，保険料の拠出実績が不十分であると保険料給付も制限されることになる．この問題はとりわけ年金（国保）において重要であり，貧困の高齢化の大きな原因になりかねない．低所得者をセーフティー・ネットのなかにとどめるためにも，**社会保険料負担を税額控除によって相殺するという仕組み**は検討に値する．

6── より効果的な低所得者支援のために

　本章では，低所得者支援のあり方を議論した．これまでの長期不況や非正規雇用の拡大を背景として，貧困リスクが身近なものになっている人たちが無視できない厚みを形成するようになっている．社会保障には，貧困リスクに備え，最低限度の生活を保障する最後の拠り所として，生活保護という仕組みがある．実際，生活保護の受給世帯は近年急速に増加している．

　しかし，現行の生活保護は最低生活費と収入との差額を穴埋めするという補足性の原則の下で運営されている．そのため，**低所得層にとっては実質的に限界税率が高くなり，就業意欲が弱まって貧困の罠に陥ってしまう**面もある．これは，生活保護がもたらすモラル・ハザードと言える．同様のモラル・ハザードは，生活保護受給者による医療サービスの受給においても発生している可能性がある．

　さらに，低所得者は，貧困リスクに直面しているだけではない．社会保険に

加入せずにセーフティー・ネットの外にとどまっていたり，保険料の支払いに苦慮していたりするという状況にある．社会保険は排除原理のもとで運営されているので，保険料の拠出実績がない，あるいは不十分な人たちを十分に支援しない．しかし，そうした人たちは多くの場合，低所得者だから，結局，社会保険は支援する必要のある人を支援しないという問題に直面する．

　低所得者支援の方法として，経済学者が古くから提唱してきたものとして，負の所得税がある．これは，最低所得は確保した上で勤労所得に応じて課税することで，限界税率を引き下げ，低所得者の就業意欲を高めようとするアイデアである．しかし，多大な財源が必要となるので，その財源確保のために経済全体として考えると効率性が低下する可能性も否定できない．

　むしろ，最近では，給付付き税額控除への関心が高まっている．この仕組みは負の所得税と同様，就業意欲を阻害しない形で低所得者を支援することを目指すものである．給付付き税額控除によってワーキング・プア層を支援したり，税額控除で社会保険料負担を相殺することによって保険料負担を軽減したりするなど，日本でも低所得者支援のための方策として検討すべきであろう．

1) 生活保護の経済学的な特徴や，経済学から見た現行制度の問題点については，阿部他（2008）が最も包括的である．

9章
障害者支援

1──日本の障害者福祉

　障害者福祉の目的は，身体または精神の障害のために社会的・経済的不利を負いやすい障害者が，ノーマライゼーション（障害の有無にかかわらず社会の一員としてあらゆる分野で活動することができる社会の形成）という理念のもとに自立と社会参加を実現することにある．このため，障害者基本法を柱として，障害者自立支援法，身体障害者福祉法，知的障害者福祉法および児童福祉法にもとづき障害者福祉施策が展開され，**医療・教育・雇用・所得保障など各分野にわたる総合的な施策**が推進されている．

　戦後の障害者福祉の発展は，制度の整備や施設の充実がその中心であった．しかし，1981年の国際障害者年以降はノーマライゼーションという理念のもとに，国際的な障害者福祉の進展と歩調をあわせて障害者施策が推進されていった．1982年に国連は「障害者に関する世界行動計画」を採択し，1983年から1992年の10年間を国連・障害者の10年と宣言して，各国においても行動計画を策定し，障害者の福祉を増進するよう提唱した．これを受けて日本では1982年に「障害者対策に関する長期計画」（1982-1992年度）が策定された．1987年（国連・障害者の10年の中間年）には「障害者対策に関する長期計画──後期重点施策」（1987-1992年度）が策定され，また，すべての障害者の雇用促進策の強化が図られた（**表9-1**）．

　「障害者対策に関する長期計画」（1982-1992年度）は「障害者対策に関する新長期計画」（1993-2002年度）に引き継がれた．また1993年に心身障害者対

表 9-1　障害者施策の進展

年	国　内	国　外
1970	心身障害者対策基本法	
1981		国際障害者年
1982	障害者対策に関する長期計画（1982-1992）	国連・障害者の 10 年（1983-1992）
1993	障害者基本法 障害者対策に関する新長期計画（1993-2002）	アジア太平洋障害者の 10 年（1993-2002）
2002	障害者基本計画（2003-2012）	
2003	支援費制度	
2004	障害者基本法改正	
2005	障害者自立支援法	
2006		国連・障害者権利条約
2011	障害者基本法改正	
2012	障害者総合支援法	
2013	障害者差別解消法，第 3 次障害者基本計画（2013-2017）	

策基本法（1970 年）が全面改正されて障害者基本法となった．障害者基本法の制定は国連・障害者の 10 年の成果を踏まえたものであり，1990 年にアメリカで制定された ADA（障害をもつアメリカ人法）などの影響もうけている．障害者基本法（1993 年）によって，障害のある者の「完全参加と平等」が基本理念に盛り込まれ，障害者の定義に従来の身体障害者・知的障害者とともに精神障害者が追加された．また，障害者基本法の規定によって 1994 年に総理府が初めて『障害者白書』を発表し，以後毎年発行されている．

　1995 年には 1996 年度を初年度とする「障害者プラン──ノーマライゼーション 7 か年戦略」（1996-2002 年度）が策定され，障害者施策に関して初めての数値目標が設定された．「障害者対策に関する新長期計画」（1993-2002 年度）を引き継いだ「障害者基本計画」（2003-2012 年度）の基本理念は前計画のリハビリテーションとノーマライゼーションを継承し，障害の有無にかかわらず，国民誰もが相互に人格と個性を尊重し支え合う「共生社会」の実現をめざしている．障害者基本計画の具体的目標は「重点施策実施 5 か年計画」（2003-2007 年度，新障害者プラン：社会のバリアフリー化，利用者本位の支援），「新重点施策実施 5 か年計画」（2008-2012 年度）に掲げられた．

　2000 年には身体障害者福祉法・知的障害者福祉法・児童福祉法等の改正が

行われ，①障害者福祉サービスの利用方法を従来の措置から契約による利用へと変更する，②知的障害者および障害児福祉に関する事務を市町村へ移譲する，③障害者の地域生活を支援するための事業（身体障害者生活訓練等事業・知的障害者デイサービス事業など）を法定化する，等が決められた．このうち障害者が契約によってサービスを利用する仕組みは「支援費制度」として，身体障害者福祉法等の改正により2003年度から実施された．その後，この制度はさらに障害者自立支援法（後述）に引き継がれた．

障害者基本法は2004年に改正され，障害を理由とする差別等の禁止が明示されたほか，それまで努力義務であった都道府県および市町村における障害者計画の策定が義務化された．国連は2006年の総会で「障害者権利条約」を採択した．**すべての人に保障される人権が障害者にも等しく保障され，移動や情報入手，教育・雇用などにおける障害者の権利が謳われた．**

2 ── 障害者支援の現状

内閣府『平成26年版 障害者白書』によると日本の障害者総数は788万人で，総人口の6％を占めている．その内訳は，身体障害者（18歳以上，在宅者）は377万人，18歳未満の身体障害児は7万人，施設入所者も含めて身体障害児・者は計394万人（総人口の3.1％）となっている（**表9-2**）．同様に知的障害児・者数は74万人（総人口の0.6％）である．さらに患者調査を用いて精神障害者数は入院・外来を合わせて320万人（総人口の2.5％）と推計されている．OECD資料によると，20ヵ国平均は13.5％（20～64歳に占める障害者の割合）で，日本の障害者数は少ない．しかし，諸外国と日本では障害者を認定する際の定義が違うことに留意する必要がある．

施設入所率は身体障害者が1.9％，精神障害者が10.1％であるのに対して，知的障害者は16.1％と高い率になっている．在宅の障害者（18歳以上）では身体障害者の8割以上が本人または家族の持ち家に，知的障害者の8割以上が自分の家やアパートに住み，精神障害者の約4分の3が家族と同居している（『平成25年版 障害者白書』）．

障害者自立支援法によって2007年に施設体系や名称変更が行われた．障害

表 9-2　障害者数（推計）　　　　　　　　　　　　　　　（万人）

		総　数	在宅者	施設入所者
身体障害児・者	18歳未満	7.8	7.3	0.5
	18歳以上	383.4	376.6	6.8
	年齢不詳	2.5	2.5	0.0
	合　計	393.7	386.4	7.3
	人口千対（人）	31	30	1
知的障害児・者	18歳未満	15.9	15.2	0.7
	18歳以上	57.8	46.6	11.2
	年齢不詳	0.4	0.4	0.0
	合　計	74.1	62.2	11.9
	人口千対（人）	6	5	1
精神障害者	18歳未満	17.9	17.6	0.3
	18歳以上	301.1	269.2	31.9
	年齢不詳	1.1	1.0	0.1
	合　計	320.1	287.8	32.3
	人口千対（人）	25	23	3

出所：内閣府『平成26年版　障害者白書』．

者福祉施設の施設数，在所者数は2012年10月1日現在で5625カ所，15万人である（表9-3）．

■ 身体障害者（児）福祉

　身体障害者福祉法（1949年）は身体障害者（身体上の障害がある18歳以上の者で，都道府県知事から身体障害者手帳の交付を受けている者）を対象として特別に制定された初めての法律で，身体障害者の職業復帰を目標としていた．この法律の対象は18歳以上の者で，18歳未満の者は児童福祉法による保護が行われる．1951年には児童福祉法・身体障害者福祉法・生活保護法の福祉3法に関する第一線機関として福祉事務所が設置された．これに伴い身体障害者福祉法の一部が改正され，法の目的が職業復帰より拡張された．また，18歳未満の身体障害児に対して身体障害者手帳が交付されるようになった．

　日本における在宅の身体障害児・者は，2011年12月に厚生労働省が行った「平成23年生活のしづらさなどに関する調査（全国在宅障害児・者等実態調査）」によれば386.4万人と推計され，このうち約70％が65歳以上で，介護保険サービスを利用する人が多い．在宅の身体障害児・者の人口に対する割合

表 9-3 障害者福祉施設数と在所者数

区　分	2000	2005	2010	2012
施設数	5,289	8,506	7,104	5,625
障害者支援施設等	—	—	3,764	5,330
身体障害者更生援護施設	1,050	1,466	498	—
知的障害者援護施設	3,002	4,525	2,001	—
精神障害者社会復帰施設	521	1,687	504	—
身体障害者社会参加支援施設	716	828	337	295
在所者数	208,418	270,052	190,439	149,514
障害者支援施設等	—	—	71,162	149,514
身体障害者更生援護施設	48,905	57,507	19,322	—
知的障害者援護施設	150,873	188,646	90,831	—
精神障害者社会復帰施設	8,640	23,899	9,124	—

注：障害者自立支援法の施行により，2007年から障害者の施設体系等や調査に変更があった．身体障害者社会参加支援施設の在所者数は調査されていない．
出所：厚生労働省「社会福祉施設等調査」．

は年齢計で3.0%であるが，年齢階級別には0-9歳0.4%，40歳代1.0%，50歳代2.0%，60歳代4.8%，70歳以上10.1%と上昇している（図9-1）．

　身体障害者福祉サービスの実施主体は市町村である．市町村は身体障害者のための診査や更生相談のほか，必要に応じて自立支援医療，補装具費の支給，各種施設の利用についての要請を行う．専門的な評価判定や相談指導，市町村間の連絡調整等を行う機関として，全国の都道府県・指定都市に身体障害者更生相談所が設置され（80カ所），専門職員として身体障害者福祉司等が配置されている．

　児童の身体障害は成人の場合と異なり，医学的治療や機能訓練などにより機能が回復する可能性が高い．従って，早期発見・早期療育が最も大切である．長期にわたって治療訓練を必要とする肢体不自由児に対しては，肢体不自由児施設（全国に59カ所）において治療・教育・生活指導などが総合的に行われている．在宅の障害児に対しては，児童相談所を中心として相談指導を行うとともに，早期訓練のための児童デイサービス事業，補装具費の支給，ホームヘルプサービスやショートステイによる日常生活の介護等が行われている．

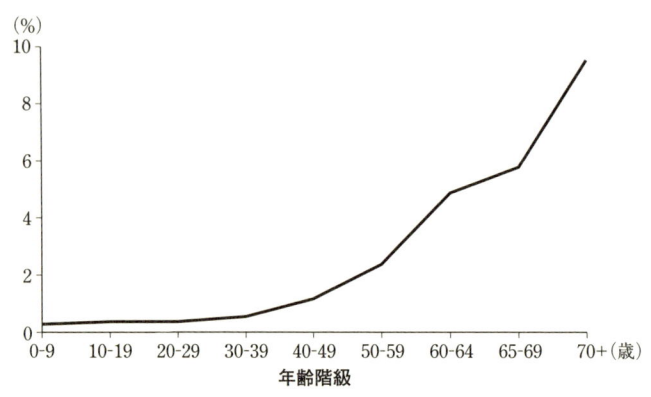

図 9-1　年齢階級別障害児・者の出現率（在宅，2011 年）
出所：厚生労働省「平成 23 年生活のしづらさなどに関する調査」．

■ 知的障害者福祉

　成人となった知的障害者に対する福祉対策の必要性から 1960 年に精神薄弱者福祉法が制定された．「精神薄弱」という用語は 1999 年度から「知的障害」という用語に改められた（なお，知的障害者福祉法には知的障害者の定義はない）．

　日本における在宅の知的障害児・者は，2011 年 12 月に厚生労働省が行った「平成 23 年生活のしづらさなどに関する調査（全国在宅障害児・者等実態調査）」によれば 62.2 万人と推計されている．施設入所者 11.9 万人を加えると，日本の知的障害児・者総数は約 74.1 万人と推計される．在宅の知的障害児・者の人口に対する割合は年齢計で 0.5% であり，40 歳未満で割合が高い（図 9-1）．

　知的障害児施設は知的障害児を入所させ，治療するとともに独立自活に必要な知識技能を与えることを目的に全国に 225 カ所設置されている．知的障害児の通園施設は 256 カ所ある．18 歳以上の知的障害者に対しては，知的障害者援護施設として知的障害者更生施設（入所 397，通所 133），知的障害者授産施設（入所 94，通所 424），などがある．知的障害者援護施設は障害者自立支援法の施行に伴い，同法における新たな体系のサービスへと再編されている．

　在宅の知的障害児（者）に対しては，児童相談所（207 カ所），知的障害者

更生相談所（78カ所），および福祉事務所において児童福祉司，知的障害者福祉司を中心に専門のケースワーカーなどが相談に応じ，指導助言などを行うほか，必要に応じて巡回相談や家庭訪問により指導を行っている．

■ 精神障害者福祉

日本の精神障害者施策は精神保健福祉法に基づいている．精神保健福祉法は1950年に精神衛生法として制定された．精神障害者に対して必要かつ適切な医療を保障することをその基本としており，精神障害の特殊性から**強制的な入院措置等に関する規定**が設けられているのが特徴的である．

1987年に精神障害者の人権擁護と社会復帰の促進を柱とする法改正が行われ，名称も精神保健法と改められた．1993年の精神保健法改正では，精神障害者地域生活援助事業（グループホーム）の法定化や精神障害者社会復帰促進センターの設立などが図られた．

1995年の精神保健法改正は精神障害者の社会復帰に向けた保健福祉施策の充実を図ることを目的とし，名称も「精神保健及び精神障害者福祉に関する法律」（精神保健福祉法）に改められた．精神保健福祉法では精神障害者を「統合失調症，精神作用物質による急性中毒又はその依存症，知的障害，精神病質その他の精神疾患を有する者」と定義している．本法の制定は，身体障害者福祉法（1949年）や知的障害者福祉法（1960年）の福祉施策と比べはるかに遅れを取っていた精神障害者福祉法制が，それらの施策と整合する可能性を含む重要な転機となった．

1999年には精神障害者の人権に配慮した医療の強化，都道府県等に設置された精神保健福祉センターの機能強化，地域生活支援センターの創設（2002年より施行）などが図られた．2005年には障害者自立支援法が成立し，それまで精神保健福祉法に基づいて実施されていた精神障害者居宅生活支援事業（居宅介護等事業，短期入所事業，地域生活援助事業），通院医療，社会復帰施設は，いずれも障害者自立支援法に基づく新たなサービスとして実施されることになった．発達障害が精神障害に含まれるようになった．

知的障害を除く精神障害者は全体で320万人と推定（2011年患者調査）されている．その内訳は，精神科病院に入院している者は約32万人，在宅で生

活している者は約288万人である．また，社会復帰施設やグループホームを利用している者は約1.2万人である．

1997年には精神保健福祉士法が制定された．精神保健福祉士は，精神障害者の社会復帰のための相談援助を行う専門職種であり，1998年度から国家試験が始まり，2014年4月末で約6.5万人が登録されている．

■ 障害者自立支援法

2003年には障害福祉サービスを措置制度から契約制度に転換した「支援費制度」が施行された．支援費制度は福祉サービスを利用する障害者の自己決定の尊重，主体的なサービス利用という理念のもとに策定された制度であるが，これにより従来の措置制度の下では利用していなかった者が新たに利用するようになり，著しく利用者が急増し，サービス費用も大幅に増大した．さらに，全国共通の基準がないためサービス利用の地域差が大きく，精神障害者が対象となっていないなどの課題が明らかとなった．これらの課題解決に向けて「障害者自立支援法」が2005年に成立し，2006年4月に施行された．

障害者自立支援法は「自立と共生の社会の実現」や「障害のある人が普通に暮らせる地域づくり」を目的とし，支援費制度の「自己決定と自己選択」および「利用者本位」の理念を継承しつつ，障害者保健福祉施策の抜本的な見直しを行ったものである．障害者自立支援法では身体・知的・精神の3障害の制度格差を解消し，福祉サービスの実施主体を市町村に一元化した．施設・事業体系を利用者本位のサービス体系に再編し，地域生活支援や就労支援を強化した．また，支給決定の透明化・明確化のために支援の必要度に関する客観的な尺度（障害程度区分）を導入した．増加するサービス利用に必要な財源を安定的に確保するため，在宅サービスに係る国と都道府県の負担を義務として明確にし，一方，利用者も応分の負担（原則として1割負担）をすることになった．都道府県および市町村は障害者自立支援法により新たに障害福祉計画を策定することが課せられた．

これまで支援費制度のもとで，無料かわずかな自己負担で済んでいた多くの障害者がこの法律で原則1割の自己負担が課せられる一方，これまで裁量的経費だった在宅サービスが国等の義務的経費になった．このほか障害者や関係団

体等からは，事業経営の困難化，障害特性が反映されにくい新たな障害程度区分，等に対する抜本的な改善要求が強く出された．このため，法で定めた3年後の見直しを待たずに，その年の補正予算から改善措置が講じられることとなった．なお，2010年の改正で利用者負担は負担能力に応じた負担（応能負担）に改められ，発達障害者も障害者自立支援法の対象となった．

2012年6月には障害者総合支援法（後述）が成立し（2013年4月施行），障害者自立支援法は障害者総合支援法に代替された．

■ 障害者の雇用等

障害者雇用促進法に基づき，民間事業主，国，地方公共団体は「障害者雇用率」に相当する数以上の障害者雇用が義務づけられている．この制度の対象は，当初は常用雇用労働者301人以上の企業に限られていたが，次第に適用範囲が拡大されて56人以上の企業が対象となり，2013年4月からは法定雇用率が2.0%に引き上げられ，対象も50人以上の企業に拡大した．2013年6月1日現在の障害のある人の雇用状況は，障害のある人の雇用者数が10年連続で過去最高を更新し，40.9万人となった（内訳は身体障害者30.4万人，知的障害者の8.3万人，精神障害者2.2万人）．民間企業が雇用している障害のある人の割合は1.76%（1000人以上規模で1.98%）で，法定雇用率を達成した企業の割合は42.7%と依然として半数に満たない状況であった（『平成26年版 障害者白書』）．さらに，2013年には障害者雇用促進法が改正され（施行は2016年度から），雇用の分野における障害者に対する差別の禁止および障害者が職場で働くに当たっての支障を改善するための措置（合理的配慮の提供義務）を定めるとともに，法定雇用率の算定基礎に精神障害者を加えることとされた．法定雇用率が達成されない場合，不足1人につき月額5万円の障害者雇用納付金の支払いを義務付けられ（対象は200人超の企業：2015年度からは100人超の企業に拡大），納付金は達成企業への助成金に充てられる．

『平成25年版 障害者白書』によると，身体障害者の就業率は，一般の就業率と比べて全体的に20-30%ほど低い分布になっている（若年層で60%程度）．知的障害者の就業率もほぼ身体障害者と同様であるが，精神障害者の就業率は極めて低い（20%程度）．障害者の就業形態は，身体障害者は常用雇用が

48.4%で，授産施設・作業所等は 6.5%と少ないが，知的障害者では常用雇用は 18.8%で，授産施設・作業所等が 59.1%と大きな割合を占めている．

事業所を対象とした「障害者雇用実態調査」(2008 年) によれば，従業員 5 人以上の規模の事業所に雇用されて働いている障害者は，身体障害者 34.6 万人，知的障害者 7.3 万人，精神障害者 2.9 万人となっている．事業所で雇用されている者の賃金の平均月額は，常用労働者全体の 26.2 万円に対して身体障害者の賃金の平均月額は 25.4 万円と若干低いが，知的障害者は 11.8 万円，精神障害者は 12.9 万円とかなり低い水準となっている (毎月勤労統計調査 2012 年 12 月)．

障害 (児) 者の所得補償としては，児童に対する特別児童扶養手当と，成人となってからの障害年金がある．このうち 20 歳前からの障害者に対する障害基礎年金は，所得制限のある年金であり，拠出原則の年金制度の例外となっている．在宅の身体障害者では，公的年金の受給者が 67.7%，公的手当の受給者が 16.6%となっている．在宅の知的障害者では年金または手当の受給者が 74.9%を占めている．一方，精神障害者では定期収入に給料が含まれる者は 21.8%に止まり，親兄弟の援助や生活保護のような稼得収入以外に依存する者も多い．

3 ── 自立支援のその先

■ 障害者総合支援法

国連は 2006 年の総会で「障害者権利条約」を採択した．すべての人に保護される人権が障害者にも等しく保護され，移動や情報入手，教育・雇用などにおける障害者の権利が謳われた．日本は 2007 年に署名し，障害者権利条約は 2008 年に発効した．その批准に向けた国内法整備のため，政府は 2009 年 12 月に障がい者制度改革推進本部を設置して，障害者基本法の改正 (2011 年 7 月成立)，障害者総合支援法の制定 (2012 年 6 月成立，2013 年 4 月施行：障害者自立支援法を代替)，障害者差別解消法の制定 (2013 年 6 月)，等を行っている．障害者総合支援法は，障害者の日常生活・社会生活に対する支援が総合的かつ計画的に行われることを法律の基本理念として新たに掲げ，障害支援区

表 9-4 障害者自立支援法と障害者総合支援法の概要

		障害者自立支援法	障害者総合支援法
制 定		2005 年 10 月 31 日	2012 年 6 月 20 日
施 行		2006 年 4 月 1 日	2013 年 4 月 1 日（一部は 2014 年 4 月 1 日）
基本理念		2003 年 4 月から導入された支援費制度の理念を継承し，その問題点を解決して，障害者が地域で安心して暮らせるノーマライゼーション社会の実現を目指す	障害者の日常生活・社会生活の支援が，共生社会を実現するため，社会参加の機会の確保及び地域社会における共生，社会的障壁の除去に資するよう，総合的かつ計画的に行われること
主な内容		利用者本位のサービス体系：障害の種別（身体障害・知的障害・精神障害）にかかわらず，障害のある人々が必要とするサービスを利用できるよう，サービスを利用するための仕組みを一元化	障害者の範囲に難病等を加える
		サービス提供主体の市町村への一元化	
		支援の必要度に応じてサービスが利用できるように障害程度区分を設定	障害の多様な特性その他の心身の状態に応じて必要とされる標準的な支援の度合いを総合的に示す「障害支援区分」に改める
		就労支援の強化	
		国の費用負担の責任を強化（費用の 2 分の 1 を義務的に負担し，利用者も原則 1 割の費用を負担する．2010 年改正で応能負担に変更）	
		障害者医療費にかかる公費負担制度を一元化：身体障害者福祉法に基づく「更生医療」，児童福祉法に基づく「育成医療」，精神保健福祉法に基づく「精神通院医療費公費」を，自立支援医療制度に一元化	共同生活を行う住居でのケアが柔軟にできるよう，共同生活介護（ケアホーム）を共同生活援助（グループホーム）に統合：地域移行支援の対象拡大
		地域生活支援事業：移動支援事業，日常生活用具給付事業，コミュニケーション支援事業等	地域生活支援事業の追加
		2006 年から都道府県・市町村に障害福祉計画の策定を義務化	障害福祉計画の中に，サービス提供体制の確保に係る目標や地域生活支援事業の実施に関する事項を追加

分の創設（障害程度区分を止めて），サービス基盤の計画的整備，などを主な内容とする．表9-4は障害者自立支援法と障害者総合支援法の概要を示したものである．障害者総合支援法は，支援費制度から障害者自立支援法に替わった時ほどの大きな改正ではない．

2011年の障害者基本法改正で新設された障害者政策委員会において，障害者施策の基本原則が見直され（地域社会における共生，差別の禁止，国際的協調，等の重視），障害者の自己決定の尊重を明記した第3次障害者基本計画（2013-2017年度）が策定された（表9-4）．制度や経済社会情勢の変化が激しいことを踏まえ，従来10年だった計画期間は5年に短縮され，既存分野の施策の見直しの他に「安心・安全」や「差別解消」に関する施策分野が新設され，計画の実効性を確保するため，合計45の事項について成果目標が設定された．

■ 障害者が住みやすい社会に向けて

障害者に対する国の予算は2011年度1.36兆円，2012年度1.47兆円，2013年度1.45兆円，2014年度1.58兆円と増加傾向にある．しかし，日本の障害者支援は先進諸国の中で最も手薄である．図9-2は縦軸に障害給付のGDP比を，横軸に生産年齢人口のなかで障害給付を受給している人の割合をとって，先進9カ国の散布図を描いたものである．これまで日本では障害福祉サービスを拡充するためにさまざまな努力がなされてきたが，図9-2はまだやらなければならないことが多いことを示唆している．

障害者も生活する1人の人間であり，障害のない者と同じようにあらゆる生活上のニーズ（たとえば，医療，教育，就労，文化，スポーツ，コミュニケーション）を持っている．障害者基本法には医療・介護，年金，教育，療育，職業相談，雇用の促進，住宅の確保，公共施設におけるバリアフリー化，情報の利用におけるバリアフリー化など，あらゆる分野で国は施策を進めなければならないとされている．また，障害者の自立および社会参加を促進するには，国や地方公共団体などの行政だけでなく社会全体で取り組まなければならず，国民の連帯意識が重要である．**日本の障害者支援が他の先進国に比べて大きく遅れをとっている理由の1つは「障害者の自立と社会参加」に対する国民のサポートの弱さであろう．**

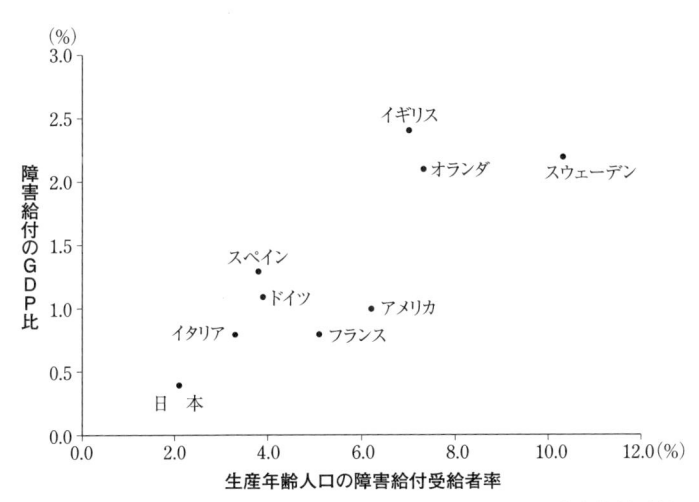

図 9-2　障害給付（対 GDP 比, 2009 年）と生産年齢人口の障害給付受給者率（2007／08 年）の散布図
出所：OECD.

4──まとめ

　日本の障害者福祉施策はこれまで国連や欧米諸国の影響を受けて進展してきた．最近の例では，2006 年の国連「障害者権利条約」の採択を受けて，その批准に向けた国内法整備の一環として障害者基本法の改正（2011 年），障害者総合支援法の制定（2012 年），障害者差別解消法の制定（2013 年），等が行われた．
　ノーマライゼーションという言葉は日本でもすっかり定着しているが，障害者支援はまだ日本に定着しているとは言えない．実際，日本の障害者支援は先進諸国の中で最も手薄である．障害者基本法にはあらゆる分野で国は障害者支援の施策を進めなければならないとされているが，障害者の自立および社会参加を促進するには，国や地方公共団体などの行政だけでなく社会全体で取り組まなければならず，国民の連帯意識が重要である．

10章
働き方と子育て支援

1──働き方と社会保障

■非正規就業の拡大

　日本では雇用者（被用者）に占める非正規就業者の数・率が増加の一途をたどり，出生率の低下を招いているだけでなく，格差問題の元凶にもなっている．2013年の雇用者数は5200万人で，そのうち正規は3294万人，非正規は1906万人であった（総務省「労働力調査」）．非正規雇用の内訳はパート928万人，アルバイト392万人，契約社員・嘱託388万人，派遣社員115万人，その他82万人であった．雇用者に占める非正規雇用の割合は2000年の26％から2013年には37％に上昇した（女性では55％にのぼっている）．就業者の中のパートタイマーの割合は日本が突出して高いわけではない（**表10-1**）が，日本の問題は正規就業と非正規就業の処遇上の大きな格差および非正規から正規への移動の障壁である．

　男女の賃金格差（フルタイム）は1991年の60％から，2001年には65％，2012年は71％（男性32.9万円，女性23.3万円）と縮小傾向にある（厚生労働省「働く女性の実情」）．しかしながら，フルタイムの男女間賃金格差は**表10-1**の9カ国の中で日本が最大である．

　企業は正規就業者の採用を抑制して非正規就業者の採用を増やすことによって労働コストを減らすとともに，非正規就業者を景気の調整弁に使っていると言われている．その背景には正規就業者に対する解雇の制約をはじめさまざまな要因が考えられるが，若年者の就業状態の違いはその時点の格差だけでなく，

その後にも大きな影響を及ぼすため,非正規就業者の増加の問題は日本がどのような社会を目指すのかという基本的な問いに関わる重大問題である.

子育て世代(25-44歳)の女性の労働力人口比率(いわゆるM字カーブ)も上昇傾向にあるが,日本の女性の就業率に関してはまだ改善の余地がある.一方で,60-64歳人口の就業率は,日本が表10-1の9カ国の中でスウェーデンに次いで高く,65-69歳人口の就業率は日本が他の先進諸国より突出して高い.

■ 格差の拡大と社会保険の空洞化

国際競争力を確保するため,企業は社会保険料負担の引上げに反対している.日本経団連の福利厚生費調査(2006年度)によると,社会保険料の企業負担である「法定福利費」の現金給与総額に対する割合は1996年度の11%から2006年度には13%に上昇した.厚生年金の2011年度の保険料総額は約23.5兆円で,その約半分を企業が負担している.仮に基礎年金を全額税方式にすれば,企業の保険料負担は数兆円軽減されることになる.日本経団連は企業活動の活性化が雇用・所得の拡大に結びつくとして,法人実効税率を30%まで下げるよう主張してきた.政府は企業の国際競争力確保のために法人実効税率を引き下げることにし,社会保障の財源確保のための消費税増税を決定した.法人税減税が実際に雇用・所得の拡大につながるかどうかは今後の展開に委ねられている.

公的年金制度への未納・未加入問題の要因としては,①世代間格差(制度によって得られる内部収益率に大きな世代間格差があること),②流動性制約(現在の所得があまりにも低いために保険料を払う余裕がないこと),③逆選択(加入のメリットを判断して敬遠すること),などがあげられる.公的年金は本来強制適用であるため,未加入は存在しえず,未納は脱税と同等のはずであるが,制度に対する国民の信頼感の低さを反映して,保険料の強制徴収の仕組みはほとんど執行されず,未納・未加入の問題が引き続き存在している.

健康保険では主に大企業がつくる健保組合が解散し,自前の健保組合がない中小企業などが加入する協会けんぽ(2008年10月から全国健康保険協会が運営)に移る動きが広がっている.高齢者医療制度への負担金で健保組合の財政

表10-1 働き方と子育て支援に関する国際比較

	0-14歳の子(%) 2006/07		有給FRE(日) 2013		労働市場 2012（%）					フルタイムの男女間賃金格差, 2010（%）
	1人親世帯	夫婦世帯	出産休暇	母親休業	失業率	15-64歳人口の就業率	60-64歳人口の就業率	65-69歳人口の就業率	就業者中のパートタイマーの割合	
フランス	13.3	85.3	15.7	20.6	9.9	63.9	21.7	5.9	14.2	14.3
ドイツ	13.4	86.1	14.0	35.4	5.5	72.8	46.5	10.1	22.5	20.8
イタリア	9.2	90.1	17.3	25.1	10.8	57.6	22.8	8.0	19.0	10.6
日 本	12.3	87.7	9.3	31.3	4.6	70.6	57.6	37.0	20.5	28.7
オランダ	10.7	88.0	16.0	20.8	5.3	75.1	43.9	12.7	39.2	16.7
スペイン	14.9	82.1	16.0	16.0	25.2	56.2	31.8	5.2	14.6	6.1
スウェーデン	21.0	78.0	0.0	48.0	8.1	73.8	64.4	19.5	13.5	14.3
イギリス	22.9	75.6	11.7	11.7	8.1	70.9	45.3	19.5	24.3	18.4
アメリカ	25.8	70.7	0.0	0.0	8.2	67.1	52.0	29.9	13.4	18.8

注：1）有給FREは賃金の100%に換算した有給休暇の日数．
　　2）「母親休業」は出産休暇を含む母親が取得できる休業合計．
出所：OECD Family Database, OECD Employment Database.

が悪化したため，保険料を上げて労使で負担増を受け入れることを避ける選択をしている．

社会保険の空洞化はそれ自体格差拡大の結果であるが，年金制度や医療保険制度を通じて格差拡大の原因にもなっている．社会保険の空洞化を是正するためには，賃金が低くて社会保険料を払えない人を減らし，**低賃金労働者を社会保険制度内に組み入れる仕組み**が必要である．

■ 貧困者の増大と社会的排除

非正規就業の増加は貧困者の増加をもたらし，社会的排除（Social Exclusion）の問題を拡大させてゆく．この悪循環を断つために，近年ILOはディーセントワーク（Decent Work）という考え方を提唱している．ワーキング・プアの問題は，主にフリーターとか非正規労働者とよばれる不安定雇用が拡大し，その人たちが貧困状態での生活を余儀なくされている（したがって，税金も社会保険料も払えない，購買力も低い）ことである．彼らは社会的排除を受けていると考えられ，社会連帯や社会統合を傷つけるものであるため，彼らにもディーセントワークを提供して社会的包摂（Social Inclusion）を実現させようとする考え方がILOから提起されている．

1990年代より日本でも貧困率が上昇し，このため貧困研究が活発化してき

た．貧困の定義には絶対的貧困と相対的貧困があるが，相対的貧困率がよく使われている．相対的貧困率は，世帯の等価可処分所得（成人1人当たりに換算した可処分所得）が総世帯の等価可処分所得の中央値の50％（ヨーロッパ諸国では60％とすることが多い）以下の世帯に暮らしている人の割合で示される．1980年代までは1億総中流という言葉に表現されるように，日本は国民の大多数が中流意識をもった平等な社会だとみられていた．しかし，近年では日本の相対的貧困率はOECD諸国の中でも高い方であり，不平等な社会であることが定着している．ドイツ，日本，スウェーデンでは子どもの貧困率が総人口の貧困率より低く，フランスやオランダでは高齢者の貧困率が総人口の貧困率より大幅に低い．日本の貧困率は確実に上昇しており，何らかの政策的介入が必要である．

　貧困は所得だけで測るものではない．最近では相対的剥離（Relative Deprivation）や社会的排除という概念が提起されている．相対的剥離とは，人々が社会で通常手に入れることのできる物（衣服，住宅，居住設備，など）に事欠いている状態および一般に経験されているか享受されている活動（雇用，教育，レクリエーション，家族での活動，社会活動，社会関係）に参加できない（アクセスできない）状態のことをさす．世帯所得が一定水準以下になると相対的剥離指標が急増する．社会的排除は，個人や一定の集団が社会を構成する権利や義務から切り離され，それらの人々の社会参加が阻害されていく過程を示す．社会的排除の正反対は社会的包摂である．例えば，ホームレスをなくす施策は社会的包摂の一形態である．

2───子育て支援の展開と現状

■ 育児支援策

　少子化の進展とともに，年間出生数は1980年の158万人から2013年には103万人に低下した．児童がいる世帯の全世帯に占める割合も1986年の46％から2013年には24％まで低下した（**表10-2**：国民生活基礎調査では18歳未満の未婚の者を「児童」と定義している）．児童の多くは両親とともに，あるいは3世代世帯に住んでいるが，7％程はひとり親と住んでいて[1]，その何割

表 10-2 児童のいる世帯の年次推移

年次	児童のいる世帯（千世帯）				ひとり親と未婚の子のみの世帯			3世代世帯
	計	全世帯に占める割合（％）	平均児童数（人）	夫婦と未婚の子のみの世帯		母子世帯	父子世帯	
1986	17,364	46.2	1.83	11,359	722	600	115	4,688
1989	16,426	41.7	1.81	10,742	677	554	100	4,415
1992	15,009	36.4	1.80	9,800	571	480	86	4,087
1995	13,586	33.3	1.78	8,840	580	483	84	3,658
1998	13,453	30.2	1.77	8,820	600	502	78	3,548
2001	13,156	28.8	1.75	8,701	667	587	80	3,255
2004	12,916	27.9	1.73	8,851	738	627	90	2,902
2007	12,499	26.0	1.71	8,645	844	717	100	2,498
2010	12,324	25.3	1.70	8,669	813	708	77	2,320
2013	12,085	24.1	1.70	8,707	912	821	91	1,965

注：1995年の数値は，兵庫県を除いたものである．
出所：国民生活基礎調査（各大規模調査年）．

かは貧困世帯であることが「子どもの貧困」として認識されている．

0-14歳の子でひとり親世帯に住んでいる割合をみると，日本は低い方であるが，アメリカやイギリスではこの割合が高く（表10-1），「子どもの貧困」の問題は以前から大きな問題である．このため，イギリスで2010年3月に成立した子供貧困法（Child Poverty Act）では2020年までに子どもの相対的貧困を10％以下にすることを国の目標としている．

一般の児童を対象にその健全育成のために各種施策が実施されている．育児支援策としては児童手当（子ども手当）と保育所サービスがその代表例である．児童手当制度は児童の健全育成のために児童を養育する家庭に児童手当を支給する制度で，1971年に児童手当法が制定され，1972年1月から実施された．2010・11年度には子ども手当が支給され，2012年度には拡充された児童手当にもどった．

児童手当の支給対象児童は，制度発足時は第3子からであったが，1991年以降は第1子からとなった．支給額は1991年以降，第1子・第2子は月額5000円，第3子以降は月額1万円で，2007年4月から3歳未満に対する額は月額1万円に引き上げられた．支給期間は，制度発足時は誕生してから中学校卒業までであったが，その後の変遷を経て2006年以降は小学校修了までとな

った（表10-3）．児童手当の財源は税金のほか，被用者世帯に支給される児童手当には事業主負担分がある．主要ヨーロッパ諸国では児童手当には所得制限はないのが一般的であるが，日本の児童手当には所得制限があった．所得制限限度額は次第に緩和され，2006年度以降の支給率はおよそ90％であった．

　子ども手当は所得制限を設けず，中学卒業まで1人月額1万3000円が支給された．地方自治体と事業主は児童手当と同額の負担をし，拡充された分は国費が充当された．支出規模は2009年度の児童手当1兆円（国2700億円，地方5700億円，事業主1800億円）から，2010年度の子ども手当は2.7兆円に増加した．2012年度からの拡充された新児童手当は，3歳未満は1万5000円，3歳から中学生までは1万円，ただし，小学生までの第3子以降は1万5000円となった．新児童手当では再び所得制限（夫婦片働き・児童2人世帯では年収960万円以上）が設けられ，所得制限を超える世帯には当分の間特例給付（月額5000円）が支給される．

　主要ヨーロッパ諸国では児童手当には所得制限はないのが一般的であり，イギリス，スウェーデンでは16歳未満，ドイツでは18歳未満の子どもが対象とされる．フランスの児童手当は第2子以降の20歳未満の子どもを対象に第2子で月127.05ユーロ，第3子以降月162.78ユーロが所得制限なしに支給される（厚労省，2013）．スウェーデンの児童手当は原則として16歳未満の第1子から支給され，子どもが多い程支給額が多くなる仕組みになっている．一方，イギリスの児童手当は原則として16歳未満の第1子から支給されるが，第1子の方が第2子以降より高い．イギリス・スウェーデンとも財源はすべて国庫負担である．ドイツでは児童手当の他に児童扶養控除制度があり，どちらか有利な方が適用される．児童手当は原則として18歳未満の第1子から所得制限なしに支給され，第1子・第2子は月184ユーロ，第3子は月190ユーロ，第4子以降は月215ユーロである．その財源は連邦・州・市町村の負担となっている（厚労省，2013）．

　日本では2013年4月現在，保育所利用児童数は222.0万人であり，認可保育所を希望しながら入所できない「待機児童」数は2.3万人であった（**表10-4**）．保育所は就学前児童の35％が利用している．政令指定都市を中心に都市部の自治体が保育所整備を進め，待機児童数を減らす努力がなされているにも

表10-3 児童手当（子ども手当）の変遷

1972年	第3子から支給，義務教育修了前まで月額3,000円
1975年	月額5,000円に引上げ
1986年	義務教育就学前までに短縮および支給対象児童を第2子に拡大（第2子2,500円，第3子以降5,000円）
1991年	3歳未満までに短縮および支給対象児童を第1子に拡大（第1子・第2子5,000円，第3子以降1万円）
2000年	義務教育就学前までに延長（年少扶養控除を48万円から38万円に引下げ）
2004年	小学校3年までに延長
2006年	小学校6年までに延長
2007年度	3歳未満は1万円
2009年度	児童手当：3歳未満は1万円，3歳から小学生は第1子・第2子5,000円，第3子以降1万円；支給率90％；年間支給総額1兆円（国2,700億円，地方5,700億円，事業主1,800億円），年少扶養控除等1.1兆円
2010・2011年度	子ども手当：中学生まで1人月額1万3,000円，所得制限なし，年間支給総額2.7兆円
2012年度以降	新児童手当：3歳未満は1万5,000円，3歳から中学生まで1万円．ただし，小学生までの第3子以降は1万5,000円；所得制限あり；年間支給総額2.3兆円

注：児童手当の費用負担は下記の通り．
　3歳未満：被用者分は事業主7/10，国1/10，都道府県1/10，市町村1/10
　　　　　非被用者分は国1/3，都道府県1/3，市町村1/3
　3歳から小学校修了：国1/3，都道府県1/3，市町村1/3

表10-4 保育所利用児童数および待機児童数

年	保育所数	保育所利用児童数（千人）	保育所待機児童数（千人）	利用率（％）
2005	22,570	1,994	23	28.9
2006	22,699	2,004	20	29.6
2007	22,848	2,015	18	30.2
2008	22,909	2,022	20	30.7
2009	22,925	2,041	25	31.3
2010	23,069	2,080	26	32.2
2011	23,385	2,123	26	33.1
2012	23,711	2,177	25	34.2
2013	24,038	2,220	23	35.0

注：利用率＝保育所利用児童数÷就学前児童数．
出所：厚生労働省．

かかわらず，待機児童はなかなか解消されない．その理由は，供給量を増やしても潜在的な待機児童の申請が誘発されているためとみられている．

児童の保育については，1997年の児童福祉法改正法により，市町村が職権で各児童の保育所を決定するという措置制度が廃止され，保護者が自由に保育所を選択できる仕組みとなった．しかし，保育所定員は依然として不足している．通勤路に適当な保育所がない場合は選択されないといった需要の偏在も指摘される．待機児童を解消するため，2001年には待機児童ゼロ作戦が展開された．2003年に成立した児童福祉法改正法により，一定数以上の待機児童のいる市町村と都道府県に対し，地域の実情，ニーズに的確に対応した保育計画の作成が義務付けられた．

保育所サービスは低所得者の継続就業を支援するために重要であるだけでなく，**就労と子育ての両立に不可欠**である．保育所不足対策の一環として，就学前の教育・保育ニーズに対応する新たな選択肢として「認定こども園」が2006年10月からスタートした．認定こども園には地域の実情に応じて幼保連携型，幼稚園型，保育所型，地方裁量型（幼稚園・保育所いずれの認可もない地域の教育・保育施設が認定こども園として必要な機能を果たすタイプ）が認められている．また，保育所不足に対応するため，保育ママという自宅で3歳未満児を預かる制度も，児童福祉法を改正し2009年から実施されている．2008年には，希望するすべての人が安心して子どもを預けて働くことができる社会の実現に向けて，新待機児童ゼロ作戦が策定された．安倍政権は2017年度までに待機児童をゼロにすることを目指し，2014年度までの2年間で約20万人分，2017年度までの5年間で約40万人分の保育の受け皿を整備するとして自治体支援に乗り出している．

育児・介護休業法も逐次改正されてきており，2010年からは労働者の申し出により子が1歳に達するまでの間，育児休業を取ることができ，時間外労働の制限や看護休暇の取得が可能であり，また3歳までの子を養育している労働者には勤務時間の短縮等の措置を取ることとされている．育児休業中は，休業前賃金の50%の育児休業給付が雇用保険により支給され，厚生年金の保険料・健康保険料が申請により被保険者負担分および事業主負担分ともに免除される（ただし，産前産後の休業期間と介護休業の場合は免除されない）．さら

に，父（母）親も育児休業を母（父）親と共に取った場合は，休業期間が1年2カ月に2カ月延長されることとなった．

保育サービスの問題は就学前児童に限らない．共働き家庭などの小学生が放課後を過ごす「学童保育」の不足も，就労と育児の両立を困難にする．厚生労働省によると2013年5月時点で学童保育を利用できない児童が約9000人いるが，安倍政権は成長戦略に盛り込む「女性の活躍」推進策の1つとして，今後5年間で学童保育の定員を30万人分増やすことを掲げている．

■ 少子化対応

日本では1970年代半ばから出生率（TFR＝total fertility rate）が2.0を下回った．出生率はその後も低下を続け，1990年には前年の出生率が1.57と過去最低を記録したことが判明して，「1.57ショック」という言葉とともに少子化問題が日本社会に認識されるようになった．少子化は2000年代に入って深刻さを増し，2005年のTFRは過去最低の1.26を記録したが，その後わずかに上昇している（2010・2011年1.39，2012年1.41，2013年1.43）．1980年代には日本の出生率低下の主な要因は晩婚化と考えられていた．1990年代に入って未婚化が指摘されるようになり，出生率低下が一時的なものではないことが分かってきた．さらに1990年代後半以降は夫婦出生力低下が観測され，出生率回復にはそれまでの出産・育児と就業継続の両立支援策だけでなく，**働く人のワーク・ライフ・バランスの向上や社会全体で子育て支援に取り組むこと**が必要であるという認識が高まった．

国の少子化対策に関する取り組みは，1994年12月のエンゼルプラン（1995年度からの10年間における子育て支援総合計画）が最初のものである．その後，新エンゼルプラン（1999年），少子化対策プラスワン（2002年），次世代育成支援対策推進法（2003年），少子化社会対策基本法（2003年），と次々と対策が打ち出された．2002年1月には人口推計が公表され，出生数そのものの著しい低下に対応するため，「少子化対策プラスワン」（9月）が公表されるとともに，政府の取り組みをより具体化するため2003年7月には「少子化社会対策基本法」が公布された．次世代育成支援対策推進法は2005年度から10年間の時限立法で，「次世代育成支援行動計画」の策定を義務づけた．国は

「行動計画策定指針」(2005年8月および2009年3月) を示したうえで，地方公共団体のみならず，次代を担う子どもたちの健全な育成，発達を広く地域社会全体が責任を負う立場から，企業等の一般事業主にも行動計画の策定・公表・周知を義務づけたのが特色である．策定時は301人以上の企業の事業主に義務づけられていたが，後期のプラン (2010年度–) からは101人以上の企業の事業主にも義務づけられた．都道府県および市町村の行動計画は育児・子育て支援の各種サービスの提供や子どもと親の健康づくり，保育環境の充実や子育てに関わる人材育成，環境整備などを内容とし，一般事業主の行動計画には，育児休業の取得や育児のための短時間勤務制度の導入など職場環境の改善を伴うことが求められている．

少子化社会対策基本法に基づき少子化社会対策大綱，さらには「子ども・子育て応援プラン」が策定され，少子化の流れを変えるための総合的な施策が展開された．2008年に厚生労働省は「新待機児童ゼロ作戦」を公表し，希望するすべての人が子どもを預けて働くことができるようにするため，保育サービス (3歳未満児) の提供割合，放課後児童クラブの利用児童数などについて，10年後の達成目標を数値化した．2008年11月には社会保障国民会議が，少子化対策は将来の担い手を育成する「未来への投資」として位置づけ，①仕事と生活の調和および②子育て支援の社会的基盤の拡充に関して，「国が責任をもって国・地方を通じた財源の確保を図った上で，大胆かつ効率的な財政投入を行い，サービスの質・量の抜本的な拡充を図るための新たな制度体系を構築することが必要不可欠」とした最終答申を取りまとめた．

税・社会保障一体改革において，全世代型社会保障の典型例として2011年1月，政府は「子ども・子育てビジョン――子どもの笑顔があふれる社会のために」を閣議決定した．「個人に過重な負担のかかっていた子育て」から「**社会全体で子育てを支える**」方向へと目標を定めた．子ども・子育てビジョンには2014年までに達成すべき数値目標が含まれ，エンゼルプランから続く約20年の少子化対策の集大成となっている．さらに，2012年8月には子ども・子育て関連3法 (子ども・子育て支援法，認定こども園法の一部改正法，児童福祉法の一部改正等関係法律の整備法) が成立し，2015年度から子ども・子育て支援新制度が施行される．新制度は市町村が子ども・子育て支援事業計画を

策定して実施することになっている．

3 ── ワーク・ライフ・バランスと家族政策の拡充に向けて

■ ワーク・ライフ・バランス

　子育て支援策は人口減少に対する施策のみならず，女性の社会進出，男女の役割分業意識，企業経営および雇用慣行，家庭教育などを含む国民全体の幅広い生活分野における課題解決が望まれている．この文脈の中で，長時間労働の是正を柱とするワーク・ライフ・バランスという考え方が強調されるようになった．

　2007年に「仕事と生活の調和（ワーク・ライフ・バランス）憲章」および「仕事と生活の調和推進のための行動指針」が策定された．憲章では国民全体の仕事と生活の調和の実現が，日本社会を持続可能で確かなものにするうえで不可欠という．そのために法制度の整備による環境醸成が必要であるとともに，国民のサポートが大切である．

■ 手薄な家族政策

　ヨーロッパの先進国の社会支出は，GDP比で25%を超えている国が多いが，その分国民の負担も大きくなっている．日本との違いは，生活上のリスクに対して個人として対処するのでなく，社会システムで対処する（つまり，社会に委託する）度合いの違いであると言える．

　社会保障の規模に関してヨーロッパ大陸諸国とイギリスやアメリカとではかなりの差が見られる．図10-1は主要6カ国の2009年における公的制度による社会支出の対GDP比を示したものである．社会支出の対GDP比は日本（23.0%）とアメリカ（19.5%）で低く，ヨーロッパ大陸諸国は30%前後である．しかし，アメリカでは国民の40%程しか公的医療保険の対象ではないので，その分社会保障の規模が小さくなっている．仮に企業が負担している従業員に対する医療保険を加えると，アメリカの社会支出の規模は日本より大きくなる．また，イギリスの公的老齢年金給付はGDPの4%と低いが，強制適用の企業年金・個人年金まで含めれば約9%に達する．このような状況を考慮す

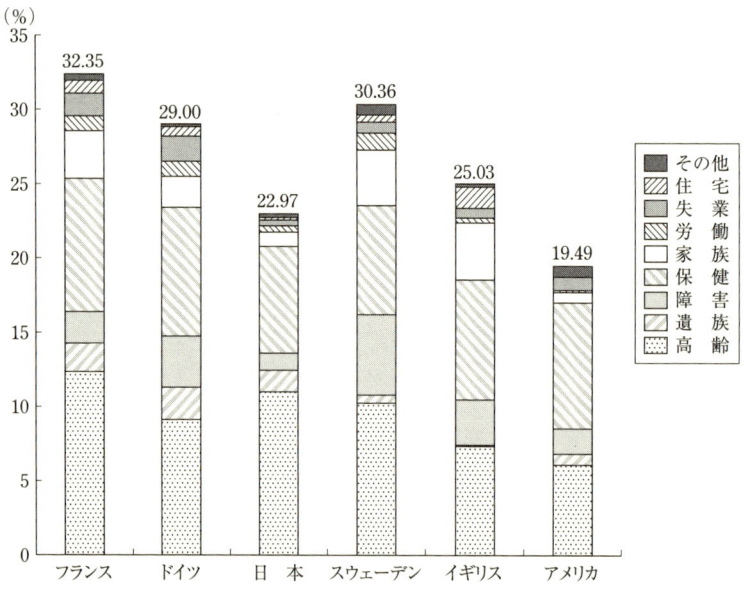

図10-1 分野別社会支出の対GDP比（公的支出）：2009年
出所：OECD（2012）Social Expenditure Database 2012 ed.

ると，日本の社会支出の規模は主要先進諸国の中で最も小さいといえる．日本の社会保障給付は確かに高齢者に偏っている．それは日本の年金給付が他の先進国より多いことを意味しているわけではなく，日本の家族給付，就労支援給付，障害者給付，などが少ないことに起因している．

表10-5は主要国の家族給付および税負担のGDP比を示したものである．2009年における児童手当を含む現金給付の対GDP比はイギリス（2.5%），スウェーデン（1.6%），フランス（1.4%）などで高く，保育所サービスを含む現物給付の対GDP比はスウェーデン（2.2%），フランス（1.8%），イギリス（1.4%）などで高い．さらに子育て世帯に対する税制による優遇措置の大きさ（対GDP比）はドイツ（1.0%），フランス（0.8%），オランダ（0.8%）などで高い．その結果，公的制度による家族給付計のGDP比はイギリス，フランス，スウェーデン，ドイツで3%を超えている一方，アメリカ，日本，イタリア，スペインでは1%台と低い．

表 10-5　主要国の家族給付および税負担の GDP 比

	公的家族給付の GDP 比(%) 2009				税負担（社会保険料を含む）の GDP 比(%) 2011						税率（％）	
	現金	サービス	税軽減	計	所得・利益への課税			社会保険料		VAT・消費税	法人税 2014	VAT・消費税 2013
					計	個人	企業	計	事業主			
フランス	1.44	1.76	0.78	3.98	44.1	7.5	2.5	16.7	11.4	10.6	34.4	19.6
ドイツ	1.16	0.89	1.01	3.07	36.9	9.1	1.7	14.2	6.7	10.4	30.2	19.0
イタリア	0.78	0.80	0.00	1.58	43.0	11.5	2.7	13.4	9.2	10.0	27.5	21.0
日本	0.51	0.45	0.53	1.48	28.6	5.3	3.4	11.9	5.4	4.7	37.0	5.0
オランダ	0.78	0.93	0.77	2.48	38.6	8.3	2.1	14.8	5.1	10.3	25.0	21.0
スペイン	0.67	0.85	0.25	1.77	32.2	7.2	1.8	12.1	8.5	7.8	30.0	21.0
スウェーデン	1.58	2.17	0.00	3.75	44.2	12.2	3.2	10.1	7.5	12.5	22.0	25.0
イギリス	2.46	1.38	0.38	4.22	35.7	10.1	3.1	6.7	3.9	11.1	21.0	20.0
アメリカ	0.11	0.59	0.52	1.22	24.0	8.9	2.3	5.5	3.1	3.7	39.1	—

出所：OECD Family Database, OECD Tax Database.

　日本の法人所得税は税率が高く，税額も GDP の 3.4％ と表 10-5 の 9 カ国の中で最も高い．しかし，日本企業の社会保険料負担（事業主負担分）はアメリカ・イギリス・オランダに次いで低く，企業の負担はヨーロッパ大陸諸国に比べて概して低い．一方，個人への課税では，所得税は日本が表 10-5 の 9 カ国の中で最も低く，VAT（付加価値税）・消費税では日本はアメリカに次いで低い．

　家族政策に熱心なフランスでは，女性が出産・育児と就業を両立させられるように教育・雇用・税制など幅広い政策分野で多種多様なきめ細かい育児支援策が存在し，人々は安心してそれらを利用している．家族給付は企業の負担金（賃金に対する 5.40％）で賄われてきたが，その後，一般社会拠出金（CSG）の一部も充当されるようになった[2]．家族政策に対する支持は広範に存在し（右派政権でも左派政権でも），今日ではその財源（2009 年で GDP の 4％）の 65％ は事業主の拠出，20％ は一般社会拠出金（CSG）で賄われている．

　図 10-2 は表 10-5 の 9 カ国について，横軸に出生率（TFR）を，縦軸に公的家族給付（GDP 比）をとった散布図である．この図から公的家族給付が小さい国（日本・イタリア・スペイン）は概して出生率が低いことが窺われる（ドイツとアメリカは例外）．

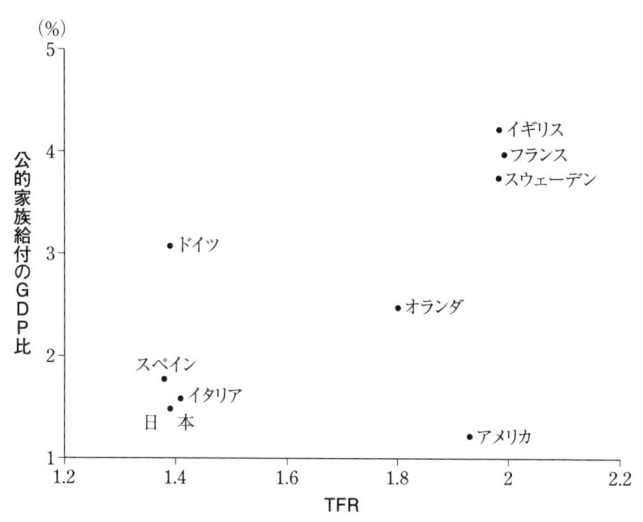

図10-2 公的家族給付（対GDP比，2009年）と出生率（TFR，2010年）の散布図

■ 求められる機能強化と子育て支援

　社会保障の規模は，その持続可能性なくしては国の財政の健全化は考えられない程大きくなっている．今後，高齢化等によって医療や介護はさらに規模が拡大することが見込まれている．また，家族給付や福祉の分野でも機能強化のための給付拡大が必要とされている．このように負担拡大が不可避であるなら，経済成長（効率性）をできるだけ損なわないような負担の仕組みを構築していくことも重要になる．給付の効率化とともに，機能強化が必要なところには財源を投入しなければならず，給付をささえる負担は可能な限り公平な仕組みにする必要がある．

　社会保障が充実していても国際競争力が低下するとは限らない．政府の規模が大きいか小さいかは相対的なものであり，政府が効率的に機能しているかどうかが重大な関心事となる．例えば，若い世代にワーキング・プアが存在することは政策の失敗によるもので，雇用政策が十分機能していないことによる．

　パートタイムとフルタイムの賃金格差を是正し，労働者に柔軟な就業形態を許容することが，生産性の向上や女性・高齢者の就業増加に結びつけば望ましい．正規雇用と非正規雇用という分断された市場間の「壁」を低くし，両者の

市場の行き来を活発化させれば，非正規雇用が使用者側にとって常にコスト的に有利な雇用形態ではなくなり，使用者側はパートかフルタイムかで（時間当たりでみた）賃金や処遇を変えるインセンティブ（誘因）は持たなくなる．このため，待遇も自然とバランスのとれたものになる．

　日本の家族給付の規模は先進諸国の中でも特に小さかったが，子ども・子育て支援の大きさ（GDP比）は各種政策展開にもかかわらず今後も今日とあまり変わらない見込みが示されている．1990年代以降，いわゆる少子化対策が次々と打ち出され，2000年代には一般企業や社会全体を巻き込む取り組みが行われてきたが，結果として今日まで特に大きな成果は上がっていない（つまり，出生率は依然としてTFR＝1.4という低い水準に留まっている）．非正規就業が就業者の3人に1人まで増加してしまったことも出生率が上がらない要因となり，そもそも正規と非正規の間に大きな格差がある中で，今日の水準（あるいは今後のさらなる増加）の非正規就業を放置していて良いのかという問題がある．**低所得の子育て世帯を経済的に支援する政策**は，日本全体の所得分配の不平等度を引き下げる子育て支援策として特に有効である．低所得（の子育て）世帯の社会保険料を国庫負担で肩代わりする方式は，社会保険の空洞化を防ぐ方策として検討に値する．また，スウェーデンやフランスでは子育て支援の分野での企業の役割が大きいことに鑑み，日本でも子育て支援にもっと企業の負担を求めることも1つのアプローチである．

4——まとめ

　人々の働き方は社会保障にも大きな影響を及ぼしている．非正規就業が増えると，税金や社会保険料を払える人が減り，また出生率低下の原因にもなっている．日本の相対的貧困率は確実に上昇しており（特に低所得層が置き去りにされている），何らかの政策的介入が必要である．

　日本では1990年以降今日まで20年以上にわたっていわゆる"少子化対策"をとってきたが，それらは結果的にはあまり有効ではなかったと言わざるを得ない．それは，"少子化対策"が少子化の真の要因に届いていないからである．例えば，児童手当から子ども手当へ，そして2年後に再び児童手当へという政

策変更は，「幅広い政策分野で多種多様なきめ細かい育児支援策が存在し，人々は安心してそれらを利用できる」というフランスの状況からは程遠いものである．低所得の子育て世帯を経済的に支援する政策は，日本全体の所得分配の不平等度を引き下げる子育て支援策として特に有効である．低所得（の子育て）世帯の社会保険料を給付付き税額控除によって肩代わりする方式は，公費負担の新たな形態として検討に値する．

1) 国民生活基礎調査によると，2013年における母子世帯数は82.1万世帯，父子世帯数は9.1万世帯である．一方，2011年度全国母子世帯等調査によると，母子世帯数は123.8万世帯，父子世帯数は22.3万世帯と推計されている．
2) 1991年に創設された一般社会拠出金（CSG: Contribution Sociale Généralisée）は，広く個人の所得に課する社会保障目的税である．社会保険料は国民連帯や市民連帯に属する支出（家族のリスクなど）には向いていないとされてCSGが導入された．CSGの税率は当初1.1%で家族手当等の財源にあてられていたが，現在の税率は原則7.5%であり，家族手当，疾病保険，老齢保険等の財源に使われている．

11章
所得格差と貧困

1──所得格差の拡大

■ 所得格差の拡大

　社会保障がどこまで所得再分配を目指すべきかという点については，議論の分かれるところがある．所得再分配のためには，税という別の社会的な仕組みが存在するからである．しかし，社会保障は社会的リスクが現実のものになった人たちに，そうでない人たちから所得が移転するという事後的な所得再分配機能を伴う．さらに，社会保険には公費負担にその財源を依存する部分があり，税による所得再分配の影響を受ける．そのため，社会の所得格差がどこまで拡大しているか，政策によって格差がどこまで縮小しているかという点は，社会保障にとっても重要な関心事であると考えてよい．

　日本では，所得格差が拡大傾向にあるという認識が一般的になっている（橘木，1998）．ここではまず，そうした認識が正しいかどうかを統計的にチェックしておこう．所得格差を把握するための指標としては，ジニ係数という尺度がしばしば用いられている．このジニ係数は0から1の間の値をとり，0に近いほど平等，1に近いほど不平等な状態であることを示す．このジニ係数の動きを，過去30年間についてまとめたものが，図11-1である（世帯規模による調整を行う前の世帯ベース）．この図は，日本の所得格差や所得再分配をまとめた代表的な統計である，厚生労働省の「所得再分配調査」（3年に一度調査）のデータに基づいている．ジニ係数はほかの統計を用いて計算すると水準が変わってくるが，長期的な傾向はどの統計を用いても大きくは変わらない．

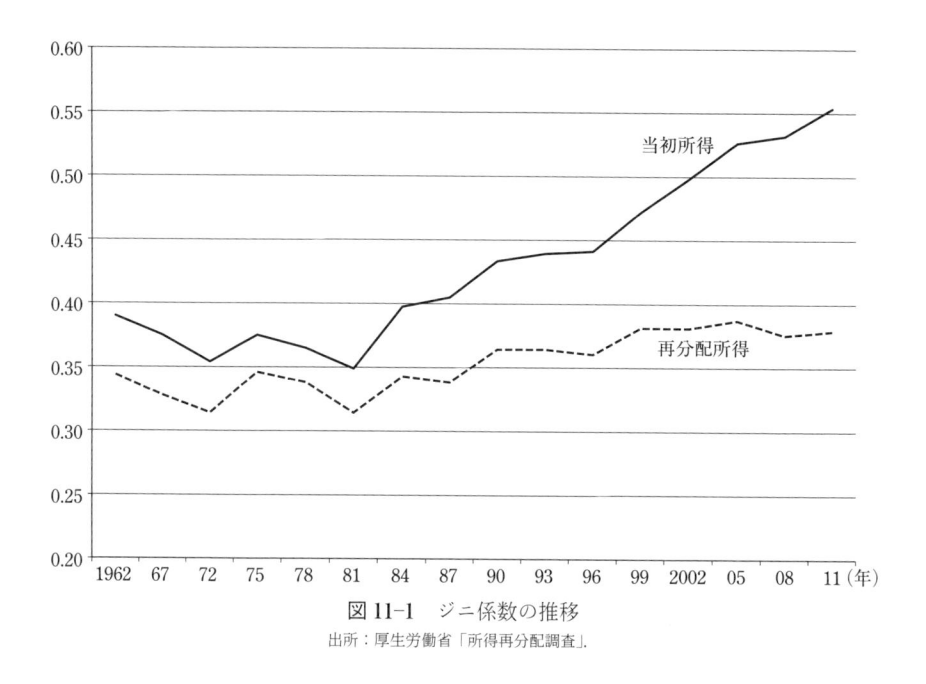

図 11-1　ジニ係数の推移
出所：厚生労働省「所得再分配調査」.

　具体的に，税や社会保障による再分配を行う前の当初所得ベースで見ると，1981 年に 0.3491 だったジニ係数は，2011 年には 0.5536 へと大幅に上昇している．日本の所得格差は，当初所得で見るかぎり，かなり明確な拡大傾向を示している．この事実は，日本の所得格差が拡大傾向にあるという一般的な認識と整合的である．

■ 非正規雇用の拡大と高齢化

　このような所得格差の拡大の背景としては，非正規雇用者の比率の高まりがしばしば指摘される．実際，国際競争の激化やデフレの長期化の中で，企業が人件費の削減を目指してきたため，非正規雇用者の比率は 1984 年の 15.3% から 2013 年には 36.6% へと大きく上昇している．

　非正規雇用者の比率上昇は，2 つの経路を通じて所得格差の拡大につながる．第 1 は，正規・非正規雇用者間で賃金格差が大きいので，非正規雇用者の比率が高まると，社会全体の所得格差が拡大する．これは容易に理解できるところ

だろう．第2に，非正規雇用者は所得が低いので，その比率上昇が社会全体の所得水準を引き下げるという点も重要である．所得格差を示す指標は，基本的に所得の散らばりが平均に比べてどの程度になっているかを示すものなので，平均所得の低下はそれ自体として格差拡大要因となる．

しかし，所得格差のここまでの拡大を，非正規雇用者の比率の高まりなど現役層の格差拡大要因だけで説明することは難しい．ここ20-30年における格差拡大のかなりの部分は，人口高齢化や世帯の小規模化（単身世帯の増加など）によって説明できる，というのが研究者の間での一般的な認識となっている．なかでも，人口高齢化の影響は重要である（大竹，2005）．高齢化が格差拡大につながる経路としては，次の2つが考えられる．

第1は，所得格差は現役層より高齢層のほうが大きく，その格差の大きな高齢層の人口比率が高まるので，社会全体の格差も拡大するという経路である．高齢時には，現役時代の職歴，賃金水準，キャピタル・ゲイン／ロスその他さまざまな不可逆的な要因が累積して，現役時以上に所得格差が拡大する．そうした高齢層が社会全体に占める比率が高まるのだから，格差拡大にやむを得ない部分があることは否定できない．

第2に，当初所得で見た場合，高齢者のかなりの部分で所得がゼロになっていることも大きい．高齢者の多くは年金生活を送っているが，この当初所得には公的年金の受給額は含まれていない．低所得層の比率が高まり，社会全体の平均所得が低下すると，それ自体が格差拡大要因となる．

しかし，所得格差の拡大が人口高齢化によってかなり説明できるとしても，格差拡大を問題にする必要がなくなるわけではけっしてない．本格化する高齢化社会が格差の大きな社会であるということは，それ自体として望ましい状況とは言えない．高齢時に拡大する格差が，贈与や遺産を通じて次世代に継承されていく可能性もある．さらに，国際的に見ても，日本のように所得格差が現役層より高齢層で大きい状況が見られる国はむしろ少数派である．日本は高齢層の就業率が高く，勤労所得の格差が所得格差に反映される面も大きいのだが，後述するように高齢層の貧困率も国際的に見て高めであることに留意すべきである．

■ 再分配後の所得格差

　以上が，税や社会保障による再分配を行う前の当初所得の格差拡大傾向に関する説明であるが，税や社会保障による再分配を行った後の再分配所得の格差はどうだろうか．再分配所得とは，当初所得から税や社会保険料を差し引き，公的年金などの現金給付のほか，医療・介護保険などの自己負担以外の部分に相当する現物給付を加えたものである．この再分配所得のジニ係数は，図11-1を見る限り，1980年代から2000年頃までは緩やかな上昇傾向を見せているものの，2000年代に入るとほとんど横ばい状態となっている．

　人々の生活にとって，より重要なのは税や社会保障による再分配を反映した再分配所得のほうだろう．その再分配政策が，ここ十数年にかけて拡大傾向を示していないのは，やや意外である．当初所得が拡大傾向を示しているのに，再分配所得が横ばいで推移しているのは，税や社会保障による再分配効果がそれだけ強まったことを意味する．

　こうした状況が見られる背景には，2つの要因が働いている．第1に，当初所得ではゼロに近かった高齢層の所得が，再分配所得ベースでは年金受給によって大きく上昇するため，格差が大幅に縮小している．高齢化の進展は当初所得ベースでは格差拡大につながるが，年金など年齢階層間の所得移転が自動的に高まるので，高齢化の影響はかなり相殺されることになる．格差縮小を目指した政策が講じられなくても，公的年金など高齢者向けの社会保障給付の規模が高齢化に伴って自然に拡大していくので，年齢階層間の格差は縮小することになる．

　第2に，そうした再分配を行った後の所得格差が安定的に推移している背景として，人々の所得水準が明確な二極分化を伴わずに全体として低下してきた点も指摘できる．1990年代以降，人々の所得水準は低下傾向にあるが，それ自体は格差拡大の方向に働くはずである．ところが，人々の所得分布がその低くなった平均値近辺で厚みを増すようになっており，格差拡大が見えにくくなっているかもしれない．この点は，重要なのでのちほど改めて説明する．

　一方，こうした日本の所得格差の水準は先進国のなかでどのように位置づけられるのだろうか．OECDは加盟国の所得格差に関する最新の値をウェブサイト（OECD. Stat Extracts）で公表している．そのデータベースに基づき，

世帯の可処分所得を世帯人員の平方根で割って調整した所得（等価可処分所得）ベースでみると，日本のジニ係数は，当初所得ではOECD加盟国の中でほぼ真ん中あたりの位置にある．一方，可処分所得（現物給付は含まず）で見ると，日本の値は，加盟国の中で高いほうから数えて3分の1程度のところに位置している．どちらで評価するか判断に迷うところであるが，少なくとも，日本が所得格差の小さい平等な社会であるとは言いにくくなっている．さらに，再分配を行った後の可処分所得で見たほうが，所得格差の度合いが国際的に見て高くなるという事実は，**日本における再分配政策の方法に問題がある**ことを示唆している．

2 貧困問題の深刻化

■ 貧困の動向

次に，日本の貧困の動向を見てみよう[1]．**図 11-2** は，厚生労働省が「国民生活基礎調査」に基づき，1985年以降の相対的貧困率と貧困線の動きを調べた結果を紹介したものである．ここでは，OECDの国際比較と同様，等価可処分所得に注目し，その中央値の50%を貧困線と定義するとともに，その貧困線を下回る世帯員の割合を相対的貧困率と定義している．

この図から明らかなように，相対的貧困率は上昇傾向を示しており，1985年の12%から2012年には16.1%に達している．この図でさらに注意すべきなのは，貧困線が1997年にピークとなった後，低下傾向を示していることである．これは，長期不況の下で社会全体の所得水準が低下してきたことを反映している．

貧困線が低下すれば，ほかの条件が等しければその水準を下回る人々の割合はそれだけ低下する．したがって，例えば，貧困線をピーク時の1997年の水準（149万円）に固定していれば，それ以降の時点における貧困率はさらに上昇していたはずである．つまり，デフレ的状況の下で社会全体の平均所得が低下傾向にある場合は，実際の暮らし向きは相対的貧困率が示す以上に悪化していることになる．相対的貧困率はその名前通り，あくまでも「相対的」な貧困の度合いを測った指標であることに注意すべきである．

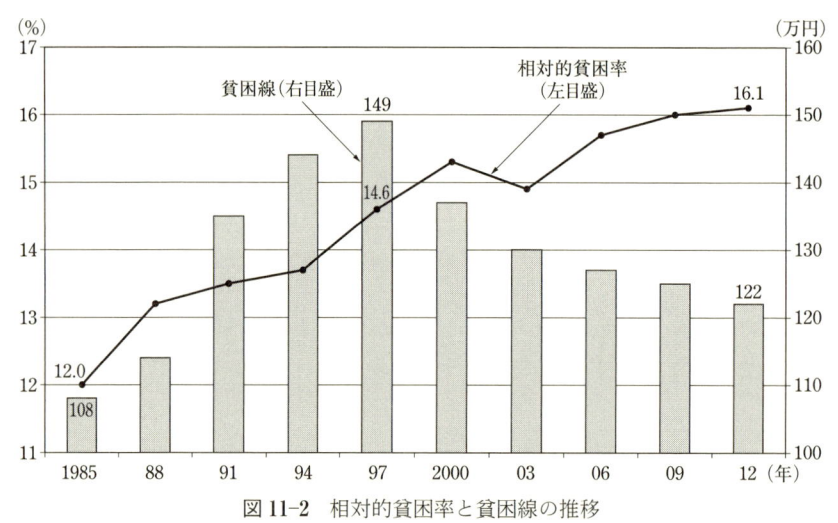

図 11-2 相対的貧困率と貧困線の推移
注：所得は，世帯規模を調整した等価可処分所得．
出所：厚生労働省「平成25年国民生活基礎調査の概況」．

　なお，OECD は，相対的貧困率についても加盟各国の最新の値を公表している．それを見ると，日本の相対的貧困率が上位に属していることが分かる．日本の相対的貧困の度合いは，世界的に見ても高くなっている．この事実は，社会保障など再分配政策のあり方を考える上でけっして無視できない．
　ただし，そこからただちに，日本はほかの国より貧困問題が深刻化していると結論づけるわけにはいかない．貧困の度合いを示すもう1つの代表的な指標として，貧困ギャップ率という指標がある．これは，その世帯の所得が貧困線を何％下回っているかを調べて（貧困線を上回っている場合はゼロとする），その平均値を算出したものである．相対的貧困率は，所得が貧困線を下回る世帯が全体の何％を占めるかを調べるだけの指標であって，貧困問題の深刻さを十分反映していない．
　実際にその貧困ギャップ率を見ると，日本の値は30％前半となっており，OECD 加盟国では中ぐらいの位置にある．このように，日本の貧困の度合いを貧困ギャップ率で比較すると，相対的貧困率で比較する場合に比べて深刻さがかなり弱まる．これは，日本の所得分布が中央値からあまり下方に広がって

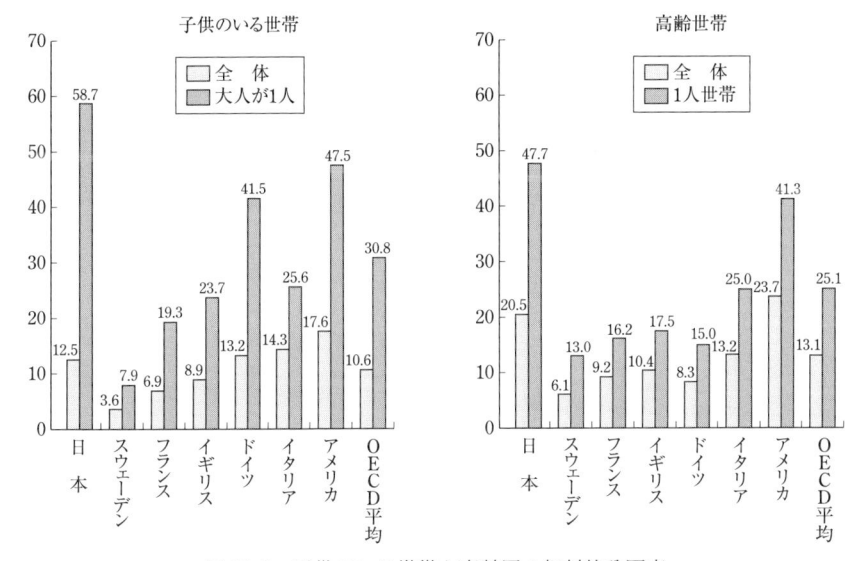

図11-3 子供のいる世帯と高齢層の相対的貧困率
出所：OECD（2008）*Growing Unequal?*

いないこと，つまり，平均的な生活水準を極端に下回る生活をしている層があまり多くないことを意味する．

■ 社会経済的に不利な立場にある人たちの貧困

このように，日本の世帯は，全体として貧困リスクにさらされる度合いが高まっている．その度合いは，相対的貧困率といった通常の貧困指標では十分把握できない．さらに，**社会経済的に不利な立場にある人たちが十分支援されていない**点も，日本の再分配政策の問題点である．

図11-3は，OECD（2008）に基づき，子供のいる世帯と高齢世帯における相対的貧困率を示したものである．まず，子供のいる世帯について見ると，日本の値は12.5％となっており，OECD所得の平均10.6％を若干上回る水準になっている．ところが，大人が1人しかいない世帯に限定すると，日本の値は58.7％とかなり高くなり，OECD加盟国の中で最高の水準になっている．

一方，高齢層の相対的貧困率を見ると，高齢層全体では20.5％となっており，OECDの平均13.1％をやや上回っている．さらに，1人世帯に限定する

と，日本の値は 47.7% まで高まり，ここでも OECD 加盟国の中でも上位の水準となっている（グラフに含めていないが，日本より値が高くなる国はいくつか存在する）．

このように，日本の貧困率は，子供のいる世帯の中で1人親世帯や，高齢の1人世帯について見ると，国際的に見てもかなり高い水準に達していることが分かる．これは，日本において，社会経済的に見て不利な立場に立たされている人たちに対する支援が手薄になっていることを示唆するものである．日本の社会は，貧困リスクにさらされる度合いが全体として高まっていると同時に，社会経済的に不利な立場にある人たちに貧困問題が国際的に見ても深刻な形で発生している，という特徴を持っている．

■ 深刻化する子供の貧困

日本の貧困問題の中で，最近とりわけ懸念されるようになっているのは子供の貧困問題である（阿部，2008；2014）．経済学が社会保障の分野でも市場メカニズムを重視するのは，それが資源の最適配分という点で威力を発揮するからだが，その議論が成り立つためには，人々が同じ条件で市場に参加するという機会均等の状況が成立していなければならない．ところが，子供の貧困は，人々が実社会に出るスタートラインに立つ時点ですでに格差が発生するという状況につながるものである．これは，税や社会保障の仕組みの所得再分配機能に大きな負荷をかけることになり，経済全体に歪みがかかりかねない．

前項でも紹介したように，**日本における子供の貧困の度合いはほかの先進国と比較しても深刻**である．子供がいる世帯のうち，大人が1人しかいない世帯の相対的貧困率は先進国の中で最も高く，シングル・マザー，シングル・ファーザー世帯における子供の貧困問題は世界的に見ても憂慮すべき程度に達している．

ところが，子供の貧困は，子供時代だけの問題ではない．子供期に貧困に直面し，社会経済的に不利な立場に立たされると，その経験はその後の人生に望ましくない影響を及ぼすことが知られている．子供期が貧困であれば，教育達成（学歴）の度合いも低く，したがって，勤労所得も低くなり，生活満足度や健康面でもマイナスの影響が出てくる．しかも，そうした子供の貧困が現時点

の主観的厚生に及ぼす影響は，その後の社会経済的な状況に媒介されて発生するだけではなく，経験そのものが直接的に影響するという面があることも知られている．

高齢時に所得稼得能力が低下するリスクや疾病リスクに備えて公的年金や医療保険の仕組みがあるように，子供が不利な社会経済状況に置かれるリスクをカバーする仕組みを整備することも，社会保障に期待される重要な機能である．どのような親の下に生まれ，どのような家庭環境で育てられるかは，幼い子供にとっては自分ではどうしようもできない要因であり，自分では対処しようとしても対処できないリスクだからである．

■ 左にシフトする所得分布の重心

ジニ係数のような所得格差を示す指標，あるいは相対的貧困率のような貧困を示す指標は，1つの値として数値化されたものであり，所得分布に関する重要な情報は提供しているものの，所得分布の様相の一部を示しているに過ぎない．そこで，所得分布がどのように変化しているかを大まかに見てみよう．

図11-4 は，「所得再分配調査」を用いて，1999年と2011年の2時点において，再分配所得（年収）の分布の様子を比較したものである（1000万円以上の所得階級で曲線が跳ね上がっているのは，そうした高所得層を一まとめにしたためである）．この12年間で消費者物価の水準はほとんど変化しなかったので，所得水準を調整せずに比較しても大きな問題はないだろう．再分配所得の平均値は，この期間において，613万円から486万円へと2割以上低下しており，**日本の世帯が全体として貧困化**している．

この図から分かるように，日本の所得分布の重心は明らかに左にシフトしている．1999年においては，所得は年収300-400万，400-500万円台を頂点とした緩やかな山型の分布を見せていた．ところが，2011年になると年収のピークは200-300万円台へと左シフトし，しかも所得分布の山の尖がり具合が高まっている．さらに，年収300-400万円台を境にして，それより低い層の厚みが増し，高い層の厚みが薄くなっている．同様に，1000万円以上の高所得層も薄くなっている．

所得分布の様子をより詳細に知るためには，所得階級の刻みをもっと細かく

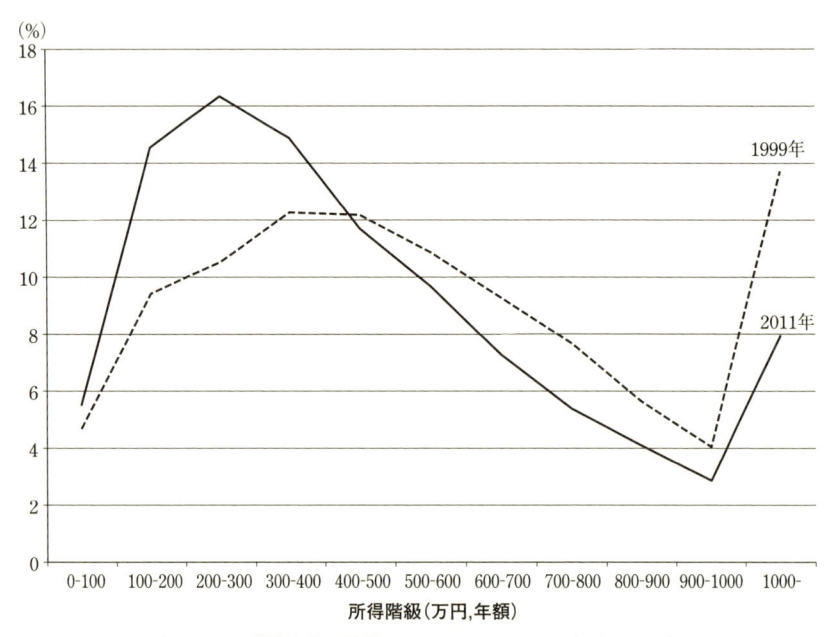

図11-4 所得分布の比較（再分配所得）：1999年と2011年
出所：厚生労働省「所得再分配調査」．

する必要があるが，この図だけでも，この12年間における日本の所得分布の変化はかなり明瞭になっている．高所得層は厚みを増しておらず，アメリカやイギリスなど，アングロサクソン系の国で見られるような所得の二極分化は起こっていない．もちろん，正規・非正規雇用者間の賃金格差は存在するが，正規雇用者の賃金も伸びておらず，いわゆる「勝ち組」「負け組」という分化はそれほど進んでいないことは，日本の所得分布の変化の重要な特徴と言える．

3 ── 所得再分配のあり方

■ 社会保障の格差是正効果をどう評価するか

第1節でも説明したように，日本の所得格差は当初所得ベースで見ると明確な拡大傾向を見せているが，社会保障や税による所得再分配を行った後の再分配所得ベースで見ると2000年代以降かなり安定的に推移している．その背景

表 11-1 ジニ係数と再分配政策の効果

調査年	ジニ係数		再分配政策の効果		
	当初所得 (A)	再分配所得 (B)	合 計 $(1-(B)/(A))\times 100\%$	寄与度 (% ポイント)	
				税	社会保障
1962	0.390	0.344	11.8	—	—
1967	0.375	0.328	12.5	3.7	8.7
1972	0.354	0.314	11.3	4.4	5.7
1975	0.375	0.346	7.7	2.9	4.5
1978	0.365	0.338	7.4	3.7	1.2
1981	0.349	0.314	10.0	5.4	5.0
1984	0.398	0.343	13.8	3.8	9.8
1987	0.405	0.338	16.5	4.2	12.0
1990	0.433	0.364	15.9	2.9	12.5
1993	0.439	0.365	17.0	3.2	13.2
1996	0.441	0.361	18.3	3.6	15.2
1999	0.472	0.381	19.2	2.9	16.8
2002	0.498	0.381	23.5	3.4	20.8
2005	0.526	0.387	26.4	3.2	24.0
2008	0.532	0.376	29.3	3.7	26.6
2011	0.554	0.379	31.5	4.5	28.3

出所：厚生労働省「所得再分配調査」．

には，所得分布の重点が左方向にシフトした，つまり，日本の世帯所得が総じて低下したという状況がある．それと同時に，高齢化の進展によって公的年金などをはじめとする年齢階層間の所得移転が拡大してきたという点も重要である．

ところが，OECD 加盟国の間で比較すると，当初所得前のベースでは真ん中あたりの位置にあった日本のジニ係数が，再分配後の可処分所得ベースで見ると上位に位置する．しかも，「困っている」人たちへの支援が国際的に見ても不十分である，ということになると，再分配政策のあり方を見直す必要がありそうである．

そこで以下では，再分配政策の効果についてもう少し詳しく検討することにしよう．最初に，ジニ係数の低下で示される格差縮小がどのような要因によって説明されているかを調べる．表 11-1 は，ジニ係数が再分配によってどの程度低下したか，また，その低下のうち，税と社会保障によってそれぞれどの程度説明されるかをまとめたものである．この表からも分かるように，再分配政

策によるジニ係数の低下幅は近年になるほど大きくなっている．1980 年代前半まではジニ係数の低下率は 10% 前半にとどまっていたが，2011 年ではそれが 3 割を超えるまでに上昇しており，再分配効果の高まりが確認される．

しかも，その高まりのかなりの部分は，社会保障によって説明されることも注目される．税によるジニ係数の引き下げ効果は，ほとんどの調査時点で 5% ポイントを下回っており，限定的である[2]．それに対して，社会保障によるジニ係数の引き下げ効果は，1980 年前半には 10% を割り込んでいたが，2011 年ではそれが 3 割近くに達している．

しかし，これをもって社会保障の再分配機能が高まったと単純に判断するわけにはいかない．たしかに，高齢化がまだあまり進んでいなかった 1970 年代前半までは，社会保障が現役層内において再分配効果を発揮する状況も見られた．公的年金や高齢者向けの医療など，高齢者を対象とする社会保障給付の比重があまり高くなかったからである．しかし，その後は，高齢化の進展によって，**社会保障は年齢階層間の所得再分配装置**としての色彩を次第に強めるようになっている．

■ 年齢階層間の所得移転

実際，「所得再分配調査」に基づいて，世帯主の年齢階層別に受益（現金給付と現物給付の合計）と拠出（税と社会保険料の合計）を比較したのが図 11-5 である．この図から明らかなように，現役層は拠出のほうが多く，高齢層では逆に給付のほうが多くなっている．年齢階層間で大規模な所得移転が生じているのは，この図からも明らかであろう．ただし，「所得再分配調査」で把握される社会保険料は本人負担だけなので，事業主負担を合わせると，こうした年齢階層間の所得移転の構図はより鮮明なものとなる．

ところが，年齢階層間の所得再分配については，評価が難しい面がある．さまざまな社会的リスクが現実のものとなるのは高齢になってからなので，社会的リスクを分散する社会保障によって現役層から高齢層への所得移転が発生することは当然のことであり，それ自体を批判することはできない．しかも，それによって社会全体の所得格差が縮小していることもすでに確認した通りである．しかし，誰でも人生において現役時と高齢時を経験する．したがって，現

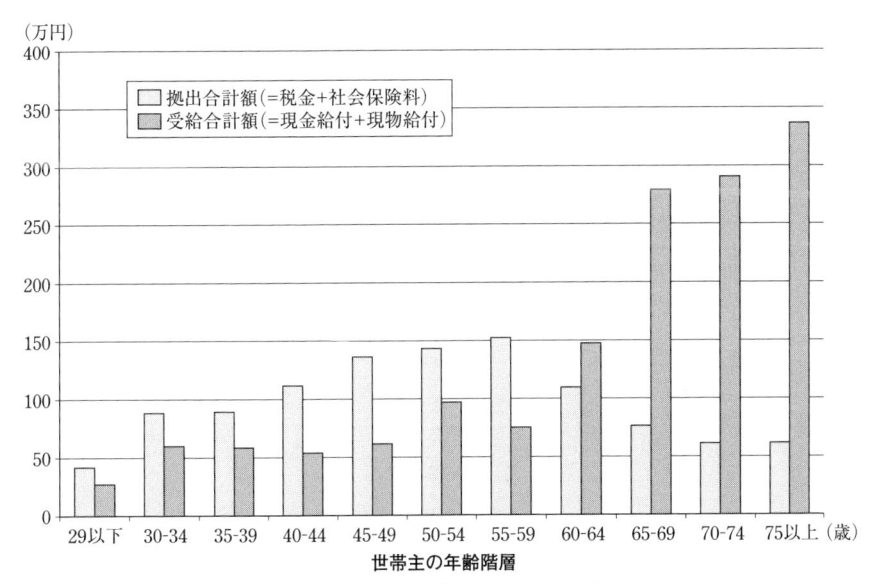

図 11-5　世帯主の年齢階層別にみた負担と給付
出所：厚生労働省「所得再分配調査」．

行制度が若年層から高齢層に所得移転を行うとしても，生涯を通じて見ると，その効果はかなりの程度相殺されることになる．

つまり，所得格差や再分配政策のあり方を正確に議論するためには，年間所得に注目するのではなく，生涯所得に注目する必要がある．ジニ係数の上昇傾向が高齢化によって説明される部分が大きいという点はすでに述べたが，若いコーホート（生年が同じ世代）ほど生涯所得ベースで見た格差が拡大しているとすれば，事態はかなり深刻である．残念ながら日本では，同一個人ないし家計の所得や税，社会保障負担・給付の動きを時系列に追った統計はまだ十分に公表されていないので，こうしたコーホート・生涯所得ベースの格差の分析を行うことは容易ではない．海外での実証研究を見ると，税や社会保障による所得再分配効果を生涯所得ベースで把握すると，年間所得ベースで見る場合に比べてかなり小さくなっている．

さらに，年齢階層間の所得移転に依存した所得再分配には，高齢化の進展の下でどこまで持続できるかという問題がある．人口が順調に増加していれば，

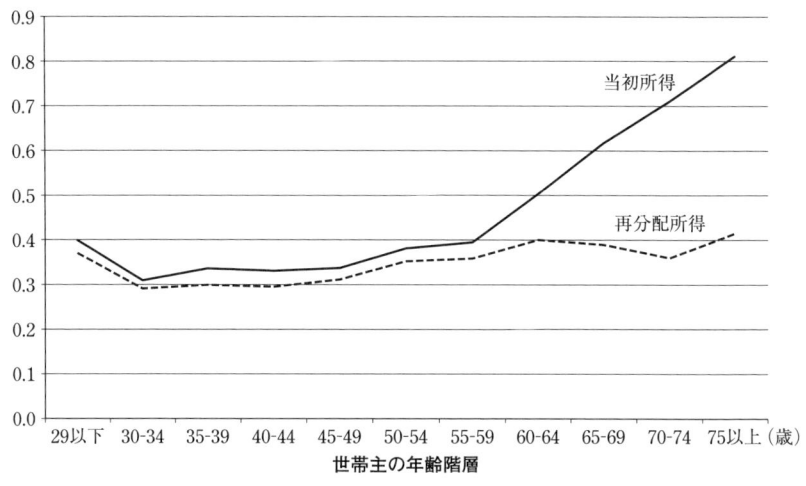

図11-6 世帯主の年齢階層別にみたジニ係数
出所：厚生労働省「所得再分配調査」．

このような年齢階層間の所得移転は何の問題もなく維持でき，扶養する層と扶養される層が順繰りに入れ替わるという形で，「世代間扶養」が無理なく展開される．しかし，人口が減少し，高齢化が進むと，高齢層向けの社会保障の給付水準を維持しようとする限り，現役層の負担が高まり続けることになる．その場合，所得格差をめぐる従来の議論に，世代間格差という新しい問題が登場することになる．しかも，その**世代間格差を社会保障など現行の再分配政策が拡大する方向に作用**しているとすれば大きな問題である．

■ 年齢階層内の所得再分配

上に述べたように，日本の所得再分配はそのかなりの程度が年齢階層間の所得移転で説明される．その一方で，年齢階層内ではどの程度の所得再分配が展開されているのだろうか．図11-6は，世帯主の年齢階層別にジニ係数を再分配前の当初所得ベースと，再分配後の再分配所得ベースとで比較したものである．この図からも明らかなように，再分配政策による格差縮小のかなりの部分は高齢層で見られ，現役層では限定的であることが分かる．所得再分配は本来，年齢に注目するのではなく，所得の高い者から低い者に所得移転をすべきであ

り，年齢階層が低くても，その年齢階層内で格差がある程度縮小していなければならないはずである．

　また，格差縮小が高齢層で集中して見られることについても慎重な解釈が必要である．実は，高齢層の内部において，この図で見られるような顕著な所得再分配が，高所得者から低所得者へという形で起こっているわけではない．高齢層は若年層の拠出した保険料や税を財源として公的年金や医療・介護給付を受けており，それによって平均所得が引き上げられている．図11-6は，そうした所得の「底上げ」によって高齢層内の所得格差が縮小していることを反映しているだけであって，高齢層内の格差縮小を積極的に狙った再分配政策はかなり限定的である．高齢層内の格差縮小のかなりの部分は，年齢階層間の所得移転に起因するものである．

　実際，公的年金の仕組みには現役時の格差を高齢時に持ち上げる側面がある．例えば，国民年金の加入者と厚生・共済年金加入者との間には，現役時における勤労収入の間に平均的に見て明確な差が存在する．ところが，国民年金は定額の1階部分だけであるのに対して，厚生・共済年金はそれに報酬比例の2階部分が上乗せされる．これは，両方の加入者間の所得格差の維持につながる．さらに，厚生・共済年金加入者に限っても，報酬比例の2階部分は現役時の賃金格差をそのまま持ち上げる効果を持っている．

　もちろん，年金を各自が拠出した保険料と連動する形で給付する公的年金に，年齢階層内の所得再分配を期待するのははじめから難しい．しかし，公的年金には，高齢層の平均所得の底上げを超えるような，**積極的な格差縮小効果は限定的である**ことは認識しておくべきである[3]．さらに，高齢者向けの医療・介護給付にもそうした底上げ効果がある．しかし，医療・介護給付の場合は，自己負担があるために，所得が高い層ほど多くサービスを受給しやすいという傾向が見られ，公的年金と同様，高齢層内部の格差縮小にはつながらない．

　社会保障給付によるこうした「底上げ」効果以外に，高齢層内の格差縮小に寄与するものがあるとすれば，それは所得税でなければならない．しかし，現行の所得税制では，公的年金の受給額が所得控除の対象になっており，税を通じた再分配効果が効きにくくなっている．公的年金の所得控除は，同じ所得でも勤労所得より年金所得を優遇するという点で，実質的に年齢差別的な仕組み

になっている．しかし，それにとどまらず，高齢層の中でも高所得層を結果的に優遇することになり，所得税を通じた再分配効果がその分弱まっている．

4 ── 所得格差と健康・幸福感

■ 所得格差と健康

　所得格差は，経済学や社会学の分野では以前から重要な研究テーマとして取り上げられてきた．そして現在では，医学とりわけ社会疫学の分野でも注目度が高まっている．実際，所得格差と健康あるいは健康感との関係をめぐる実証研究が数多く生み出されている．そうした先行研究の成果を見ると，ジニ係数で示される所得格差が高い地域に住んでいるほど，健康や健康感が低下する傾向がある程度確認される．しかし，アメリカで州ごとの所得データに基づいて行った分析に比べると，ほかの国々ではそれほど明確な関係は確認されていない．また，所得格差と健康との関係は一様ではなく，ジニ係数がある程度の水準を超えると初めて明確になるとか，関係が明確になるまでには時間的なラグ（遅れ）が伴う，ということも分かっている．

　日本でも，所得格差と健康との間にマイナスの相関関係を見出す研究が最近いくつか見られるようになっている．例えば，所得格差が大きな都道府県に住んでいるほど，健康感が低下するという傾向が大まかな形で見られる（小塩，2014）．しかし，所得格差と健康を示す変数との間にマイナスの相関関係が見出されたとしても，両者の関係を説得的に説明できる，しっかりした理論モデルはまだ確立されていない．現時点では，以下に述べるような考え方が提唱されている．

　第1は，新唯物論と呼ばれる考え方である．所得格差が大きい地域では，高所得層と低所得層の利害対立が大きくなるため，社会全体の健康関連インフラ投資へのコンセンサスが得られにくく，その結果，人々の健康状態も悪くなる，とする考え方である．例えば，アメリカのデータに基づく実証分析によると，初期時点で所得格差が大きな州ほど医療面の技術革新のペースが遅く，それが所得格差と平均寿命とのマイナスの相関の背景にあることが分かっている．しかし，先進国では，健康関連インフラなど物質面では国内でそれほど大きな違

いがないことが普通である．この新唯物論が当てはまるとしても，それは先進国より途上国においてかもしれない．

　第2の考え方は，所得格差が大きいと社会的な結びつきや連帯感，他人に対する信頼感が弱り，それが人々の健康にマイナスの影響を及ぼすという社会関係資本仮説である．ここでいう社会関係資本とは，個人間の信頼，互酬性の規範，ネットワークなど，互いの便益追求のための行動や協力を促進するような，社会組織の特徴を意味する．実際，アメリカでは，所得格差が大きな地域ほど，社会に対する不信感や不公平感が高まり，クラブやサークルなどへの参加が弱まるなど，社会関係資本の蓄積が低下すること，そして，社会関係資本の蓄積が弱い地域では死亡率が高くなることを示した実証研究もある．

　このような考え方のほかに，所得格差の存在そのものが人々にとってストレスの要因となり，人々の健康感や健康に直接，マイナスの影響を及ぼすという経路もあるかもしれない．人々がリスクを回避する傾向をもち，そして，それが所得格差を忌避することにつながるとすれば，所得格差の存在が幸福感だけでなく，健康感や健康を引き下げる経路が存在すると考えてもおかしくない．

　さらにいえば，リスク回避の度合いは，人々の属性によっても大きく左右されるはずである．所得の低い者ほど所得水準の低下は深刻な問題となるので，社会の所得格差が人々の気持ちに及ぼす影響は大きくなるだろう．学歴や年齢によっても，リスク回避の度合いが異なることはよく知られている．したがって，**リスク回避が格差意識と主観的厚生との関係を説明する重要な概念である**としても，個人のさまざまな属性がその関係に大きく作用するという可能性には注意が必要である．

■ 所得格差と幸福感

　所得格差と健康や健康感との関係については，かなりの研究蓄積がある．それでは，健康や健康感を幸福感に置き換えた場合，所得格差と同じような関係が得られるのだろうか．その代表的な研究例が，Alesina et al.（2004）の研究である．彼らは，アメリカとヨーロッパ各国のデータを使って，住んでいる地域の所得格差が個人の幸福感（生活満足度）にどのように影響するかを比較している．ここでいう地域とは，アメリカの場合は州，ヨーロッパの場合は国

である.

　Alesina *et al.* の分析結果によると，ヨーロッパでは低所得層ほど，幸福感は世の中の所得格差に敏感に反応するが，アメリカではそれとは逆に高所得層ほど所得格差を忌避する傾向があることが示されている．欧米間のこうした違いは，社会の流動性の度合いと関係するのではないかと Alesina *et al.* は説明している．つまり，社会の流動性が低く，社会階層の固定化の度合いが高い，あるいは少なくともそういう認識が強いヨーロッパ諸国では，低所得層は所得格差の存在を見て，現在の低所得が将来も続くと思うためにストレスを感じてしまう．逆に，高所得層は将来も高い所得が保証されると考えるので，所得格差を見ても幸福感が低下することはない．

　一方，ヨーロッパ諸国に比べると社会の流動性が高い，あるいはそういう認識が強いとされるアメリカでは，社会格差の存在は成功へのチャンスが存在することを示唆し，低所得層はそこから希望すら見出す．それとは対照的に，高所得層は現在の豊かな生活が将来脅かされる可能性を所得格差から読み取ってしまう，というわけである．Alesina *et al.* はこうした説明を厳密な検証なしで行っているが，その説明は直感的に理解しやすい．

　それでは，日本ではどうか．Oshio and Kobayashi (2011) は，所得格差と幸福感との間には，次のような関係があることを報告している．第1に，所得格差と幸福感との関係はそれほど明確ではないものの，「幸せのハードル」を低く設定すると有意なものになる．つまり，ほかの要因によってもともと幸福感が低めになっている人ほど，所得格差を望ましくないものと受け止める傾向がある．第2に，幸福感にとって所得格差が特に問題となるのは，非正規雇用者や失業者など不安定な就業状態に置かれている人たちである．

　つまり，**所得格差は人々の幸せにそれほど強く影響を及ぼすものではないが，相対的に見て幸せでない人，就業面で不利な立場に置かれている人たちをさらに不幸せにしてしまう傾向がある**，ということになる．こうした分析が正しいとすれば，所得格差をできるだけ是正すること，そして，就業状態が不安定な状況に置かれている人たちを集中的に支援することが再分配政策に要請される．

■ 格差意識と幸福感

　所得格差が健康や幸福感とマイナスの相関関係を持つということは，国外の先行研究や日本のデータを用いた研究でもほぼ確認されている．しかし，そこでの最大の問題は，所得格差に関する正確な情報を私たちがしっかり持っていないことである．そこで，筆者らは，2011年に実施した大規模アンケート調査「地域の生活環境と幸福感に関するアンケート」（サンプルは約1万人）を用いて，客観的な所得格差ではなく，格差に対する「意識」が人々の幸福感とどのような関係にあるのかを調べた（Oshio and Urakawa, 2014）．以下では，その結果の一部を紹介しよう．

　この調査では，「日本の社会では，過去5年間で所得や収入の格差が拡大したと思いますか」という質問に対して，「そう思わない」「どちらかといえばそう思わない」「どちらともいえない」「どちらかといえばそう思う」「そう思う」という5段階で回答させている．このうち，「どちらかといえばそう思う」「そう思う」と答えた人がそれぞれ全体の39.8％，34.5％を占めている．つまり，全体の約4分の3が格差拡大を認識している．これは，図11-1で示したように，少なくとも当初所得で見る限り，ジニ係数が明確な上昇傾向を示していることから考えて理解しやすい結果だと言える．

　次に，所得格差が拡大しているかという質問に「そう思う」と答えたかどうかで，幸福感（1-11の11段階）や健康感（1-5の5段階）がどのように違ってくるかを調べてみた（いずれも値が高いほど望ましい）．それによると，幸福感の点数の平均は，格差拡大を認識している層で6.64であるのに対して，認識していない層では7.25となっており，この差は統計的にもかなり有意であることが確認できる．格差拡大に対する認識と幸福感の間にマイナスの相関関係があることはほぼ確実である．

　ただし，両者の間にマイナスの相関関係が見られるとしても，それが見せかけの相関である可能性もある．例えば，世帯所得が低下していれば，格差拡大を意識しやすく，同時に幸福感も低くなっているかもしれない．もしそうであれば，格差拡大意識と幸福感との間のマイナスの相関関係は，両者の世帯所得との関係を反映しているだけかもしれない．同様に，神経質な人は，格差拡大を意識しやすく，同時に幸福感も低い可能性がある．

それでは，そうしたパーソナリティや世帯所得，前年からの生活水準の変化，他人との生活水準の比較といった要因の影響を制御したときに，格差拡大意識と幸福感との間の相関関係がどのように変化するだろうか．筆者らの分析によると，確かにそうした要因の影響を制御すると両者の相関関係はかなり低下するものの，統計的な有意性は消えないことが明らかになっている．

　このアンケート調査では，あくまでも全国レベルの所得格差の拡大傾向に対する認識を尋ねており，客観的な格差拡大は回答者にとって同じであると想定している．そのため，客観的な格差拡大とその認識のどちらが重要かという問題に答えることはできない．しかし，個人間の幸福感の違いが，格差拡大をどこまで認識するかによって左右されるという点はある程度明らかになっている．しかも，その結果は，両者に影響すると考えられる要因の影響を制御しても成り立つことが分かったという点は注目してよいだろう．

5　再分配政策を見直す必要性

　本章では，所得格差や貧困を取り上げた．日本の所得格差は，税や社会保障による再分配を行う前の当初ベースで見る限り，明確な拡大傾向を示している．その背景には，非正規雇用の拡大による現役層の所得格差拡大のほか，高齢化要因が働いている．一方，再分配後の再分配所得の格差を見ると，2000年代に入ってほぼ横ばいで推移している．その背景には，高齢化の進展に伴い，公的年金をはじめとして，現役層から高齢層への所得移転が拡大していることが挙げられる．

　一方，相対的貧困率も上昇傾向にある．しかし，相対的貧困率の計算のベースとなる貧困線そのものが低下しており，貧困問題の深刻化は相対的貧困率から示唆されるものより深刻になっている可能性がある．実際，子供のいる世帯で大人が1人の世帯や，高齢の単身世帯の貧困率は先進国の中でもかなり高めとなっている．ただし，所得分布の変化を見ると，いわゆる二極分化は進んでおらず，むしろ中間層が縮小して，所得分布の重心が所得の低いところにシフトし，その周りで分布が厚みを増すようになっている．

　こうした所得格差拡大，貧困リスクの高まりの中で，税や社会保障という再

分配政策のかなりの部分は，現役層から高齢層への所得移転という形をとっている．年齢階級別に格差縮小効果を見ると，格差縮小は高齢層で集中的に起こっているが，これも公的年金など現役層からの所得移転による平均所得の引き上げによるものである．このような年齢階層間の所得移転を中心とした再分配政策は，少子高齢化の下で持続可能性が問題になるだけでなく，真に救済を求めている人たちへの支援が手薄になるという問題を抱えている．

　本章ではさらに，所得格差が人々の健康や幸福感に無視できない影響を及ぼしていることも指摘した．格差が大きな地域に住んでいるほど，健康状態が悪く，幸福感が低下するという傾向は，日本でも確認されるようになっている．さらに，客観的な所得格差だけでなく，所得格差に対する認識が幸福感を左右することを示す研究例もある．

　少子高齢化が進展すると，経済成長によって所得分配の問題が解決できると期待することが次第に難しくなる．そして，低成長はそれ自体として所得格差の拡大要因となる．経済の効率性を阻害しない形で効果的な所得再分配を行うためには，年齢ではなく，**支援を真に必要としている人たちに限定的，集中的に行うなど，再分配政策のあり方を改める必要がある**だろう．

1) 日本の貧困問題については，橘木・浦川（2006）の分析が最も包括的である．
2) ただし，税収に基づく再分配効果はこの表に反映されていないことに注意されたい．
3) ただし，基礎年金部分は所得に関係なく定額の年金を給付する仕組みなので，生涯所得ベースで見れば所得格差の縮小に貢献する効果を持っている．

12章
持続可能な社会保障を求めて

1────社会保障改革の基本方針

　本書ではこれまで，現行の社会保障制度が抱える問題点や改革のあり方に関する政策的な論点をさまざまな角度から議論してきた．現行制度は少子高齢化といった経済社会の大きな変化に十分対応できないだけでなく，セーフティー・ネットから外れる人の増加や貧困問題の深刻化など，新たな課題にも直面している．

　本章では，前章までの議論を踏まえて，社会保障制度の持続可能性を高め，社会的厚生の向上に資するためにはどのような改革が求められるかを，社会保障の中核をなす年金，医療，介護のそれぞれの分野について考える．さらに，子育て支援など現役層向けの社会保障制度についても改革の基本方針をまとめることにする．

　以下で述べる政策提言は，本書の3名の執筆者の間で議論を重ね，基本的に合意を得たものである．今後進めるべき社会保障改革の核となるべき論点を抽出すると同時に，読者の問題関心を高めてもらうため，提言は簡潔にまとめた．その中にはやや挑戦的なもの，論争を引き起こすものも含まれているが，読者に社会保障改革に関する問題意識をもっていただくために，筆者らのスタンスをできるだけ明らかにすることにした．個々の提言のより詳しい背景や内容については，関連する本書各章に戻って検討していただきたい．

2 ── 公的年金

■ 改革の方針

> ・マクロ経済スライドの徹底
> ・支給開始年齢の引き上げ
> ・公的年金等控除の見直し
> ・個人退職勘定による給付の補完
> ・給付付き税額控除による保険料負担の軽減

　公的年金については，政策的に最も重視すべき点として年金財政の持続可能性を高める必要がある．公的年金を賦課方式で運営する以上，少子高齢化は年金財政に大きな圧力を掛けるからである．年金財政の安定化のためには，2004年改正によって導入された「マクロ経済スライド」の実施をデフレ下でも徹底することが必要である．このマクロ経済スライドは，年金保険料率の上限を定める上で避けて通れない仕組みであり，いわば現役層の経済的な体力に応じて給付総額を自動的に引き下げるメカニズムである．このマクロ経済スライドの徹底は，人口動態やマクロ経済と整合的な形で公的年金を運営するために効果的である．

　ただし，マクロ経済スライドの徹底だけでは，年金財政の持続可能性を高めることは難しいだろう．平均余命の伸長に連動する形で，公的年金の支給開始年齢を引き上げるべきである．ほかの先進国と比べても，主要国の中で最も寿命の長い日本における開始年齢の引き上げペースは遅い．それと同時に，高所得高齢層を優遇している年金税制を見直し，公的年金等控除を撤廃し，それに代わる低所得（あるいは資力の小さい）老年者を対象とした控除に代替するべきである．この税制改革は，高齢層内部の所得再分配の観点からも重要である．

　年金財政の持続可能性を高めるために，将来に向けて給付と負担がバランスするようにしても，なお過去債務の返済問題が残る．過去債務の償却財源を現役労働者の保険料と税だけに求めるべきではなく，**高齢者からも応分の負担を**

求めるべきである．具体的には，①マクロ経済スライドの徹底，②寿命の伸びに応じた支給開始年齢の自動引き上げ，③年金課税，などがこの方向の施策と位置づけられる．

ただし，マクロ経済スライドの徹底によって所得代替率が50%を割り込み，公的年金が老後の所得保障の仕組みとして十分機能できなくなる危険もある．その場合には所得代替率が50%まで低下した時点でマクロ経済スライドの適用を停止し，不足財源を支給開始年齢のさらなる引き上げ，年金課税の強化，消費税率の一段の引き上げ，等で補う選択肢も考えられる．

中核的な公的年金は賦課方式で運営を続ける一方で，それを補完する形で，積立方式による個人退職勘定（個人年金）の導入を検討すべきである．こうしたタイプの補完的な仕組みは，スウェーデン（強制加入）やドイツ（任意加入）ですでに導入され，所得代替率の維持に役立てられている．日本で導入する場合には，従来の年金に上乗せさせるほか，支給開始年齢の引き上げと連動させ，60歳台後半の所得保障を目指した「つなぎ年金」的な役割を果たさせることも検討に値する．

さらに，将来における老後の所得保障を考える場合，無年金者・低年金者の増大にどう対処するかという問題も避けて通れない．民主党政権の下で提案された最低保障年金の導入も有力な案の1つだが，裏付けとなる財源の確保が大きな課題となる．また，これまでの保険料負担の仕組みを改めない限り，保険料を払わないまま給付だけを得ようとするモラル・ハザードや保険料を払ってきた人との間に不公平の問題が発生する．

寿命の伸びと総人口の減少が並行して進む中で，公的年金による老後の所得保障はこれまで以上に重要になるが，公的年金制度を機能させるためには，すべての国民が公的年金の保険料を現役時に負担し，公的年金という仕組みに参加している必要がある．その仕組みを実現するためには，税と保険料の負担を一体とみなし，**税額控除によって保険料拠出分を軽減する**という，給付付き税額控除を導入すべきである．モラル・ハザードの問題を回避するためには，給付面ではなく保険料の負担面で公的な支援を行うことが重要である．

以上の点に加えて，同じ被用者の配偶者であっても働く人とそうでない人との格差を是正するという観点から，基礎年金の第3号被保険者は経過期間を設

けて廃止するのが適当と考えられる．同様に，遺族年金も抜本的な見直しを行うべきである．

3── 医　療

■ 改革の方針

> ・リスク構造調整と医療の予算化
> ・包括払いの徹底
> ・保険者機能の強化
> ・保険給付範囲の見直し
> ・給付付き税額控除による保険料負担の軽減

　日本の医療制度の最大の問題は，給付のうち保険料収入で不足する分は公費（税）で事後的に補塡することになっているため，**各保険者に効率化へのインセンティブが働かない**ことである．高齢化の進展に伴って医療費が増加するのは避けられないが，だからこそ効率的な制度運営がこれまで以上に求められる．制度の効率化のためには，医療に対する公費による補助を予算化し，公費による医療への補助を事前的なものに改めることが必要である．

　こうした仕組みを実現する上で，保険者のリスク構造調整を行うことが有力な選択肢となる．リスク構造調整とは，疾病の発生に関して，加入者の年齢や性別，収入等，保険者の責に負えないリスクについて，保険者間の条件が等しくなるように各保険者の標準的な医療費を推計することである．この調整によって，高齢者を多く抱えた保険者の医療費は相対的に高く推計される．こうして推計された各保険者の標準的医療費の合計額と保険料収入の合計額との差額（すなわち保険料不足額）が公費によって賄われる．このとき，公費は事後的にかかる医療費から影響を受けることなく，医療補助金として予算化される．

　リスク構造調整の下で保険者に発生する赤字は，保険者自らによって処理しなければならないから，保険者は効率化への取り組みをつねに求められることになる（黒字は，効率化への取り組みの成果として保険者がそのまま享受でき

る）．その場合，保険者は，医療サービスを提供する医療機関とも対等の立場で交渉することになり，保険者機能の強化も期待される．

　リスク構造調整を行う場合，診療報酬は標準化が不可避となるので，従来の出来高払いから包括払いへの移行が進む．このとき，各保険者は加入者に標準的な医療サービスを提示することになる．もちろん，各保険者は，加入者のニーズに応じてそれに上乗せしたサービスを提供することもできるが，その場合は保険料や自己負担の上乗せが必要となる．ただし，高リスクの個人の加入を保険者が排除するというリスク選択の発生を回避する必要があるので，各保険者が年齢など個人の属性によって加入を拒むことを禁止する必要がある．

　実際には，全保険者を対象としたリスク構造調整を日本において直ちに進めることは難しいかもしれない．しかし，市町村国保や協会けんぽを，都道府県を単位とする医療保険にまとめ，そこへの公費補助にリスク構造調整を働かせることを現実的な出発点とすることは十分考えられる．最終的には，この仕組みを組合健保や共済組合にも拡大して，**個人がその職業や居住地域にかかわらず自由に保険者を選択し（ただし，加入は強制），リスク構造調整によって各医療保険に政府が公費補助を行う**ことも考えられる．

　なお，医療保険にリスク構造調整を実施すると，現在の中央社会保険医療協議会（中医協）のように，診療報酬を国レベルで包括的に交渉する場は存在しなくなる．診療報酬は，各保険者と医療機関との交渉で決定されることになる．こうしたリスク構造調整が進展すると，すでにオランダやスイスで実現されているように，民間保険会社の公的保険への参入も可能となり，人々の保険者選択の幅が拡大する．

　医療サービスの提供面では，公的保険の給付範囲の見直しが必要である．具体的には，特許の切れた医薬品の保険償還額を後発医薬品の価格までに限定し，市販薬を保険給付から外すなど，保険給付範囲の見直しを行うべきである．また，個々人の健康増進を図るためには，大病院指向を改め，かかりつけ医による診療を強化することが必要である．

　さらに，保険料負担への公的支援の仕組みを整備する必要がある．医療においても年金と同様，非正規労働者や低所得層を中心に医療保険料を負担できず，医療のセーフティー・ネットから外れる層が無視できない厚みを形成しつつあ

る．こうした層をセーフティー・ネットの枠内にとどめるためには，公的年金の場合と同じように，給付付き税額控除の導入によって，保険料負担を公費によって軽減する必要がある．給付面における支援は公的年金の場合と同様，モラル・ハザードの問題を招きやすい．

4──介　護

■ 改革の方針

> ・看護師・介護士を中心とする地域ケア体制の強化
> ・介護サービスの重点化
> ・「看取り」までの包括的ケアの推進
> ・予防介護の重視

　介護は医療と同様，今後の社会保障の持続可能性にとって重要なリスク要因になっている．政府は制度発足時，保険料を低く抑え，介護認定の範囲を広めにとるという方針で臨んだが，当初の予想を大幅に上回るペースで介護保険の受給者や給付総額が増加し，給付抑制が現実的な課題となっている．その一方で，特別養護老人ホームなど介護施設の拡充は抑制され，介護サービスの経済的・精神的負担は依然として家族に多くのしかかっている．
　地域包括ケアシステムはそうした状況下で新たに導入された仕組みであるが，家族に介護の担い手としての役割を期待することはますます難しくなっていく．生涯未婚率や離婚率が上昇し，一人住まいの高齢者比率が高まるだけでなく，雇用の非正規化を背景として低所得の高齢世帯の増加も危惧されるからである．介護サービスの供給体制を整備した高齢者向け居住サービスの供給など，要介護高齢者を地域全体でケアする仕組みを強化する必要がある．家族によるケアが期待しにくくなる以上，従来型の在宅介護への依存を強めるのではなく，家族以外のインフォーマル・ケアの活用等，新たな社会連帯の形を模索しなければならない．
　地域ケア体制を拡充する場合，介護サービスの提供は，先進諸国がすでにそ

うなっているように，**看護師・介護士を中心としたものに改める必要がある**．現行制度では，介護サービスにおける医療のあり方が未整理なままとなっており，介護保険が新たな医療を誘発するという問題が発生し，それにともない薬剤費も増加する．医療サービスとは，医師の専門的知見により病気の治癒を目指すものであり，それに対して介護サービスとは，要介護状態となった時のケアを通じて要介護者の生活の質を高めることを目的としている．とくに，人生の最終段階における生活の質を高め，「看取り」までのケアを実現することが重要である．こうしたケアこそ国民の望むものであり，そのためには，要介護状態における医療と介護の関係を明確にしつつ，前述のように看護師・介護士が医療・介護連携の担い手となる体制を実現するべきである．

なお，介護保険給付の対象者について，日本は当初から範囲を広く定義し，サービスも部分給付ではなく全部給付（自己負担は1割）を基本としている．この仕組みはドイツ等と比べても手厚い給付を約束するものとなっており，財政的に維持が難しい．現に，社会保障制度改革国民会議の報告書でも，要支援を介護保険の枠内にとどめるものの市町村給付に切り替えるという方針が打ち出されている．制度の持続可能性を高めるためには，軽度の要介護者についても給付対象から外し，介護保険給付を要介護度のより高い人たちに重点的に行わざるを得なくなるだろう．その問題点をできるだけ軽減するためには，**地域包括ケアシステムのさらなる拡充**のほか，**要介護状態になるリスクそのものをできるだけ軽減する介護予防策**を拡充する必要がある．

5 ── 現役層向けの社会保障

■ 改革の方針

- ・生活保護から給付付き税額控除へ
- ・非正規雇用者向けのセーフティー・ネット整備
- ・子育て期間中の所得保障の拡充
- ・若年層の所得・雇用環境の整備

日本の社会保障給付は現役層向けの給付（子育て支援，若者の就労支援，ワーキング・プアの生活支援等）が手薄なため，結果として高齢者向けに偏重している．その一方で，雇用の非正規化をはじめとして現役層を取り巻く社会経済環境は悪化しており，セーフティー・ネットの枠外にとどまる人々も増えている．こうした層が徐々に高齢化すると，日本社会は低所得で社会保障の恩恵も十分受けられない大量の高齢者を抱えることになる．

　このような状況をできるだけ回避するためにも，現役の低所得者支援策を一層強化する必要がある．生活保護はそのための仕組みであるが，支援の範囲が一部の低所得層に限定されているほか，就業インセンティブを阻害する効果もあるなど，深刻な問題を抱えている．**低所得者支援策としては，給付付き税額控除を導入**すべきである．給付付き税額控除は所得税の課税ベースを思い切って広げる一方で，限界税率を引き下げることを前提としている．税額控除によって低所得層を支援する一方，限界税率の引き下げによって就業インセンティブを阻害する度合いも低められる．さらに，ミーンズテスト（資力審査）が不要になるので，生活保護にしばしば伴う精神的苦痛（スティグマ）の問題も軽減される．

　すでに年金や医療のところで指摘したように，**非正規雇用者など低所得層をセーフティー・ネットの枠内にとどめる方策**も重要である．現行の社会保険は，被用者保険に加入していないと負担が逆進的になる面もあり，非正規雇用者の非加入・保険料未納を招きやすい．こうした危険性を軽減するためには，被用者保険の範囲拡大を目指すだけでなく，給付付き税額控除の拡充により，保険料を公費によって補助する仕組みが必要である．この制度改革は，生活保護の対象を現役層に限定し，高齢層の所得保障を生活保護ではなく，公的年金で対応するためにも効果的である．

　一方，現役層向けの社会保障としては，子育て支援の拡充も不可欠である．子育て支援については，子育てと税額控除を組み合わせた子育て税額控除（Child Tax Credit）の導入や，子育て期における社会保険料の負担軽減，あるいは保険料負担を子供数に応じて軽減するといった，子供の外部経済効果を「内部化」する必要がある．こうした取り組みは，ほかの先進国でもすでに実施されている．社会保障が現役層による保険料・税負担に多くを依存する以上，

将来の現役層を養育している世帯にはそうでない世帯よりも公的な支援が及ぶようにする必要がある．

障害者支援は，新たな社会連帯の形を最も必要としている分野と言える．日本の障害者福祉施策はこれまで，国連や欧米諸国の影響を受けて進展してきた．ノーマライゼーションという言葉は，日本でもすっかり定着し，障害者以外の分野にも浸透している．しかし，障害者支援はまだ日本に定着しているとは言えない．実際，日本の障害者支援は先進諸国の中で最も手薄である．障害者基本法にはあらゆる分野で国は障害者支援の施策を進めなければならないとされているが，障害者の自立および社会参加を促進するには，国や地方公共団体などの行政だけでなく社会全体で取り組まなければならず，国民の連帯意識が重要である．

さらに，現役層が直面するさまざまな社会的リスクを軽減するためには，**若年層の就業支援や雇用システムの改革**も求められる．非正規雇用者に対する賃金・処遇面での差別を改めるほか，企業以外の場における職業訓練・資格認定も公的に提供する必要がある．これらの政策は，狭い意味での社会保障政策ではないが，社会保障がカバーする社会的リスクを軽減し，社会保障制度の持続可能性向上に寄与する．

6 ── まとめ：新しい社会連帯

2050年の総人口が2010年より減少すると予測されているのは，主要先進国では日本とドイツだけである．一方，社会保障の規模をコントロールできないと国の財政が破綻するのは，先進国で共通のことである．社会保障給付は人口高齢化によって常に増加圧力にさらされている．日本の社会保障改革は，これまで多かれ少なかれ先進諸国の改革事例を参考にして進められてきた．しかし，今日，日本は世界で最も高齢化が進み，今後予想される日本の高齢化は他の先進諸国が達しないレベルのものである．したがって，いまや日本は好むと好まざるとにかかわらず，先進諸国の中で先頭に立って社会保障改革を行わざるを得ない立場に立たされている．

社会保障改革に関するアイデアを競っている時期は，とうに過ぎている．社

会保障改革において，**自己責任と社会連帯のバランス**をどこに置くかに関する国民の合意が必要なことも，すでにわかっている．社会保障制度に対する信頼がなければないほど，国民は負担の少ない選択に傾きがちであることも明らかになっている．日本が必要としている社会保障改革は，たとえ最良の案でなくても，よりましな案を実際に実施することである．その際，原則とすべきは，

　①複数の改革案の中から国民が選択する
　②一部の人の既得権より国民全体の福祉を優先する
　③より良い改革案を導くために，改革案は競争状態で作成する

という3つである．

　社会保障の機能や範囲について実態を明らかにし，改革案によってそれがどう変わるのかを示すことが，国民に選択を求める上での前提となる．給付の効率化とともに機能強化が必要なところには財源を投入しなければならない．給付をささえる負担は可能な限り公平な仕組みにする必要がある．このような改革を行うことによって，日本に必要な社会保障制度を構築できるとともに，日本の取り組みは政策課題に対する問題意識や十分な科学的根拠とともに日本発の新しい政策アイデアとして世界に発信されていくであろう．

参考文献

阿部彩,2008,『子どもの貧困』岩波書店.
阿部彩,2014,『子どもの貧困II』岩波書店.
阿部彩・國枝繁樹・鈴木亘・林正義,2008,『生活保護の経済分析』東京大学出版会.
Alesina, A., R. Di Tell and R. MacCulloch, 2004, "Inequality and happiness: Are Europeans and Americans different?" *Journal of Public Economics*, 88, pp. 2009-2042.
浅子和美・井口泰・金子能宏・府川哲夫,2002,「少子社会の制度設計──国際比較と保育サービスの分析」国立社会保障・人口問題研究所編『少子社会の子育て支援』東京大学出版会,pp. 1-17.
府川哲夫,2005,「公的年金の役割」清家篤・府川哲夫編『先進5か国の年金改革と日本』丸善プラネット,pp. 211-231.
府川哲夫,2006,『企業による福祉と社会保障III 社会保障と私的保障(企業・個人)の役割分担に関する実証分析』(厚生労働科学研究費補助金 政策科学推進研究事業平成17年度報告書).
府川哲夫,2008,「グローバル化と年金」『年金と経済』第26巻第4号,pp. 4-10.
府川哲夫・磯部文雄,2013,『保健医療福祉制度論』[改訂版]ミネルヴァ書房.
府川哲夫・野口晴子・樋口美雄,2011,「終章 両立支援策への示唆──少子社会を超えて」樋口美雄・府川哲夫編『ワーク・ライフ・バランスと家族形成──少子社会を変える働き方』東京大学出版会,pp. 315-326.
Geanakoplos, J., O. S. Mitchell and S. P. Zeldes, 1998, "Would a privatized social security system really pay a higher rate of return?" in R. D. Arnold, M. J. Graetz and A. H. Munnell, eds., *Framing the Social Security Debate*, Brooking Institution, pp. 137-156.
玄田有史,2010,「広がる常用雇用・非正規の准社員」『日本経済新聞』経済教室(2010.2.18).
Glennerster, Howard, 2000, *The United Kingdom's New Health and Welfare Policy: A changed role for markets*.
橋本英樹・泉田信行編,2011,『医療経済学講義』東京大学出版会.
八田達夫・小口登良,1999,『年金改革論』日本経済新聞出版社.
ヒルズ,ジョン,1997,「福祉国家の再構築」『季刊社会保障研究』33(1), pp. 18-25.

広井良典，1999，『日本の社会保障』岩波書店．
井堀利宏，2007，『「小さな政府」の落とし穴』日本経済新聞出版社．
Ikegami, N. *et al.*, 2011, "Japanese universal health coverage: Evolution, achievements, and challenges," *Lancet*, 378（9796），pp. 1106-1115.
稲垣誠一，2012，「ダイナミック・マイクロシミュレーションモデルによる年金制度改革の貧困リスク改善効果分析——年金制度改正に関する政府案の評価と新しい改革案の提案」一橋大学経済研究所世代間問題研究機構ディスカッションペーパー，550．
伊澤知法，2006，「スウェーデンにおける医療と介護の機能分担と連携——エーデル改革による変遷と現在」『海外社会保障研究』No. 156, pp. 32-44.
勝又幸子，2008，「国際比較からみた日本の障害者政策の位置づけ」『季刊社会保障研究』44(2)，pp. 138-149.
健康保険組合連合会，『図表で見る医療保障』（各年度版）．
こども未来財団，2008，『フランスにおける子育て支援とワーク・ライフ・バランスに関する調査研究報告書』．
国立社会保障・人口問題研究所，『社会保障統計年報』（各年版）国立社会保障・人口問題研究所．
国立社会保障・人口問題研究所編，2005，『子育て世帯の社会保障』東京大学出版会．
国立社会保障・人口問題研究所，2013，『平成23年度 社会保障費用統計』．
厚生労働省，『厚生労働白書』（各年度版）．
厚生労働省，2006，『介護保険制度改正の概要——介護保険法改正と介護報酬改定』．
厚生労働省，2011，「社会保障の検証と展望——国民皆保険・皆年金制度実現から半世紀」『厚生労働白書』（平成23年度版）．
厚生労働省，2012，『厚生労働白書』（平成24年度版）．
厚生労働省，2013a，資料編「⑩高齢者保健福祉」『厚生労働白書』（平成25年度版）．
厚生労働省，2013b，「2011-2012年 海外情勢報告」．
厚生労働省老健局総務課，「公的介護保険制度の現状と今後の役割」（厚生労働省ホームページ）．
コトリコフ，ローレンス・J．／スコット・バーンズ，2005，（中川治子訳）『破産する未来——少子高齢化と米国経済』日本経済新聞出版社．
森周子，2014，「メルケル政権下の介護保険制度改革の動向」『海外社会保障研究』No. 186, pp. 28-38.
森信茂樹編，2008，『給付つき税額控除——日本型児童税額控除の提言』中央経済社，pp. 9-29.
椋野美智子・田中耕太郎，2014，『はじめての社会保障』［第11版］有斐閣．

長江亮，2010，「障害福祉サービスと社会参加」宮島洋・西村周三・京極髙宣編『社会保障と経済3 社会サービスと地域』東京大学出版会，pp. 189-212.
内閣府，2009，『平成21年度 少子化社会白書』．
内閣府，2013，『平成25年版 障害者白書』．
内閣府，2014，『平成26年版 障害者白書』．
西村周三，2000，『保険と年金の経済学』名古屋大学出版会．
西村周三監修，国立社会保障・人口問題研究所編，2014，『社会保障費用統計の理論と分析』慶應義塾大学出版会．
OECD, 2008, *Growing Unequal?*
OECD, 2012a, *OECD Pensions Outlook 2012*.
OECD, 2012b, *Social Expenditure Database 2012*.
OECD, 2013a, *OECD Health Data 2013*.
OECD, 2013b, *Pensions at a Glance 2013*.
小野正昭，2005，「スウェーデンの職域年金制度」清家篤・府川哲夫編『先進5か国の年金改革と日本』丸善プラネット，pp. 99-117.
大沢真知子，2006，『ワークライフバランス社会へ──個人が主役の働き方』岩波書店．
小塩隆士，2005，『人口減少時代の社会保障改革』日本経済新聞社．
小塩隆士，2012，「セーフティ・ネットから外れる理由と現実」西村周三・国立社会保障・人口問題研究所編『日本社会の生活不安』慶應義塾大学出版会，pp. 101-124.
小塩隆士，2013，『社会保障の経済学』［第4版］日本評論社．
Oshio, T. and M. Kobayashi, 2011, "Area-level income inequality and individual happiness: Evidence from Japan," *Journal of Happiness Studies*, 12, pp. 633-649.
Oshio, T. and K. Urakawa, 2014, "The association between perceived income inequality and subjective well-being: Evidence from a social survey in Japan," *Social Indicators Research*, 116, pp. 755-770.
大竹文雄，2005，『日本の不平等』日本経済新聞出版社．
Palme, Joakim, 2005, "Features of the Swedish pension reform," *The Japanese Journal of Social Security Policy*, Vol.4, No.1（June 2005), pp. 42-53.
柴田洋二郎，2012，「フランス社会保障財源の『租税化』」『海外社会保障研究』No. 179, pp. 17-28.
島澤諭，2013，『世代会計入門』日本評論社．
白波瀬佐和子，2002，「ヨーロッパにおける家族政策──育児支援策からみた福祉国家のありかた」国立社会保障・人口問題研究所編『少子社会の子育て支援』東京大学出版会，pp. 47-72.

『週刊社会保障』,「社会保障読本」(各年度版).
『週刊東洋経済』,「介護ショック」(2013年12月14日号).
鈴木亘・増島稔・白石浩介・森重彰浩, 2012,「社会保障を通じた世代別の受益と負担」内閣府経済社会総合研究所 Discussion Paper, 281.
橘木俊詔, 1998,『日本の経済格差』岩波書店.
橘木俊詔編, 2007,『政府の大きさと社会保障制度——国民の受益・負担からみた分析と提言』東京大学出版会.
橘木俊詔・浦川邦夫, 2006,『日本の貧困研究』東京大学出版会.
田近栄治・菊池潤, 2006,「介護保険の何が問題か——制度創設過程と要介護状態改善効果の検討」『フィナシャル・レビュー』第80号, pp. 157-186.
田近栄治・菊池潤, 2012a,「医療保険における政府と民間保険の役割——理論フレームと各国の事例」『フィナンシャルレビュー』第4号（通算第111号）, pp. 8-28.
田近栄治・菊池潤, 2012b,「日本の公的医療制度の課題と民間医療保険の可能性」『フィナンシャルレビュー』第4号（通算第111号）, pp. 29-47.
田近栄治・八塩裕之, 2008,「所得税改革——税額控除による税と社会保険料負担の一体調整」『季刊社会保障研究』44(3), pp. 291-306.
高山憲之, 2002,「最近の年金論争と各国の年金動向」『経済研究』第53巻第2号.
高山憲之, 2004,『信頼と安心の年金改革』東洋経済新報社.
武石恵美子, 2009,『女性の働きかた』ミネルヴァ書房.
バン・クリーフ, リチャード・C, 2012,「オランダの医療制度における管理競争——前提条件と現在までの経験」『フィナンシャルレビュー』第4号（通算第111号）, pp. 74-89.
湯元健治・佐藤吉宗, 2010,『スウェーデン・パラドックス』日本経済新聞出版社.
財務省,『日本の財政関係資料』(各年版).

索　引

ア

赤字国債　35
アジア経済危機　28
アドバース・セレクション　105
新たなサービス体系の確立　134
育児・介護休業法　182
育児クレジット　65, 79
育児支援策　179
遺族年金　41
一般社会拠出金（CSG）　69
医療財政　110
医療費全額（現物給付）支給　147
医療費代替効果　122
医療扶助額　147
医療保険　83
上乗せ給付（プラスアルファ給付）　71
エンゲル方式　143
エンゼルプラン　183
　　新——　183
応能負担　169
温情主義　44

カ

会計基準　70
介護から予防重視へ　135
介護給付　127
　　——費　123, 129
介護クレジット　65, 79
介護従事者の人材確保　133
介護認定審査会　127
介護報酬　119
介護保険　7, 19, 119
介護保険制度　19
　　——改革　11
介護療養型医療施設　129
介護老人福祉施設（特別養護老人ホーム）　129
介護老人保健施設　129
皆保険　19, 101
格差縮小　205
　　——方式　144
確定給付企業年金　41
確定拠出型　65
確定拠出年金制度　65
　　——の創設　70
学童保育　183
隠れた行動　104
隠れた情報　105
家計貯蓄　48
家事　150
可処分所得　56
家族給付　186, 188
家庭教育　185
稼働所得喪失　78
加入期間　75
環境税　69
患者負担　114
完全参加と平等　162
完全保険　90
管理された競争　107-108
聞き取り訪問調査　127
企業型確定拠出年金　73
企業経営および雇用慣行　185
規制緩和　70
基礎年金　41, 75
期待効用　87
期待所得　102
基盤整備　120
逆進性　77
　　負担の——　70
逆選択　105, 176
キャッシュバランスプラン　73
給付型税額控除　80

227

給付設計の柔軟化　70
給付付き税額控除　156-157, 214, 218, 220
給付にみあった拠出　66
給付・反対給付均等の原則　91
給与税　65
協会けんぽ　83
供給曲線　97
共済組合　83
共済年金　41
「共生社会」の実現　162
強制貯蓄　44, 59
強制適用制度　66
拠出にみあった給付　66
居宅介護支援　128
居宅サービス　128
均等割　84
金融緩和　28
勤労意欲　146
勤労控除　146
勤労収入　146
具体的権利説　143
組合管掌健康保険（組合健保）　83
グループホーム　134
ケアプラン　126, 128
ケアマネジャー　126, 135
限界税率　147, 154
現金給付と現物給付の合計　202
健康関連インフラ　206
健康指導　107
健康で文化的な最低限度の生活　142
健康保険　83
建設国債　24
広域連合　112
　　後期高齢者医療──　84
後期高齢者人口　38
公共投資　39
合計特殊出生率　12
公衆衛生　7
厚生損失　98
厚生年金　41
厚生年金基金　41
　　──制度　72

公的年金　18, 41
　　──制度　41
　　──等控除　214
　　2階建ての──　41
公的扶助　6
幸福感　209
　　個人の──（生活満足度）　207
効用曲線　88
高リスク　107
高齢化　9
　　──率　23
　　人口──　193
　　貧困の──　148
高齢期　46
高齢者医療制度　83-84
　　──改革　11
　　前期──　111
　　後期──　38, 84
高齢者の権利擁護　135
国債償還　57-58
国債の発行　26
国内総生産（GDP）　26, 39
国民医療費　109
国民皆年金　41
国民健康保険（国保）　7, 83
　　──の収納率　15
国民健康保険実態調査　151
国民純貯蓄　59
国民生活基礎調査　14, 149, 195
国民年金　14
　　──基金　41
互酬性の規範　207
個人型確定拠出年金　73
個人勘定（プレミアム年金）　66
個人間の信頼　207
個人退職勘定　214
子育て支援　220
国家扶助　2
子ども・子育て応援プラン　184
子ども・子育て関連3法　184
子どもの貧困　179
　　──問題　198

子供貧困法　179
雇用政策　7
雇用保険　7

サ

財源移転　33, 114
最後の拠り所　85
財政赤字　26
財政悪化　29-30
財政健全化　23, 39
財政リスク　37
在宅医療の推進　36
最低限度の生活保障　4
最低限度の生活を営む権利　3
最低所得水準　4
最低責任準備金　72
最低保障年金　63, 65, 215
再分配所得　194, 199
再分配政策　197
3階部分　41
自営業　150
支援費制度　168
支給開始年齢　67, 214
支給限度額　129
事業主負担分　66, 180
自己決定と自己選択　168
自己負担分　30
自己負担割合　85
資産割　84
市場間の「壁」　188
次世代育成支援対策推進法　183
施設給付の見直し　133
施設サービス　128
持続可能性　11, 23, 59, 213
　　――の向上　67
　　制度の――　133
　　年金財政の――　214
持続性ファクター　66
肢体不自由児施設　165
自治体への財政支援　123
失業　150
疾病リスク　92

私的扶養から社会的扶養への移行　52-53
自動調整メカニズム　65
児童手当（子ども手当）　179
児童デイサービス事業　165
児童に対する特別児童扶養手当　170
ジニ係数　191
資本ストック　59
資本蓄積　57
社会疫学　206
社会関係資本（ソーシャル・キャピタル）　8, 207
　　――仮説　207
社会参加　161
社会支出　8
社会的厚生の向上　213
社会的な結びつき　207
社会的入院　120
社会的排除　178
社会的包摂　178
社会統合　177
社会の流動性　208
社会福祉　7
社会福祉士（ケースワーカー）　135
社会福祉費　33
社会復帰の促進　167
社会保険　7, 30, 102
　　――給付費　33
　　――の仕組み　4
　　――方式　106
　　強制加入による――　94
社会保障関係費　30, 39
社会保障給付　11, 194
　　――費　8-9, 39
社会保障実態調査　149
社会保障制度改革国民会議　35
社会保障制度審議会　2
社会保障と財政健全化　38
社会保障の財源　10
社会連帯　67, 78, 177
　　――の仕組み　12
収益率　49
就業意欲　152

索　引――229

就業インセンティブ　62, 220
収支相当の原則　91
住宅政策　7
終末期医療　139
就労支援給付　186
受益　202
　　純——　50, 52
出生率　183
　　——の低下　175
　　——の低下の原因　189
需要曲線　97
純負担　50
純便益　50
障害者給付　186
障害者権利条約　170
障害者雇用率　169
障害者施策の基本原則　172
障害者自立支援法　167
障害者の自己決定の尊重　172
障害者の自立と社会参加　172
障害者福祉　20
生涯所得　62, 203
生涯生活水準　62
障害年金　41, 170
障害のある人が普通に暮らせる地域づくり　168
生涯未婚率　218
小規模多機能型居宅介護　134
少子化社会対策基本法　183
少子化対策　189
少子高齢化　11
消費税増税　37
将来費用　121
職域年金　41, 80
職種による縦割り　115
「女性の活躍」推進策　183
女性の社会進出　185
所得移転　12, 24, 60, 194
所得階級　199
所得格差　192, 206
所得稼得能力　44, 59
所得控除　156

所得再分配　4-5, 16, 191
　　——機能　45
　　——調査　202
所得制限　180
所得代替率　215
所得の変動リスク　89
所得比例制度　63
所得分布　210
所得割　84
ショートステイ　165
自立　161
　　——と共生の社会の実現　168
自立支援医療　165
自立を助長する　146
　　——仕組み　142
資力調査（ミーンズ・テスト）　142
人権擁護　167
新唯物論　206
水準均衡方式　144
税（公費負担）　10
税額控除の仕組み（勤労税額控除）　156
生活習慣病　107
生活扶助基準　75
生活保護　16, 20, 141
　　——の補足性の原則　20
正規雇用者　14, 150
政策提言　21, 213
政策割当　5
精神病質その他の精神疾患を有する者　167
精神作用物質による急性中毒又はその依存症　167
精神障害者　167
精神的苦痛（スティグマ）　147
税制適格年金　71
制度の空洞化　70
制度の整合性・公平性・透明性　79
政府拠出率　80
税負担額　38
政府貯蓄　48
世代会計　13
世代間格差　45, 60, 176
　　——問題　43, 77

世代間扶養　45, 59
世帯の小規模化　193
絶対的貧困　178
セーフティー・ネット（安全網）　2, 14-15
　　——機能　11
　　医療面の——　85
ゼロサム・ゲーム的状況　52, 56
選択の余地　110
早期引退　67
早期訓練　165
早期発見　165
早期療育　165
相対的剥奪　178
相対的貧困　178
　　——率　16, 67, 195
総賃金代替率　67
総報酬制　76
措置　121
措置制度から契約制度に　168

タ

第1次判定　127
待機児童　180
　　——の解消　36
待機児童ゼロ作戦　182
　　新——　182, 184
待遇改善　133
代行給付　71
代行割れ　72
退職給付会計　70
第2次判定　127
縦割りの保険　111
他人に対する信頼感　207
男女の役割分業意識　185
地域ケア　138
　　——体制　218
地域包括ケアシステム　36, 135, 218
地域包括支援センター　129, 135
地域密着型サービス　128, 134
知的障害　166-167
地方交付税　30
地方消費税　37

抽象的権利説　143
中立命題　53
長期入院　120
通所介護（デイサービス）　129
通所訪問リハビリテーション（デイケア）
　129
積立方式　45-46, 54, 65
定額負担　84, 99
定額保険料（国民年金の場合）　151
低所得者支援（対策）　79, 141, 220
ディーセントワーク　177
低年金者　215
低リスク　107
定率負担　99
適格退職年金の廃止　73
出来高払い　217
デフレからの脱却　29
デフレ経済　37
等価可処分所得　178, 195
動学的に効率的　58
統合失調症　167
同等命題　56-57
特定施設入居者生活介護　129
特例公債　24
年越し派遣村　145

ナ

長生きのリスクに備えた仕組み　43
ナショナル・ミニマム　3
認知症高齢者　134
認定こども園　182
寝たきり自治体　139
ネットワーク　207
年金関連指標　67
年金債務　54
年金受給人口　9
年金制度　18
　　——改革　11, 42
年金貯蓄基金　67
年金の損得勘定論　52
年齢による横割り　115
ノーマライゼーション　20, 161, 173

ハ

排除原理　141
派遣切り　145
発達障害　167
パートタイマーの厚生年金適用　70
パートタイムとフルタイムの賃金格差　188
晩婚化　183
非正規雇用者　14, 150
　　──の比率の高まり　192
非正規就業者　175
必要性の認定　125
一人暮らし高齢者　134
被扶養配偶者　76
被保険者　41
　第1号──　41–42
　第2号──　41–42, 76
　第3号──　41, 76, 215
被用者拠出率　80
被用者年金制度　78
被用者負担分　66
被用者保険　114
標準生計費方式　143
病床の機能分化・連携　36
平等割　84
貧困ギャップ率　196
貧困指標　197
貧困線　16, 195
貧困の罠　152
夫婦出生力低下　183
付加価値税　69
賦課方式　18, 45–46, 49
福祉原理　5–6
福祉と医療サービス　120
負担能力　39
物価スライド　63
負の所得税　154
部分保険　90
プーリング均衡　93
プレミアム年金（PP）　65–66
プログラム規定説　142
プログラム法　36

分離均衡　93
平均余命　214
ベーシック・インカム　155
変動準備金　66
保育所サービス　179
保育ママ　182
ポイント制　66
包括的ケア　218
包括的・継続的マネジメントの支援　135
包括払い　216–217
報酬比例　64, 205
　　──年金　75
　　──部分　72
法定雇用率　169
訪問リハビリテーション　129
保険原理　5–6, 65
保険事故　43
保険者（運営主体）　101, 123
　　──機能　85
保険的方法　2
保険料　42
　　──の上限設定　42
　　──の定額部分（国保の場合）　151
　　──賦課対象賃金　76
　　──負担　38
　　──率　65, 125
補装具費の支給　165
補足給付（最低保障年金）　65
補足性の原則　145
捕捉率　147
ホームヘルプサービス　165

マ

マクロ経済スライド　42, 57, 214
　　──の徹底　214
マーケットバスケット方式　143
未婚化　183
看取り　219
未納・未加入問題　14, 77
無年金者　215
モラル・ハザード　19, 44, 97
　事前的──　97

事後的—— 97
　　　　ヤ
要介護状態　127
要介護認定　125, 127
要支援者（要支援1と2）　134
予算制約　49, 57
　　——式　47-48
　　——線　154
予防介護　218
予防給付　127
　　新——　134
予防重視型システムの確立　133
（財政法）4条国債　24
　　　　ラ
離婚率　218
利子率　65
リスク回避　86
リスク軽減　5
　　——機能　3
リスク構造調整　216
リスク・セレクション　105
リスク選択　96

リスク・プレミアム　89
リスク分散　5, 90
　　——機能　3
利他主義　45, 53
リーマンショック　28
流動性制約　176
利用者本位　168
療養型病床群　121, 138
連帯意識　45, 173
連帯感　207
連帯給付　79
老後の所得保障　61
労災保険　7
労使折半　83
労働保険　7
労働力人口比率　176
老齢・遺族・障害保険（OASDI）　64
老齢基礎年金　41

　　　　ワ
若者の就労支援　220
ワーキング・プア　157, 177, 220
ワーク・ライフ・バランス　20, 185
　　——の向上　183

著者紹介

小塩隆士（おしお・たかし）
1章，3章，5章，8章，11章，12章執筆
1960年　生まれる
1989年　イェール大学大学院修士課程修了
現　在　一橋大学経済研究所教授．博士（国際公共政策）
主　著　『再分配の厚生分析』（2010年，日本評論社）
　　　　『社会保障の経済学（第4版）』（2013年，日本評論社）
　　　　『持続可能な社会保障へ』（2014年，NTT出版）
【メッセージ】将来世代にどのような社会を残すかという観点から改革案を考えよう．

田近栄治（たぢか・えいじ）
2章，6章，7章，12章執筆
1949年　生まれる
1981年　ミネソタ大学大学院博士課程修了
現　在　成城大学経済学部特任教授．博士（経済学）
主　著　『年金の経済分析』（共著，1996年，東洋経済新報社）
　　　　『次世代型医療制度改革』（共編，2009年，ミネルヴァ書房）
　　　　『平成財政史4　租税』（共著，2014年，大蔵財務協会）
【メッセージ】負担と給付の実態を見極め，改革の道を大胆に探ってみよう．

府川哲夫（ふかわ・てつお）
4章，9章，10章，12章執筆
1950年　生まれる
1974年　東京大学大学院修士課程修了
現　在　武蔵野大学人間科学部教授，福祉未来研究所代表．博士（保健学）
主　著　『先進5か国の年金改革と日本』（共編，2005年，丸善プラネット）
　　　　『日本の所得分配』（共編，2006年，東京大学出版会）
　　　　『ワーク・ライフ・バランスと家族形成』（共編，2011年，東京大学出版会）
【メッセージ】世界に発信できる日本の政策として，新しい社会連帯を探し出そう．

日本の社会保障政策　課題と改革

2014 年 11 月 21 日　初　版
2016 年 2 月 18 日　第 2 刷

［検印廃止］

著　者　小塩隆士・田近栄治・府川哲夫

発行所　一般財団法人　東京大学出版会
　　　　代表者　古田元夫
　　　　153-0041 東京都目黒区駒場 4-5-29
　　　　http://www.utp.or.jp/
　　　　電話 03-6407-1069　Fax 03-6407-1991
　　　　振替 00160-6-59964

印刷所　株式会社理想社
製本所　誠製本株式会社

Ⓒ 2014　Takashi Oshio, Eiji Tajika and Tetsuo Fukawa
ISBN 978-4-13-040269-9　Printed in Japan

JCOPY 〈(社)出版者著作権管理機構　委託出版物〉
本書の無断複写は著作権法上での例外を除き禁じられています．複写される場合は，そのつど事前に，(社)出版者著作権管理機構（電話 03-3513-6969，FAX 03-3513-6979, e-mail: info@jcopy.or.jp）の許諾を得てください．

小塩隆士・田近栄治・府川哲夫編
日本の所得分配　　　　　　　　　　　A5・3800円

樋口美雄・府川哲夫編
ワーク・ライフ・バランスと家族形成　　A5・4200円

井堀利宏・金子能宏・野口晴子編
新たなリスクと社会保障　　　　　　　　A5・4200円

橘木俊詔・浦川邦夫
日本の貧困研究　　　　　　　　　　　　A5・3200円

阿部彩・國枝繁樹・鈴木亘・林正義
生活保護の経済分析　　　　　　　　　　A5・3800円

副田義也
生活保護制度の社会史［増補版］　　　　A5・5500円

橘木俊詔編
政府の大きさと社会保障制度　　　　　　A5・3800円

宮島洋・西村周三・京極髙宣編
社会保障と経済（全3巻）　　　　　　　A5・各4200円

橋本英樹・泉田信行編
医療経済学講義［補訂版］　　　　　　　A5・3200円

島崎謙治
日本の医療　　　　　　　　　　　　　　A5・4800円

ここに表示された価格は本体価格です．御購入の際には消費税が加算されますので御了承ください．